新编21世纪新闻传播学系列教材
——广告学与媒介经营管理系列——

市场调研与分析

杨 靖 编著

Market Research
and Analysis

中国人民大学出版社
·北京·

内容简介

《市场调研与分析》着重突出市场调研与分析的基本理论与实务操作的有效结合，特别注重定量与质性调研能力的同步培养与融合使用。大量问卷调查、实验法、参与式观察、焦点小组访谈、深度访谈的实地调研成果被全面体现在教材的定量、质性调研理论及调研案例中，使得该教材具有鲜明的原创性与实战性特点。全书分为十一章，包括市场调研概述、市场调研的流程与方案设计、二手资料的收集与应用、观察法、访谈法、实验法、抽样调查、问卷调查、网络在线调查、市场调研数据分析、市场调研报告撰写。

本教材适用于市场营销、电子商务、新闻学、传播学、广告学、公共关系等专业的学生学习，也可供从事市场调研工作的职场人士自学使用。

作者简介

杨　靖　长安大学人文学院广告学系主任、副教授，经济学学士，硕士阶段研究方向为应用传播学，博士阶段研究方向为广告调查。在CSSCI及北大核心期刊发表多篇论文，主持并完成多项教育部、国家社会科学基金项目。专著《大众媒介对西北地区农村留守儿童社会性发展的影响研究》2018年获得西安市第十次哲学社会科学优秀成果一等奖；2019年获得陕西省第十四次哲学社会科学优秀成果一等奖。自2005年开始为广告学专业本科生开设“市场调研与分析”课程，获评长安大学优秀教师称号；每年都在长安大学指导本科生、研究生完成市场调研报告，积极指导学生参与“互联网+”大学生创新创业大赛等赛事，深度学习国内、国外最前沿市场调研报告。

总序

中国人民大学出版社策划出版的“新编 21 世纪新闻传播学系列教材”，是一套在新闻传播学领域内密切联系新闻传播工作的实际，广泛吸收新闻传播学的最新研究成果，高挹遐揽，取精用宏，供 21 世纪的高等院校新闻传播院系教学使用的系列教材。

20 世纪初以来的 120 年，是世界新闻传播事业飞速发展的 120 年。这一百多年来，随着科学技术的不断发展，继报纸、期刊、通讯社之后，广播、电视、网络、自媒体等多种新媒体相继问世，新闻传播的媒介日趋多元化，新闻传播的手段日趋现代化，“地球村”变得越来越小，新闻传播事业对世界政治、经济和文化的影响则变得越来越大。

这 120 年，也是中国新闻事业飞速发展的 120 年。尤其是中国改革开放以来的 45 年，发展进入快车道。

21 世纪以后，中国新闻事业发展的势头更为迅猛。报纸、期刊、通讯社、广播电台、电视台的数量在宏观调控下，虽无大变化，但软硬件的实力都有了很大的提高。进入新时代，媒体融合发展有序进行。据 2022 年 5 月中国记协发布的《中国新闻事业发展报告》和 2023 年 2 月国家新闻出版署发布的《2021 年新闻出版产业分析报告》的最新统计数字，2021 年全国共出版报纸 1 752 种，总印数 283 亿份。共出版期刊 10 185 种，总印数 20.1 亿册。全国共有广播电视播出机构 2 542 家，地市级以上广播电视播出机构开办的广播电视频率频道 2 366 套，其中广播频率 1 166 套、电视频道 1 200 套，另有各级教育电视台开办的 38 套教育教学类频道。中央广播电视总台和全国 25 家省级电视频道基本实现高清化，全国地市级台电视频道已有 73%实现高清化。

另外，2023 年 3 月中国互联网络信息中心（CNNIC）发布的第 51 次《中国互联网络发展状况统计报告》显示，截至 2022 年 12 月，中国网民规模已达到 10.67 亿，互联网普及率达到 75.6%。其中，手机网民数量为 10.65 亿，网民中使用手机上网的比例为 99.8%。网络新闻用户规模达 7.83 亿，占网民整体的 73.4%，短视频、生活平台、“两微一端”成为网民获取新闻信息的重要渠道，抖音、快手、小红书等应用逐渐从娱乐、生活、社交平台转变为具有新闻属性的信息平台，成为网民获取新闻信息的重要渠道。2022 年上半年，新华社、中央广播电视总台、《人民日报》等八家主要央媒机构累计生产 1.5 万篇爆款短视频内容，“央视新闻”微博开设党的二十大相关话题，总阅读量突破 147 亿。网民个人、自媒体等也纷纷利用短视频、生活平台等跟进舆论热点，传播新闻信息，为人民群众及时获取热点资讯创造了条件。

这样大的发展规模，这样快的发展速度，在世界和中国新闻事业史上都是空前的。回顾既往，盱衡未来，新闻传播事业在新时期还将保持旺盛的发展势头。新闻传播，作为上层建筑中意识形态的一个重要组成部分，在全面准确地宣传党的基本理论、基本路线和基本方针以及各项决策，反映人民群众的伟大业绩和精神风貌，以及推动改革开放和社会主义现代化建设等方面，必将继续发挥重要的作用。

与新闻传播事业的发展相配合，这 120 年来，为中国的新闻战线培养和输送人才的中国新闻教育，也有了相应的发展。中国的新闻教育起始于 20 世纪初，迄今有 110 年的历史。中华人民共和国成立前的 30 年，虽然先后在个别院校中设立了新闻系或新闻专科，但规模都不大，设备也不够完善，在校学生人数，最多的时候不超过 400 人，30 年间累计培养出来的毕业生还不到 3 000 人。中华人民共和国成立后，为了给新闻事业培养人才，新闻教育有了新的发展，但到 20 世纪 60 年代中期为止，全国的新闻教育机构也还只有 14 家。当时全国只有 343 家报社、78 座广播电台和 13 家电视台，革命老区来的新闻工作骨干正当盛年，足以支撑大局，新闻系和新闻专业的学生统招统分，基本上能够满足中央和省市以上新闻单位梯队建设方面的需要。“文化大革命”爆发后，新闻事业进入低谷，新闻人才的培养也被迫中辍。拨乱反正之后，新闻事业有了飞速的发展，但新闻工作的人才却出现了断层，明显供不应求，因而极大地推动了新闻教育的发展。中国的新闻教育得以重整旗鼓并得到空前迅猛的发展，主要是改革开放以来的这 40 多年的事情。40 多年来，中国新闻教育和中国新闻事业同步发展。根据教育部数据，截至 2021 年，全国设有新闻传播学类院、系、专业的高校已由改革开放之初的两三所增加到 727 所，本科专业布点在全国共计 1 439 个，覆盖以下 10 个专业：新闻学、广播电视学、广告学、传播学、编辑出版学、网络与新媒体、数字出版、时尚传播、国际新闻与传播、会展（交叉专业）。新闻专业的教学已从单一的大学本科教育，发展到博士生、硕士生、本科生、大专生、成人教育、函授教育等多层次的格局，不少院系还设置了新闻传播学方向的博士后流动站。改革开放之初，全国在校新闻系科学生总共只有500来人，现在仅在校本科生就有14万人左右，硕士和博士研究生4万人左右，办学层次、办学规模、办学水平都有了很大的提升。进入21世纪以后，随着新闻传播事业的加速发展和新闻战线人才需求的不断增加，中国的新闻教育将由规模扩张迈向高质量发展。

一般说来，新闻教育质量的高低，起决定作用的主要是两个因素：一个是师资，一个是教材。两者之间，教材的作用更大。这是因为，师资的多少和良窳，往往受办学主客观条件的限制，而教材一旦完成，就可以直接嘉惠于学子，风行四海，无远弗届。进一步说，一部好的教材，不仅可以满足教学的需要，培养出一大批人才，而且还可以同时拥有一定的学术含量，推动新闻传播学研究的发展。1919年出版的徐宝璜的《新闻学》，1927年出版的戈公振的《中国报学史》，就是这方面的很好的例子。这两本书都是作者在高等学校从事新闻学理论和新闻史教学时作为教材编写出来的，出版之后，立即引起世人的关注和推崇，一再重版，历久不衰，至今仍然是公认的新闻学理论和新闻史方面的传世之作和经典之作。正因为这样，新闻教育的前辈们，历来十分重视教材的建设。中华人民共和国成立初期的十来年，坊间出版的新闻学方面的书籍，绝大部分是教材。改革开放以后，新闻传播学研究空前繁荣，新闻学方面的书籍大量问世，但教材仍然在其中占了很大的比重。这些教材，覆盖了新闻传播学的方方面面，经过出版家和众多作者们的长期努力，门类和品种基本配套齐全，曾经为同时期的新闻教学做出过重要的贡献。但是，随着时间的推移和新闻工作实际的飞速发展，这些教材的体例日显陈旧，观点和内容也亟待调整和更新。一些属于学科前沿和科技含量较高的新开课程的教材尚付阙如，使现有的教材出现了不少缺口。在21世纪已经到来之际，集聚力量，重新编写出一套体系完整，门类齐全，能够为21世纪的新闻教育和新闻人才培养服务的新闻传播学的系列教材，已经成为人们的共识和新闻业界与新闻教育界的迫切需求。

呈现在读者面前的，就是应这样的需求产生的一套系列教材，它将涵盖新闻学、传播学两个二级学科的方方面面内容，满足新闻、广播、电视、广告、媒体经济、新媒体等多个专业的教学需要。负责这些教材编写工作的，是中国人民大学、复旦大学、北京大学、清华大学、中国传媒大学等多所著名院校长期从事新闻传播学方面教学与研究工作的专家学者，其中有相当大的一部分编写者是相关学科的国家级的学术带头人，堪称一时之选。收入本系列的教材中，既有国家级重点教材，也有部级重点教材，其他的也是经过严格筛选的精品，所以，本套系列教材的质量是有保证的，其权威性也将得到社会的认同。

21 世纪是一个高度信息化的时代，是信息经济和知识经济占主导地位的时代。信息经济和知识经济有两大支柱，一是以高科技为代表的传播技术产业，二是从事新闻和信息产品生产的媒体产业。新闻传播学作为将这两大领域有机联结的桥梁，在今后的国家建设和社会发展中必将发挥越来越重要的作用。中国人民大学出版社经过精心策划，隆重推出这套系列教材，是具有高度的前瞻性和战略眼光的。在这里，我谨代表编委会和全体作者向中国人民大学出版社表示由衷的感谢。

这套系列教材开始策划于 20 世纪的最后一年，21 世纪初起陆续问世，迄今已编写出版了 180 余种。在体例和内容的创新和开拓等方面，远远超过同时期出版的同类教材。其中有些教材，还根据整个新闻传播理论与实践的发展和新闻传播学教学与研究的发展，陆续做了必要的补充和修订，重新出版，实现了内容的与时俱进。

这批教材的问世，将会为新闻传播事业和新闻教育事业的发展和繁荣、为 21 世纪新闻传播人才的培养做出它应有的贡献。这是出版者和全体作者共同的一点希望。是为序。

方汉奇

2023 年 7 月

于中国人民大学宜园

前言

笔者自2005年起为广告学专业本科生开设“市场调研与分析”课程，自2015年开始负责“媒体市场调查与分析”研究生课程建设。

与已有的同类产品相比，本教材有如下几个特色：

其一，鲜明的原创性。笔者讲授“市场调研与分析”课程已近20年，同时带领调研团队主持完成或在研多个重要项目，如2010年度教育部人文社会科学研究青年基金项目“西部地区农村留守儿童媒介素养教育模式与实践路径研究”、2011年度国家社会科学基金青年项目“大众媒介对西北地区农村留守儿童社会性发展的影响研究”、2019年度教育部人文社会科学研究规划基金项目“移动互联网对西北地区农村流动儿童城市社会融合的影响研究”，还负责了2021年度国家社会科学基金重大项目“乡村振兴视角下新媒体在乡村治理中的角色与功能研究”子课题“乡村振兴视角下新媒体在乡村治理中的理论基础研究”的大量问卷调查、现场实验、参与式观察、焦点小组访谈、深度访谈、投射测试、在线问卷调查、在线焦点小组访谈、在线回溯性深度访谈、网络民族志工作并形成了实地调研成果。笔者的教学与实践经验在本教材中均有所呈现。

其二，突出的实战性。笔者在长期的一线教学中发现，学生希望教材在教授理论的同时，穿插一些现实案例与实操环节，而不仅仅是在每章结束后附带一个大的案例。根据学生的反馈，本教材精选国内外业界与学界的市场调研案例及数据，精心编排了“业界之声”“经典回顾”等特色小栏目，同时设置了短小精悍、内容鲜活、实战性强的“我在调研现场”“实操与思考”小环节，这些环节的内容大多来自同学们在参加“挑战杯”中国大学生创业计划竞赛、国家级大学生创新创业训练计划、“互联网+”大学生创新创业大赛、全国大学生广告艺术大赛（策划案类）等赛事，提交营销策划案和市场调研实践作品时遇到的问题及相应的分析与探讨，贴近同学们的实际需求，有助于从根源上切实提升同学们的调研能力。

其三，不仅讲定量调研，也强调定性调研。这些年来，笔者经常思考一个问题：随着人工智能时代的到来，文科学生学习市场调研的主要竞争力是什么？经过笔者反复的思考，答案日渐明晰，是对“人”的洞察。市场调研无论是调研整体行业，还是特定企业，抑或是消费人群，最终的落脚点都是“人”。每一个人都处在纵横交织的社会网络中，其消费认知、态度、动机与行为受到多方面因素的影响，单一定量分析往往难以揭示其深层次的动机与动机背后的缘由，定性调研在市场调研中起到重要的支撑作用。因此，本教材非常注重参与式观察、焦点小组访谈、深度访谈、投射测试、在线焦点小组访谈、在线回溯性深度访谈与网络民族志的原理及应用讲授，而非仅仅拘泥于定量调研的区间内，这也是本教材的一大特色。

其四，走出书斋式撰写，做到立足本土。笔者尝试立足祖国大地写作教材，注重人文精神涵养与人本情怀培育，以文化人、以文培元，使思政教育的融入如春风化雨，使学生不仅能通过本教材的学习提升各项调研专业技能，还能利用所学，实实在在地帮助城市与乡村的各类弱势群体，为他们发声，助他们前行，从而激发自身的社会责任感与担当意识，这也是本教材的核心主旨。

其五，呼应了新文科建设的需求。2020 年 11 月 3 日，由教育部新文科建设工作组主办的新文科建设工作会议召开。会议研究了新时代中国高等文科教育创新发展举措，发布了《新文科建设宣言》，对新文科建设做出了全面部署，提出新文科建设要“构建世界水平、中国特色的文科人才培养体系”“弘扬中国精神、凝聚中国力量、践行中国道路”“培养担当民族复兴大任的新时代文科人才”。市场调研能力对于新文科人才的培养非常重要。《新文科建设宣言》提出：“融入现代信息技术赋能文科教育，实现自我的革故鼎新，新文科建设势在必行。”本教材专门开辟一章“网络在线调查”，讲授在线问卷调查、在线焦点小组访谈、在线深度访谈，特别是网络调研领域的有生力量——网络民族志的原理及其运用。

本教材适合以下大学专业的同学学习：市场营销、电子商务、广告学、新闻学、广播电视编导、戏剧影视文学、传播学、编辑出版学、网络与新媒体、数字出版、时尚传播、国际新闻与传播、会展、公共关系等。同时适合从事市场调研工作的入职者作为自学教材。

目录

第一章

市场调研概述

本章学习要点

1. 了解市场调研的概念、内容与作用
2. 了解国内市场调研发展的四个时期
3. 理解市场调研的类型划分
4. 掌握市场调研行业规范及执行中的三个关键点

引　例

2020 年中国盲盒行业发展现状及市场调研分析报告①

Z 世代通常指 1995—2010 年出生，受到互联网、即时通信、智能手机等科技产品影响，在行为和态度上偏爱个性化表达、乐于拥抱新经济形态的青年群体。国家统计局数据显示，中国的 Z 世代数量已经突破 2.26 亿人，约占人口总数的 16%，他们已成为消费的主流群体。

从 20 世纪 90 年代中国出现盲盒雏形到 2012 年盲盒开始在国内出现，再到 2016 年国内头部盲盒企业发力盲盒营销，国内盲盒市场一直处于平稳发展期。此后，在资本的加注下，2019—2020 年，中国盲盒经济掀起热潮。

伴随着消费升级，人们对提升生活品质和满足情绪需求的产品与服务接纳度更高。盲盒因其具有的高度不确定性，激发了年轻群体的消费潜力。数据显示，“95”后最“烧钱”的爱好中，盲盒手办排名第一。Z 世代成为盲盒的重要消费用户，占比近 4 成，其中 8.6%的用户可以接受盲盒单价在 1 000 元以上。在高毛利率、高增长、创新的销售模式、新兴的千亿级年轻潮玩市场等因素的吸引下，资本、上市公司纷纷抢滩盲盒市场。

启示

马塞尔·普鲁斯特在《追忆似水年华》中提道：“唯一有吸引力的世界是我们尚

---

① 艾媒咨询. 2020 年中国盲盒行业发展现状及市场调研分析报告.（2021-01-08）[2022-09-01]. https://www.iimedia.cn/c400/76330.html. 引例有所删改。

未踏入的世界。"对喜欢盲盒的Z世代来说，在盲盒被打开之前，他们无从得知盲盒里的内容，这种不确定性大大激发了精力旺盛的Z世代探索与发现的热情；而在盲盒被打开的瞬间，他们又能在不确定性被消除的同时因发现了真相而感到兴奋与惊喜。这比直接将玩具陈列在柜台更能引发Z世代的积极情绪，让其拥有美好的情绪体验。

《孙子·谋攻篇》提到"知己知彼，百战不殆；不知彼而知己，一胜一负；不知彼，不知己，每战必殆"。《礼记·中庸》提到"凡事豫则立，不豫则废。言前定则不跲，事前定则不困，行前定则不疚，道前定则不穷"。毛泽东在《反对本本主义》中提出著名论断"没有调查，没有发言权"。党的十八大以来，以习近平同志为核心的党中央高度重视调查研究工作，将改进调查研究作为中央八项规定的第一条。党的二十大报告指出：调查研究是我们党的基本工作方法和重要传家宝，在保持解决大党独有难题的清醒和坚定中发挥着十分重要的作用。中共中央办公厅印发的《关于在全党大兴调查研究的工作方案》指出，在全党大兴调查研究，"是时刻保持解决大党独有难题的清醒和坚定、回答'六个如何始终'的现实需要"。习近平总书记强调指出，调查研究是谋事之基、成事之道；调查研究是获得真知灼见的源头活水，是做好工作的基本功。可以看出，我们一直以来都非常重视调查研究。

调查研究涉及领域非常广泛，市场调研是其中一个方向。市场调研离我们并不遥远，它不是行业部门、商家、调研公司或咨询公司的专属活动；相反，我们每一个人在日常生活中，都会对周边的现象进行或有意或无意的观察和思考，这些观察和思考都与市场有着千丝万缕的联系，也是我们开展市场调研的思路源头。

第一节　市场调研的概念、内容与作用

随着市场、技术与信息传播形式的变革，市场竞争的日益加剧，消费不断升级带来的消费需求的多样化和个性化，以及互联网时代消费者消费心理与行为的重构，市场调研在当代企业与组织中的重要性越发凸显。

一、市场调研的概念

目前关于市场调研的概念较多，出于权威性的考虑，国际方面我们选取美国市场营销协会的定义，国内选取吕一林老师提出的定义。

（一）国际定义

美国市场营销协会（American Marketing Association，简称 AMA）于 1937 年由市场营销企业界及学术界具有远见卓识的人士发起成立。如今，该协会已发展成为世界上规模最大的市场营销协会之一，拥有 30 000 多名会员，他们在世界各地从事着市场营销方面的工作，以及营销领域的教学与研究。美国市场营销协会对市场调研的定义是：市场调研是用信息来联系营销者和消费者、客户和公众的活动，市场调研信息用于发现和确认营销机会及问题，并制定、产生、提升和评估营销活动，监测市场表现，改进人们对营销过程的理解。市场调研详细提供回答上述问题所需的信息，并设计收集信息的体系、管理和执行数据收集流程、分析调研内容、传达调研结果和应用意义。①

（二）国内定义

中国人民大学吕一林老师主编的《现代市场营销学》已出至第五版，在国内具有权威性。吕一林老师提出：市场调研是指运用科学的方法，有目的地系统收集、记录、整理有关市场营销方面的各种信息资料，分析研究售方将产品或服务提供给买方的各种情况和趋势的活动。②

（三）市场调研的特点

市场调研在开展调研的主体、调研的维度、调研对象、与社会调研的关系方面具有一些显著的特点。

1. 开展市场调研的主体广泛

不论是市场咨询企业、公司等营利性组织，还是政府、机关、学校、医院和社会团体等非营利性组织，抑或是个人，都可以作为开展市场调研的主体。

2. 市场调研的维度多变

市场调研的维度灵活多变，调研人员既可以从宏观市场环境和经济状况维度出发，也可以从市场需求、消费者需求、竞争对手情况与营销推广策略出发。

3. 市场调研的对象覆盖面大

市场调研的对象可以是一般群体消费者、特殊群体消费者，也可以是机

---

① 麦克丹尼尔，盖茨．当代市场调研：第 10 版．李桂华，等译．北京：机械工业出版社，2017：3.

② 吕一林，冯蛟．现代市场营销学．5 版．北京：清华大学出版社，2012：66.

构或者组织。

4. 与社会调研融合发展

目前国内外市场调研行业，都已将市场调研与社会调研进行融合发展。究其原因，一方面在于市场调研与社会调研的落脚点归根结底都是“人”本身，这就使两者之间不可避免地存在着交叉与重合；另一方面在于市场调研与社会调研在方法上是相通的，没有本质上的差别。二者的区别只是针对不同的调研对象和调研内容在通用方法的基础上各自具有不同的侧重点。

二、市场调研的内容

市场调研的内容涉及市场营销活动的整个过程，丰富而多样，主要包括以下几点。

（一）市场环境调研

市场环境主要包括经济环境、政治环境、社会文化环境、科学环境和自然地理环境等。具体的调研内容可以是经济结构、居民购买力水平、政策和法律法规、风俗习惯、科学发展动态、气候等各种影响市场营销的因素。

（二）市场需求调研

市场需求调研主要包括消费者需求调研、消费结构调研、消费者行为调研。具体的调研内容包括消费者的购买动机、购买品类与数量、购买频率与时间、购物习惯与偏好和购后评价等。

（三）市场供给调研

市场供给调研主要包括产品生产能力调研、产品工艺调研等。具体的调研内容为某一产品市场可以提供的产品数量与质量、功能与型号，以及生产、供应企业的情况，等等。

（四）市场营销因素调研

市场营销因素调研主要包括产品调研、价格调研、渠道调研和促销活动调研。具体而言，产品调研主要包括了解市场上新产品开发与设计的情况、消费者使用的情况、消费者的评价、产品生命周期阶段、产品的组合情况等。价格调研主要包括了解消费者对价格的接受情况、对价格调整策略的反应等。渠道调研主要包括了解渠道的结构、中间商的情况、消费者对中间商的满意情况等。促销活动调研主要包括了解各种促销活动的效果，如广告实施的效果、人员推销的效果、门店推广的效果和对外宣传的市场反应等。

（五）市场竞争情况调研

市场竞争情况调研主要包括对竞争企业进行调研和分析，了解同类企业的产品、价格等方面的情况，以及它们采取了什么竞争手段和策略，做到知己知彼，通过调研帮助企业确定自身的竞争策略。

三、市场调研的功能与作用

（一）市场调研的功能

市场调研的功能是通过市场调研可以得到什么样的结果来体现的。市场调研有三方面的功能：描述市场、诊断市场和预测市场。市场调研通过这三方面功能来向营销产品、服务或创意的决策者提供帮助。

1. 描述市场

描述市场功能用来收集对既往市场事实的陈述，如某一行业的历史发展进程、产品的销售状况等。这一功能可以向决策者提供关于当前市场信息和营销活动的线索。

2. 诊断市场

诊断市场功能用来呈现和解释当前市场的运行与活动，厘清当前市场状况形成的原因和主要影响因素。

3. 预测市场

预测市场功能用来预测未来市场的发展前景，有利于在不断变化的市场中更好地利用各种市场机会。

（二）市场调研的作用

市场调研的作用取决于调研结果如何运用。市场调研主要在下面几个方面发挥作用：

（1）分析市场信息，避免生产者或商家在制定营销策略时出现偏差，帮助营销决策者了解当前营销策略以及营销活动的得失。生产者或商家只有实际了解市场，才能有针对性地制定市场营销策略和企业经营发展策略。

（2）提供正确的市场信息，帮助营销者了解市场可能的变化趋势以及消费者潜在的购买动机和需求，有助于营销者抓住关键的市场机会，为企业提供发展新契机。

（3）有助于生产者或商家了解当前相关行业的发展状况和技术经验，不仅可以为其改善企业的经营活动提供信息，也可以为其研发新产品、改进原有产品提供思路与路径。

（4）为企业确定整体营销战略提供信息和支持。市场营销推广要求了解各种信息的传播渠道和传播机制，以制订详细的营销计划，寻找合适的营销推广载体和方式。

（5）通过市场调研所获得的资料，还可以对市场变化趋势进行预测，有助于企业提前做出计划和安排，充分利用市场变化中出现的机遇，从中谋求企业的可持续发展。

我在调研现场

截至 2022 年 6 月，我国在线医疗用户规模达近 3 亿人，较 2021 年 12 月增长 196 万人，占网民整体的 28.5%（见图 1-1）。

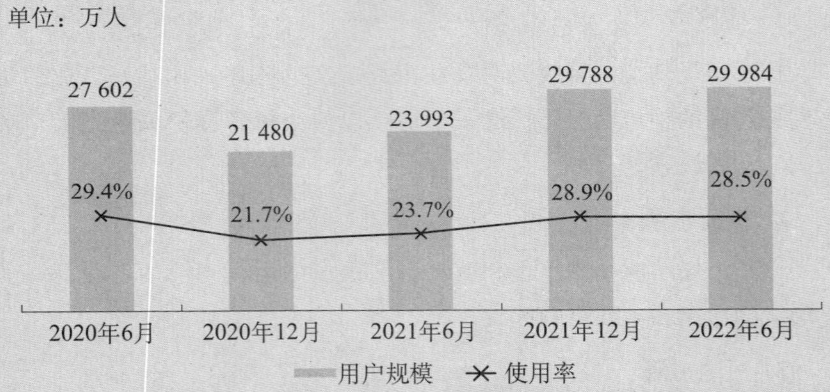

图 1-1　2020 年 6 月—2022 年 6 月我国在线医疗用户规模及使用率

注：使用率为在线医疗用户占网民整体的百分比。

资料来源：中国互联网络信息中心．第 50 次中国互联网络发展状况统计报告．(2022-08-31) [2023-05-20]. https://www.cnnic.cn/NMediaFile/2022/1020/MAIN16662586615125EJOL1VKDF.pdf.

2022 年上半年，互联网医疗平台积极探索多元化服务。与此同时，有关部门发布多项政策法规，为在线医疗行业营造良好政策环境。

互联网医疗平台探索多样化的服务形式。大型互联网医疗平台在提供医疗、药品服务的基础上，进一步拓展数字化健康管理，推动保险、医保支付、医生服务等相关领域创新。例如，百度推出了“有医笔记”，能够帮助医疗行业人员快速记录、整理文档，并能够将图片形式的医疗材料转化成文字；平安健康在消费端和企业端同时发力，打造健康管理、保险等多元化产品，寻求新的增长引擎。

政策法规利好在线医疗高质量发展。2021 年 12 月，工业和信息化部联合八部门发布《“十四五”医药工业发展规划》，提出积极发展新模式新生态，适应智慧医疗、互联网医院快速发展趋势，形成医疗机构、药品生产经营企业、保险公司、信息技术服务商等共同参与的“互联网十医药”新生态。2022 年 2 月，国家卫生健康委办公厅和国家中医药局办公室联合发布《互联网诊疗监管细则（试行）》，对从事互联网诊疗的医疗机构、医务人员、业务活动等提出了明确的监管要求，以进一步规范互联网诊疗活动，加强互联网诊疗监管体系建设，防范化解互联网诊疗安全风险，保障医疗服务安全和质量。

分析

在对在线医疗行业进行市场调研时，我们首先需要描述市场，通过二手资料，收集在线医疗行业的发展状况；然后进行市场诊断，通过市场调研，呈现与解释当前在线医疗行业的运行与活动，探寻在线医疗用户规模快速扩大的原因、在线问诊与远程医疗中出现的问题及解决方案；最后预测市场，即预测未来在线医疗市场的发展前景。

第二节　市场调研的发展与趋势

市场调研是衡量市场经济的晴雨表与风向标。伴随着社会发展，市场调研经历了巨大的变革。目前，世界上每年有超过 320 亿美元被花在营销、广告或消费者市场调研上。

一、国外市场调研的发展

国外市场调研的发展经历了以下五个阶段。

（一）初始阶段（1920年以前）：市场调研的尝试

早在 1824 年，美国《宾夕法尼亚哈里斯堡报》就进行了民意调查。为制定营销决策而开展的第一次市场调研是 1879 年由广告代理商艾尔（N. W. Ayer）所做的。这是一次系统的市场调研，调研目的是为农业设备制造者确定广告时间安排。学界在 1895 年进入市场调研领域，明尼苏达大学的心理学教授哈洛·盖尔（Harlow Gale）使用邮寄问卷的调研方法研究了广告。

到了 20 世纪初，随着生产力与科学技术的迅速发展，市场需求变化频率加快，了解消费者的购买习惯及其对制造商产品的态度的需求应运而生。在此背景下，美国的柯蒂斯出版公司（Curtis）在1911年设立了第一家正式的市场调研机构。1914年，哈佛大学成立了商业调查研究所。1919年，芝加哥大学的邓肯（D. S. Duncan）教授出版了第一本有关市场调研的专著——《商业调研：操作准则简介》（*Commercial Research*：*An Outline of Working Principles*）。

（二）成长阶段（1920—1950年）：科学调研方法的应用

1921年，珀西瓦尔·怀特（Percival White）首次将科学调研方法应用到解决商业问题上，并出版了《市场分析》（*Market Analysis*）一书，该书吸引了大量读者并多次再版。

经典语录

公司拥有自己的市场分析部门的最大优势是将调研变成一个连续的过程，或者至少是可以定期分析的过程。这样，企业就可以在总体上检测市场和行业不断变化的环境。

——珀西瓦尔·怀特

20世纪30年代，问卷调查法得到广泛应用。AC尼尔森公司（AC Nielsen）于1922年进入调研服务业，提出“市场份额”的概念以及其他多种调研服务形式，这为其后来成为美国最大的市场调研机构之一奠定了基础。到20世纪30年代末，市场调研作为正式课程在美国大学中得到普及。1937年对市场营销发展是很重要的年份，这一年美国市场营销协会成立。同年，林登·布朗（Lyndon. Brown）出版的《市场调研与分析》（*Market Research and Analysis*）成为当时最受欢迎的教材。1940年以后，市场调研相关教材大量问世，开设商业调研课程的大学迅速增加。1947年，美国市场调查学会（Market Research Society）成立。焦点小组访谈在罗伯特·金·默顿（Robert King Merton）的倡导下发展起来。40年代末，随机抽样的重要性受到人们的广泛重视。

（三）成熟阶段（1951—2000年）：多学科的共同合作

进入20世纪50年代，社会学、心理学、消费者行为学等相关学科的研究成果不断渗透进市场调研领域。1958年，第二代计算机——晶体管计算机诞生，计算机软件有了较大发展，出现了操作系统的雏形。相关学科成果的渗透，加之计算机及其在数理统计上的广泛运用，推动了市场调研的进一步发展，构建了市场调研的基本框架体系。20世纪60年代，出现了具有代表性意义的描述性和预测性数学模型，如随机模型、马尔可夫模型、线性模型，丰富了市场调研的分析工具。

（四）网络调研阶段（2001—2010年）：从数据独享到数据共享

互联网给市场调研带来了极其深远的影响。在一次全球调查中，94%的调研公司表明其在进行在线调研。实施在线调研和分析大量调研数据不是互联网革命的全部，它同时大大增强了对调研过程和信息传播的控制与管理。互联网技术的迅速普及和发展，使得市场调研数据由“独享”到“共享”。信息技术的发展，使得企业调研范围扩大，调研周期缩短，访问技术高效化，信息传递和沟通日益便捷。大量商业调查软件的开发、推广、应用与普及，缩短了整理与分析一手资料的时间，节约了调研成本，使得大样本的市场调研能够广泛开展，分析效率大大提高，甚至可以做到实时分析及结果导出，信息查询、检索和使用能力也得到了空前提高。

（五）大数据阶段（2011年至今）：数据新算法时代的到来

“大数据”概念最早在 2008 年 8 月由维克托·迈尔-舍恩伯格（Viktor Mayer-Schönberger）和肯尼思·库克耶（Kenneth Cukier）在《大数据时代》中提出，指对所有数据进行整体分析处理，而不是采用随机分析法，即抽样调查进行分析。大数据是大量信息的积累与分析，是非排列和自由形式数据新算法的创建。在数据新算法时代，市场调研数据分析专家不仅可以分析油管（YouTube）平台上的视频、社交媒体上的文章，还可以分析用户的网络点击行为以及 GPS 定位数据、卫星影像等。

国际咨询公司麦肯锡指出：适当使用大数据的公司，能够使其生产力和利润比竞争者高 5%～6%。大数据产生的巨大价值意味着大数据科技与服务市场规模将扩大 31%。

表 1－1 列出了国际知名的市场调研公司。

表 1－1　国际知名市场调研公司

公司名称	公司简介
AC 尼尔森公司	1923 年，由现代市场研究行业的奠基人之一阿瑟·查尔斯·尼尔森（Arthur Charles Nielsen）在美国创建。其发明的零售测量技术，第一次为客户了解其经营业绩以及市场营销活动对收入和利润的影响提供了可靠而公正的信息。此外，尼尔森还是当今电视观众调查及其他媒介研究服务的重要引领者——AC 尼尔森媒介研究公司的创建者。
盖洛普公司（Gallup）	由美国著名的社会科学家乔治·盖洛普（George Gallup）博士于 1935 年创立，是全球知名的民意测验和商业调查/咨询公司。在全球 25 个国家设有独资或控股分支机构，拥有 3 000 余名研究、咨询和培训专家，全球员工达到 6 000 余名。其业务跨越国家、文化和语言，已形成国际项目紧密合作体系。

续表

公司名称	公司简介
益普索集团（Ipsos）	由朱贤特（Didier Truchot）于 1975 年在法国巴黎创立，1999 年在巴黎上市。在全球 90 个国家和地区设有办公室，是市场研究顾问行业中一家独立的由专业研究顾问人员管理的全球性上市公司。经过 40 余年的发展，已成长为全球领先市场研究集团。
凯度集团（Kantar）	英国 WPP 集团旗下，具有全球影响力的市场调研集团。通过旗下的专业品牌及全球 30 000 多名员工向全球 100 个国家的客户提供全面的调研及咨询服务，为客户提供能启发灵感的研究洞察和商业战略规划。
捷孚凯市场研究集团（GfK）	成立于 1934 年，总部位于德国纽伦堡。经过长期的发展和积累，GfK 目前在全球范围内的市场研究业务涉及耐用消费品调查、消费者调查、媒体调查、医疗市场调查和专项研究等方面。特别是在耐用消费品调查方面，GfK 在全球位居第一。

资料来源：根据各官方网站资料整理得出。

二、国内市场调研的发展

1978 年 12 月 18 日—22 日，党的十一届三中全会在北京召开，会议提出“对内改革，对外开放”的政策，从此开始具有中国特色的社会主义改革开放道路的探索。此后，国内市场调研的发展大致经历了以下四个阶段。

（一）起步阶段（1988—1997 年）

20 世纪 80 年代初期，中国尚未出现专业的市场调研企业，最早开展市场调研业务的机构为国家统计局成立的中国统计信息咨询服务中心。1988 年 4 月，中国第一家市场调研企业——广州市场研究公司成立，标志着中国市场调研行业的正式起步。进入 20 世纪 90 年代后，大量知名外资品牌进入中国，如宝洁、雀巢、可口可乐等，这些品牌为开拓中国市场，需对特定行业及目标消费者进行调研，因此产生了市场调研需求，推动了国内市场调研行业的发展。

（二）稳步发展阶段（1998—2007 年）

1998 年，“中国市场调查行业协会”筹备委员会成立，负责制定行业规范与秩序，促使市场调研行业朝健康、有序方向发展。随着市场调研行业积累的经验逐渐丰富，业内企业专业度大幅上升，市场调研行业逐步朝细分化方向发展，如零售研究、媒介收视率研究、用户研究等方向。2004 年，中国市场信息调查业协会成立，负责完善行业执业标准，涵盖从业人员资质标准、企业服务标准与收费标准等，监督行业行为并组织业内从业人员进行业务培训与交流。

（三）网络调研快速推进阶段（2008—2015 年）

截至 2008 年 6 月，我国网民规模达 2.53 亿，首次位居世界第一。[①] 在经历互联网技术带来的变革后，国内市场调研行业逐渐意识到互联网在调研中的重要性，相继开始采用互联网市场调研的方式。党的十八大以来，我国加快制造强国和网络强国建设步伐，持续加强数字中国建设，推动互联网发展质量显著提升，数字化转型翻开新篇章。2013 年 12 月，我国网民规模超过 6 亿；2015 年 12 月，互联网普及率首次突破 50%。

通过互联网市场调研，市场调研企业可丰富数据采集来源、缩短数据获取时间、降低实际调研成本。现阶段，常用的互联网市场调研数据收集方式包括网络问卷调查、电子邮件调查、在线焦点小组访谈、一对一网上深度访谈、弹出式调查、网络空间参与式观察、线上实验法、网络民族志等。互联网市场调研的商业价值不断受到市场调研企业的认可，其应用场景也愈加广泛，涵盖网络用户监测（如独立访问者数量、日活跃用户数量、平均访问时长、用户结构、地理分布、消费行为）、网络广告监测（如网络广告曝光次数、点击率、转化率）、网站流量监测（如网站访问量、二跳率）等。

（四）大数据融入市场调研阶段（2016 年至今）

2016 年 2 月，国家发展改革委、工业和信息化部、中央网信办发函批复，同意贵州省建设国家大数据（贵州）综合试验区，这是我国首个国家级大数据综合试验区。2016 年 5 月 25 日，中国大数据产业峰会暨中国电子商务创新发展峰会在贵阳开幕，时任国务院总理的李克强出席开幕式并发表致辞，他对贵州发展大数据给予肯定：贵州在这里把“无”生了“有”，在信息产业里，在大数据、云计算、互联网所代表的新一代互联网发展趋势的背景下，所有的国家和地区只要经过自己的努力，都可以站在同一条起跑线上，落后的地方甚至可以抢占先机。2016 年 12 月 18 日，工业和信息化部印发《大数据产业发展规划（2016—2020 年）》。截至 2023 年 12 月，我国网民规模为 10.92 亿，较 2022 年 12 月新增 2 480 万，互联网普及率达 77.5%。[②] 2022 年我国大数据

① 中国互联网络信息中心．第 22 次中国互联网络发展状况统计报告．(2008-07-19)[2022-09-10]. https://www.cnnic.cn/n4/2022/0401/c88-813.html.

② 中国互联网络信息中心．第 53 次中国互联网络发展状况统计报告．(2024-03-22)[2024-03-30]. https://www.cnnic.net.cn/n4/2024/0322/c88-10964.html.

产业规模达 1.57 万亿元，同比增长 18%。[①] 坚实的信息基础、庞大的网民基础及全面的产业基础，支撑着我国互联网向“做强做优”不断迈进，推动着我国数字化转型向“做深做实”不断提速。我国经历了从 PC 互联网到移动互联网，再到万物互联的发展转变。传统的市场调研方法是通过定性、定量市场调查手段实现调查研究，而大数据市场调研则是通过网络爬虫技术对新闻媒体、社会化媒体等网站进行监测，实时掌握市场风向与消费者满意度情况，从而促进企业对市场现状与趋势的了解。

2022 年 10 月，中国共产党第二十次全国代表大会胜利召开。党的二十大报告指出：加快发展数字经济，促进数字经济和实体经济深度融合，打造具有国际竞争力的数字产业集群。大数据被不断应用于市场调研行业以及大数据技术的蓬勃发展，不仅减少了企业在人力物力方面的投入成本与调研周期，还促使数据信息朝多样化、完整化方向发展，进一步提升了市场调研行业的运作效率。

表 1-2 列出了国内知名的市场调研公司。

表 1-2　国内知名市场调研公司

公司名称	公司简介
中国广视索福瑞媒介研究有限责任公司（CSM）	在电视收视率调查、广播收听率调查、体育与媒介研究和全媒体研究等多个领域拥有超过 25 年的行业经验，为中国内地和香港地区传媒行业提供可靠的、不间断的视听率调查及深度研究服务。
央视市场研究股份有限公司（CTR）	中国国际电视总公司和凯度集团合资的股份制企业。一直致力于将近 30 年的中国市场洞察经验与快速发展的互联网大数据技术相结合，通过连续性调查和定制化专项服务，提供全方位的市场数据解析和高附加值的趋势洞察，与客户一起深入研究千变万化的商业环境，探寻市场发展规律，制定营销决策方案。
零点有数（Dataway）	1992 年成立的零点调查，是中国市场调研的早期开拓者。2000 年进行结构调整，投资成立了前进策略（策略咨询）和指标数据（共享信息）。2016 年正式更名为“零点有数”。针对不同的客户需求，提供针对性的研究服务，目前的业务主要定位在消费者研究、品牌研究、评估性研究、产品与营销研究四大研究领域。
艾瑞咨询（i Research）	自 2002 年成立至今，累计发布超过 3 000 份行业研究报告，在互联网、新经济领域的研究覆盖能力处于行业领先水平，在产业数字化领域也建立了品牌基础，为客户提供数字化转型升级过程中的数字化战略咨询与运营解决方案。

资料来源：根据其官方网站资料整理得出。

① 韩鑫. 2022 年我国大数据产业规模达 1.57 万亿元. 人民日报，2023-02-22（01）.

第三节　市场调研的类型

市场调研的类型可以依据市场调研所要达成的目的、需要解决问题的性质、执行所使用的方法与组织形式进行分类。

一、按市场调研所要达成的目的分类

按市场调研所要达成的目的，可将市场调研分为计划性市场调研、选择性市场调研和评估性市场调研。

（一）计划性市场调研

计划性市场调研通过市场细分、市场机会分析，或者消费者态度与产品使用研究来确定营销决策。计划性市场调研产生于产品管理部门对定期获取市场概况的需求，如确定目标市场是否发生变化、该市场是否产生新的细分机会。

（二）选择性市场调研

选择性市场调研用于测试备选决策，如新产品的概念测试、广告方案测试和试销等。选择性市场调研通常是在计划性市场调研确定了几项可行措施之后进行的。如果明显没有一个备选决策是非常突出的，那么产品管理部门通常愿意测试几个备选决策。

（三）评估性市场调研

评估性市场调研用于评估项目绩效，包括跟踪广告回忆度、进行组织形象研究和考察顾客对企业服务质量的态度等。当必须评估营销计划的效果和效率时，就产生了对评估性市场调研的需求。[①]

二、按市场调研需要解决的问题的性质分类

按市场调研需要解决的问题的性质，可将市场调研分为探索性调研、描述性调研、因果性调研和预测性调研。

---

① 麦克丹尼尔，盖茨．当代市场调研：第10版．李桂华，等译．北京：机械工业出版社，2017：7.

（一）探索性调研

探索性调研的目的是提供资料和数据，以帮助市场调研人员认识和理解所面对的问题。探索性调研具有较高的灵活性，常常用于一些较为前沿的市场调研项目，或是在开展大规模正式调研之前进行的小规模调查活动，能够帮助调研人员将问题定义得更准确，从而为后期的整体方案设计、问卷设计提供更为明确的思路。

探索性调研主要适用于以下三个方面：

（1）诊断形势。形势分析对于市场调研是非常必要的。探索性调研可以帮助调研人员诊断问题的各个方面，由此保证后期调研项目保持正确方向。

（2）概念测试。探索性调研还可以对一些新的、修改过的或者重新配置的产品进行概念测试。比如，在新一季的某娱乐节目中，受众是希望保持原有的主持团队人员不变，还是希望有所变化，以及如何变化。

（3）产生新的构思。市场调研人员经常通过探索性调研产生构思，如新包装、新栏目、新创意等。

我在调研现场

《超级老师》是国内首档“原创大型教育类真人秀”节目，2015 年播出第一季后，反响强烈。

2016 年 6 月 1 日起，《超级老师》推出周播版，每周三 21：15 在陕西卫视首播。不同于传统的才艺真人秀节目，节目从教育的角度出发，让教育者走下讲台、走上舞台，展现新时代“麻辣”教师的课堂风采。

节目组从全国各地深挖千名优秀教师，从中筛选出优秀教师来到节目现场。节目每周将从三到四名优秀教师中选拔出当期的周冠军，也就是“金牌超级老师”，并为其颁发绶带和证书。

分析

通过前期探索性调研，我们发现受众对电视及网络上出现的大量娱乐节目已经日趋厌倦。《超级老师》旨在从教育的角度出发，在娱乐的同时向大众传递正能量。作为全国首档“原创大型教育类真人秀”节目，《超级老师》基于当下优质教育资源的稀缺、各种教育理念的激烈碰撞以及普通观众对教育话题的关注和敏感，通过内容呈现，不忘初心，弘扬师德、师恩，以独特的节目形态将尊师重道理念传达给受众。

（二）描述性调研

描述性调研的目的是描述总体市场的特征和功能，一般以有代表性的样本作为调查基础。其特点是事先预定具体的假设，确定严谨的结构关系方案。对所面临的不同因素、不同方面现状开展调研，采集和记录资料数据，着重于对客观事实的静态描述。

一般来说，描述性调研适用于绝大部分市场调研。

（三）因果性调研

因果性调研的目的是获取与所调研问题有关的起因与效果之间关系的证据。其特点是调研一个因素的改变是否会引起另一个因素的改变，具有一定程度的动态性。

因果性调研适用于识别变量之间的因果关系，如外界因素的变化对营销效果的影响、决策变动与反应的灵敏性等，多运用实验法来获得结果。

（四）预测性调研

预测性调研的目的在于把握市场机会，制订有效的营销计划。其通常在描述性调研和因果性调研的基础上进行。

三、按市场调研执行所使用的方法分类

按市场调研执行所使用的方法，可将市场调研分为定量调研（quantitative research）和定性调研（qualitative research）两大类。二者的本质区别在于调研执行所使用的方法不同，所获取资料的性质亦有所区别：所获取的资料具有数量意义，并且在分析时侧重于对资料的数据描述和解读的，对应的是定量调研；否则，即为定性调研。调研人员为了获取不同性质的资料，会选择不同的调研执行方法。

观察法、深度访谈法、焦点小组访谈法是常用的定性调研方法，实验法、问卷调查法是常用的定量调研方法。

四、按市场调研的组织形式分类

按市场调研的组织形式，可将市场调研分为专项调研、连续性调研和搭车调研。

专项调研一般是指受客户委托，针对某些问题进行的一次性调研，即从给定的总体中一次性抽取样本进行调研，并且只从样本中获得一次性信息的调研。

连续性调研一般是指对固定样本进行定期的、反复的调研。样本中的调

研对象不随调研时间的变化而变化。消费者固定样本组（panel）调研、连续的跟踪调研和品牌测试、零售监测（retail scanning）、连续的媒介效果研究等都属于连续性调研的范畴。

搭车调研是指多个客户共同利用同一样本进行的调研。根据各个客户搭车调研问题的数量和类型，决定客户需要支付的费用。

第四节　市场调研行业规范与执行

在市场调研运作过程中，从业人员常常需要在信息获取的效率和遵守社会伦理与行业规范之间找到平衡点，这意味着其应具备一定的道德素养和职业操守，以维护消费者和其他利益相关者的权益。但随着互联网技术和其他互动多媒体的开发和使用，相应的问题正变得日益复杂和重要。

一、国际市场调研行业规范

国际商会（ICC）与欧洲民意与市场调查协会（ESOMAR）目前是国际市场调研行业规范的引领者。

（一）ICC 与 ESOMAR 共同制定的《市场研究与社会调查国际准则》

任何行业都要遵循一定的行业规范。市场调研行业由于其以信息收集为主要目的的行业特性，因此其行业规范尤为重要且具有一定的独特性。国内外的市场调研行业在遵守各自国家法律的前提下，主要以行业协会为主导制定自律性规范条款，要求会员遵守和执行。

第一部市场营销与社会调查实践细则由 ESOMAR 于 1948 年出版。随后，各国相关机构和 ICC 陆续提出了一些规则。1976 年，ICC 与 ESOMAR 一致认为，用一部国际准则取代现有的各项规则更为合适。于是，1977 年，由 ICC 与 ESOMAR 共同制定的《市场研究与社会调查国际准则》出版。该准则先后经过 1986 年、1994 年、2007 年、2016 年几次修订。

市场调研的成功有赖于公众的信任，即公正、客观地执行市场调研，不使受访者受到侵扰或对其不利。《市场研究与社会调查国际准则》旨在建立公众对市场调研的信心，同时也向公众阐述了从业人员在开展市场调研时所需具备的道德素养和职业操守。这一在自我约束框架下使用和实施的准则，作为最佳行业惯例在全球范围内被提及和接受，同时也被认为是保护消费者权益的一道防线。

《市场研究与社会调查国际准则》主要基于下列原则[①]：

（1）市场调研人员必须遵守所有相关的国家和国际法律法规。

（2）市场调研人员必须遵守职业道德，不做任何可能有损市场调研行业声誉的事情。

（3）市场调研人员在对儿童和青少年开展调研活动时，必须对其采取特殊照顾。

（4）受访者接受调研应出于自愿，且同意参与调研活动的前提必须是充分了解调研项目的目的和本质且没有受到任何误导。受访者所有有关调研的言论都应该受到调研人员的尊重。

（5）市场调研人员应尊重受访者的个人权利，受访者不应因参与市场调研项目而受到伤害或不利影响。

（6）市场调研人员不得将在市场调查项目中收集到的个人信息用于市场调研以外的其他目的。

（7）市场调研人员应确保调研项目和活动的设计、实施、报告和记录准确、透明和客观。

（8）市场调研人员应遵守公认的公平竞争原则。

（二）美国《调研标准和道德规范》

美国调查研究组织委员会（CASRO）要求其会员严格遵守其设立的《调研标准和道德规范》，这是一个严格的全球通用的标准，也是市场调研行业的基准。其中，CASRO分别就调查研究机构对受访者的责任、对客户的责任、向客户和公众报告时的责任以及对外部承包商和访员的责任做出了详细且明确的规定。

在对受访者的责任中，《调研标准和道德规范》关于保密性和隐私保护有明确的要求和说明。有关保密性的条款中强调，“受访者是市场调研行业的命脉，对其个人信息的保护是至关重要的，调查研究机构不得随意将其信息透露给第三方，包括客户和公众，除非受访者自己主动要求或允许信息公开”。同时，《调研标准和道德规范》也对一些无须保密的特定情况，以及特殊的应用和相应的保障措施进行了规定和说明。

有关受访者隐私和避免骚扰的相关规定所遵循的基本原则是，调查研究机构要在调查研究与受访者个人信息之间做出平衡：首先，确保受访者不受任何不必要的骚扰；其次，由于受访者与调研人员是自愿合作的关系，因此

① 国际商会，欧洲民意与市场调查协会．市场研究与社会调查国际准则．市场研究，2008（10）：59－61.

应明确规定双方自愿合作的范围。具体条款如下[①]：

（1）调查研究机构、承包商和调研人员应尽一切合理的努力，确保受访者理解双方合作的目的。调研人员/调查研究机构必须提供真实可靠的有关自身和机构关系的证明；调研人员/调查研究机构应得到真实直观的答案。

（2）调查研究机构不允许有欺诈行为和虚假陈述，如打着市场调研的幌子以达到销售或招揽目的，是被明令禁止的。

（3）调查研究机构必须尊重受访者的个人权利，受访者有权拒绝接受或终止正在进行的访谈。侵犯这些权利的技术不应该被采用，但调查研究机构可以做出合理的努力以确保访谈进行，包括：解释该研究项目的目的；提供足够的礼物或金钱奖励以促进合作；若受访者最初不愿意参加，则可以在不同时间多次与此受访者接触。

（4）调查研究机构应在受访者方便的时间进行访谈。

（5）冗长的访谈对受访者来说可能是一个负担。调查研究机构应根据研究需要灵活调整访谈时间，避免受访者因访谈时间过长而误答。

（6）调查研究机构有责任开发相应的方法，以尽量减少涉及敏感问题时受访者的不适和担心。

（7）为充分了解受访者，调查研究机构可以使用电子设备（如录音笔、照相机、录像机等）和单面镜房间。

在此基础上，《调研标准和道德规范》专门对网络调研中涉及的隐私保护问题做了详尽的阐述，同时还就调查研究机构如何遵守隐私保护相关法律法规做出了说明。

在对客户的责任中，《调研标准和道德规范》强调调查研究机构与客户之间应该保有相互信任和彼此尊重的关系，并据此规定了调查研究机构以诚信和保密为原则维护这种关系的具体方法。

在向客户和公众报告时的责任中，《调研标准和道德规范》规定了调查研究机构以准确无误地描述调查数据为目的，所必须报告的相关调查信息。

在对外部承包商和访员的责任中，《调研标准和道德规范》规定，调查研究机构不能要求任何外部承包商和访员从事违背该规范相关规定的活动。在引导和监督会员遵守相关规范上，《调研标准和道德规范》发挥了主导作用。

二、我国市场调研行业规范

我国市场调研行业规范从采用 ICC 与 ESOMAR 联合颁布的《市场研究

① 黄京华．广告调查．北京：高等教育出版社，2015：10－11.

与社会调查国际准则》发展到制定立足本土的《中国市场研究行业准则》。

（一）我国市场调研行业规范与自律组织的发展

1997年10月，ESOMAR首次在我国组织了一次培训，北京、广州、上海等地均派代表参加，这是国内市场调研人员第一次近距离接触到ESOMAR。

为加强行业自律、增进行业交流、促进行业发展，业内百余家市场研究机构于1998年召开行业首次会议，成立全国市场研究协会筹备委员会。2001年2月，经中华人民共和国民政部批准，中国信息协会市场研究业分会（CMRA）正式成立。CMRA的宗旨是：（1）努力推动国民经济和市场研究事业的发展，在政府部门与企事业单位之间发挥桥梁和纽带的作用。（2）为会员、政府、企业及社会各界提供信息服务，加强与国家有关部门的沟通。（3）促进对政策法律的理解和执行，加强行业自律，提倡有序竞争，确定行业道德规范、常规技术标准和参考报价体系。（4）加强国际交流，形成对外交流的窗口；努力培育、开发国内市场，提高国内企业对市场调查及其科学运作理论的认知水平。2001年年底，中国信息协会市场研究分会发起倡议，要求从2002年1月1日起全行业正式采用ICC与ESOMAR联合颁布的《市场研究与社会调查国际准则》。这标志着中国市场调研行业在行业规范方面与世界接轨。自2004年起，陆续有一些国内市场调研企业加入ESOMAR，成为其会员。可以看出，中国市场调研企业与ESOMAR的联系越加紧密。[①]

（二）立足本土的《中国市场研究行业准则》

中国信息协会市场研究业分会借鉴ICC与ESOMAR联合颁布的《市场研究与社会调查国际准则》的内容，于2012年2月制定并发布了《中国市场研究行业准则》，该准则成为国际准则本土化的开山之作，具有重要的行业规范建设里程碑的历史意义。《中国市场研究行业准则》分为总则与分则，分则包括“公平竞争”与“市场研究的基本职业道德和行业运作原则”。

其中，第十五条规定：“研究者不得以提供商的优势地位，强迫或者其他形式，在合同中约定超过项目结束后3个月以上的付款期限。”

第十六条规定：“研究者应当尊重访问人员的劳动，并及时付给访问人员服务费用，不得无故拖欠克扣访问人员费用。访问人员的服务费用一般应在访问结束后3个月内结清。”

第十八条规定：“研究者、客户均不得以任何方式向为其服务的市场研究

---

① 中国人民大学重阳金融研究院，商务部中国国际经济合作供应链金融委员会．2016年版《ICC/ESOMAR市场、观点、社会调查和数据分析国际准则》．北京：中国人民大学重阳金融研究院，2016.

公司及调查研究服务机构索取个人回扣。”

第十九条规定：“研究者与客户应建立正常合作关系，研究者不得采用财物或其他手段进行贿赂，以从客户处获取研究和调查项目。”

第五十一条规定：“在撰写市场调查报告时，研究者应把调查中的直接发现与研究者在直接发现之上的解释分析以及建议明确区分开来。”

从上述所列的一些条款中我们不难发现，《中国市场研究行业准则》立足我国市场调研情况，从实际出发，强有力地规范我国市场调研行业有序、健康发展。

三、市场调研行业规范在执行中的三个关键点

我们可以把市场调研行业规范凝练为三个关键点，从而在执行中更好地把握与遵守。

（一）对调研对象无害

对调研对象无害是市场调研行业规范的基石，应贯穿于调研方案设计的每一个环节。调研人员的职责是确保调研对象的身体及情绪不受损害，并采取措施确保调研对象不会由于参与调研项目而受到伤害或不利影响。识别可能对调研对象造成身体伤害的因素，并避免发生此种情况并不困难。比如，如果调研涉及一款新研发的健身器材，那么客户和调研人员应采取措施确保调研对象对该款健身器材的安全使用。调研对象的身体损害相对是容易规避的，需要特别注意的是情绪损害，作为调研人员必须要考虑：此项调研会不会导致调研对象产生恐惧、焦虑、沮丧等不良情绪。

我在调研现场

我们受客户委托，要开展一项对“00后”群体悬疑片偏好度的调研。为了采集更直接的一手资料，我们招募调研对象，使用实验法，给调研对象现场播放案件推理、科幻悬疑、非线性叙事三种类型的悬疑片片段，让调研对象观看后进行优劣比较。同学们认为，这种设计方案可行不可行？会不会对调研对象的情绪造成一定的不良影响？

分析

为避免对调研对象造成情绪损害，在播放悬疑片片段之前，我们需要向调研对象做一个简短的片段内容说明。在调研对象表示可以接受后，再进行播放。

（二）自愿参与

市场调研人员在开展调研前必须征得调研对象的同意，这种同意应基于调研对象对调研有全方面清晰的了解，包括调研人员将如何收集数据以及如何使用这些数据。此外，调研人员还应该告知调研对象他们有权在任何时间退出调研。

我在调研现场

我们通过QQ语音与调研对象进行了深度访谈（调研对象不愿意加我们微信），了解到调研对象除了喜欢刷抖音、上哔哩哔哩（B站），还喜欢在QQ空间写东西。我们询问调研对象能否访问其QQ空间，在征得对方同意后访问。

分析

在现场执行中，同学们在开始进行调研时，都能注意到要征询调研对象同意，但是往往忽视了一个问题，那就是“自愿参与”不是在调研伊始单次告知就完成了。此次调研中，调研人员在深度访谈中发现调研对象喜欢在QQ空间写东西，那么QQ空间就是了解调研对象社交媒体接触与情感体验的一个重要渠道，但是QQ空间具有较高私密性，所以需要就“能否访问其QQ空间”这一具体环节征询调研对象的意见。

（三）匿名和保密

对于调研对象的录音、录像、拍摄的照片以及所写文字（包括其在网络空间所写文字）、绘画作品等，必须经过调研对象许可后才可使用。拍摄照片一般不显示其正面，尽量拍摄其侧面照。照片不能进行修图处理，修图等同于调研数据不真。若调研选题非常敏感，且调研对象提出明确要求，则可以对录音进行部分变声处理。调研报告呈现要隐去调研对象的姓名、住址、单位等个人信息。特别需要注意的是，有的调研对象习惯于在绘画作品中留下自己的签名，我们在后期处理的时候，不要忘记把签名隐去。

本章小结

市场调研是指运用科学的方法，有目的地系统收集、记录、整理有关市场营销方面的各种信息资料，分析研究售方将产品或服务提供给买方的各种情况和趋势的活动。根据市场调研需要解决问题的性质，可将市场调研分为探索性调研、描述性调研、因果性调研和预测性调研。我国市场调研行业规范从采用ICC与ESOMAR的联合颁布的《市场研究与社会调查国际准则》发展到制定立足本土的《中国市场研究行业准则》。市场调研行业规范在执行中有三个关键点，分别是：对调研对象无害；自愿参与；匿名和保密。

思考题

1. 探索性调研在市场调研中扮演了什么角色？探索性调研与其他形式的调研有何区别？

2. 大数据融入市场调研阶段的特点是什么？

3. 如果有一项市场调研的选题是关于粉丝经济的，基于对某一明星粉丝群体的调查，你将如何在市场调研行业规范框架下开展调查呢？

案例 1-1

中国虚拟偶像“待爆” 市场今年有望达13亿元[①]

中国虚拟偶像市场在2011年后开始以较快的节奏发展。2022年，核心市场规模预计可以达到13亿元。打造IP、落地元宇宙场景将成为虚拟偶像未来的发展趋势。

一、虚拟偶像的特点、分类及主要活动身份

虚拟人是指通过绘画、建模等人工技术创造出来的虚拟人物形象。而虚拟偶像有着更高的“标准”，要求虚拟人进行偶像活动，拥有自己的虚拟设定和作品产出。与真人偶像不同，虚拟偶像的人设、活动和知名度更依赖于UGC（user generated content，用户生成内容）进行完善，故虚拟偶像与粉丝的距离更近。在后台借助动作捕捉设备，实时扮演并填充虚拟偶像设定及内容的人被称作“中之人”。

根据视觉风格，虚拟偶像可分为两种类型：二次元和超写实。二次元虚拟偶像的视觉形象偏向动漫风格，超写实虚拟偶像的视觉形象则更类似真人。在此分类基础上，按照制作方式，二次元虚拟偶像可以继续分为2D和3D风格，超写实虚拟偶像可以继续分为虚实结合和纯CG风格。现阶段，虚拟偶像主要有三个活动身份：虚拟歌手、虚拟UP主和虚拟博主。虽然虚拟偶像通常会以多种活动形式活跃在互联网平台上，如唱歌、跳舞、杂谈娱乐、发博文等，但每一个身份各有其重点活动形式。完全虚拟的纯AI虚拟偶像数量极少，仍然处于探索阶段。

二、虚拟偶像的市场规模及发展困境

艾瑞咨询发布的《2022年中国虚拟偶像行业研究报告》显示，中国虚拟偶像行

---

① 陈斯．中国虚拟偶像“待爆” 市场今年有望达13亿元．北京青年报，2022-10-05．本案例有所改动。

业核心市场规模从 2019 年以来一直保持着超高的增长幅度。在 2019 年之前，虚拟歌手贡献市场主要收入；到 2020 年，受新冠病毒感染疫情（以下简称疫情）期间居家娱乐需求上升，以及国内互联网龙头企业布局自有虚拟 UP 主并加大宣发力度等因素影响，中国虚拟 UP 主的受众扩大，收入规模快速增长，反超虚拟歌手；2021 年后，超写实虚拟偶像走入大众视野，其营销效果得到品牌方认可，开始有一定的商业活动收入。

作为热门概念元宇宙的元素之一，虚拟偶像的科技、营销价值在未来仍然有望进一步增长，核心市场规模将持续扩大。但受制于科技的迭代速度，虚拟偶像在短期内不会有较大突破，市场规模增速预计将大幅下降。具体来看，中国虚拟歌手发展面临着“IP 单一”的痛点，一般 IP 难以提升知名度，商业化程度低。例如，洛天依作为中国第一位 V 家虚拟歌手，在中国 V 圈粉丝心中有非常特殊的意义，具有极强的先发优势。许多知名 UP 主在早期创作出优秀的 UGC 歌曲，其中几首歌曲更是在全网走红，这使洛天依能够突破二次元圈层走向现实舞台。后续推出的虚拟歌手失去先发优势，竞争对手变多，UGC 生态不及洛天依圈子活跃，面临着难以发展至大众化虚拟偶像的困境。

虚拟 UP 主的发展则类似网红经济，面临着营收构成单一、高度依赖“中之人”的限制。目前，虚拟 UP 主更类似虚拟外壳下的真人主播，其营收结构与许多网红主播的营收结构极为相似：核心收入来源为直播打赏。然而，与真人主播不同，虚拟 UP 主在面向企业、商业推广侧的机会较少，只有最头部的虚拟 UP 主能够代言品牌或与品牌联动。虚拟 UP 主虽然主要以虚拟外表和人设进行活动，但难以真正脱离现实：虚拟外表下实时扮演的“中之人”仍然是填充虚拟内容的主力和粉丝关注的核心。行业内陆续出现的负面信息也表现出：一旦“中之人”或团队产生负面新闻，虚拟 UP 主也会受到影响，甚至面临隐退的局面。现阶段，能真正摆脱真人而实现“永不塌房”的虚拟 UP 主并不存在。

目前，多数虚拟偶像的实时交互演出需要依赖真人动捕完成，虚拟 UP 主更是与“中之人”绑定。一旦“中之人”出现负面新闻或与制作团队出现分歧，其扮演的虚拟 UP 主会发生“塌房”，偶像价值和粉丝黏性将大打折扣。虚拟偶像的 AI 化，可以有效规避这一风险。Siri、小度等 AI 智能虚拟语音助手都已具备一定的交互能力，但“她们”属于功能型虚拟人，缺失深入人心的虚拟形象，语音、语调机械感重，不具备较高的娱乐性。作为活跃在文娱赛道的娱乐型虚拟人，一个成熟的 AI 虚拟偶像，需要具备自动生成与真人接近的动作、声音，以及与人实时互动的能力。近年来，有许多科技公司在声音和互动两个方面取得重要成果，为未来纯 AI 虚拟偶像的落地做出技术积累。

三、虚拟偶像的关注度

近年来，随着虚拟偶像这一概念的热度持续升温，人们在各个音视频平台都能接触到虚拟偶像。但是目前虚拟偶像在中国仍属于小众爱好，关注者较少，大多数人仍然停留在完全不了解或仅仅听说过的程度。

调研结果显示，有16%的人关注虚拟偶像且观看过虚拟偶像节目。在关注虚拟偶像的人群中，关注率最高的虚拟偶像类型为虚拟UP主、虚拟歌手和超写实虚拟偶像，虚拟歌手是多数人第一次关注的虚拟偶像类型。相比非二次元受众，二次元爱好者对虚拟世界有更高的认同感，对虚拟偶像的接受度、观看意愿也更高。在虚拟偶像受众之中，因喜爱二次元文化开始关注虚拟偶像的人群高达51%，喜爱二次元文化在诸多关注原因之中排名第一，二次元平台成为他们最常观看虚拟偶像活动的平台。并且，有93.4%的关注者在2020年之前开始关注中国虚拟偶像，许多关注者同时关注其他地区的虚拟偶像：有78%关注日韩虚拟偶像，32%关注欧美虚拟偶像。与海外虚拟偶像关注者相比，中国虚拟偶像关注者对中国虚拟偶像的评价更积极。对于每一个评价指标，都有接近甚至超过50%的关注者认为，中国虚拟偶像优于海外虚拟偶像，其中最突出的五个优势为亲和力、语言、外形、人设和才艺水平。

中国虚拟偶像关注者认为，好看的外形、有趣的人设和专业的才艺水平是一个虚拟偶像最需要具备的三个要素，他们最爱看虚拟偶像唱歌、跳舞、玩游戏和与其他偶像互动。此外，相比周边的实用性，中国虚拟偶像关注者更在意周边的观赏性，最受欢迎的官方周边为虚拟产品、家居装饰品和手办盲盒，具有较好装饰作用的周边的人气更高。

四、虚拟偶像的未来发展趋势

目前，市面上的许多虚拟偶像以技术为核心卖点，在外形、声音、动作等方面精益求精。不过，报告认为，虚拟偶像的另一大核心“偶像”价值却不完全依赖于技术。从偶像受众出发，最影响一个虚拟偶像人气的元素与真人偶像类似，是外形、人设、才艺内容和亲和力。现有的部分虚拟偶像突出强调技术层面的亮点，缺少对虚拟偶像本身的活动内容填充和亲和力的打造，导致其粉丝圈较小，核心粉丝较少，难以形成IP效应。现阶段，许多B端品牌选择与虚拟偶像合作，看中的是虚拟偶像作为较为先锋的“高科技ICON”，具有出色的营销价值。在未来，随着科技概念不断升级，科技水平不断提高，一个虚拟偶像的核心竞争力将越来越依赖于内容产出，虚拟偶像运营方更需要沉淀时间完善内容，打造IP，实现价值附加。此外，在线游戏和在线社交属于更容易贴近元宇宙落地生态的典型场景，而虚拟偶像属于其中比较有代表性的元素之一，更容易做商业化拓展。在元宇宙场景中，虚拟偶像可以在虚拟演出中登场。近年来，已有虚拟偶像和真人歌手在游戏中成功举办过虚拟演唱会，受到许多玩家的欢迎。

案例思考

1. 如果开展一项关于虚拟偶像的市场调研，我们在描述市场方面需要知晓什么呢？

2. 在诊断市场方面，我们需要重点探寻什么呢？

3. 在预测市场方面，我们期望预测什么呢？

延伸阅读

《中国市场研究行业准则》全文

第一篇　定义

第一条　市场研究：本规则所指市场研究是指为实现信息目的而进行研究的过程，包括将相应问题所需的信息具体化、设计信息收集的方法、管理并实施数据收集过程、分析研究结果、得出结论并确定其含义等。在分类中，包括定量研究、定性研究、媒介和广告研究、商业和工业研究、对少数民族和特殊群体的研究、民意调查以及桌面研究等。

第二条　研究者：是指执行市场研究项目或在其间作为参谋的任何研究机构、组织、部门和个人。

第三条　客户：是指寻求、委托或预订整个或部分市场研究项目的任何个人、组织或部门。

第四条　研究对象：是指研究者为完成一个市场研究项目向其寻求信息的任何个人或组织。

第五条　访问：是指使用任何一种合法方式和研究对象进行的直接或间接的接触，通过这种接触，研究者能从研究对象处获得数据或信息，全部或部分地用于市场研究项目。

第六条　记录：包括客户提供的资料以及研究者所产生的一切资料。

第七条　本会、协会：指中国信息协会市场研究业分会。

第二篇　总则

第八条　本规则明确了市场研究行业的行业内部竞争和诚信标准以及执行标准，旨在为行业会员单位提供可行的竞争和研究规则，使行业内部能处在一种良性竞争和循环中，从而为客户提供更优质的服务，并和客户一起共同努力，推动促进整个行业的健康发展。

第九条　市场研究的目的是帮助供给商寻求最有效的方法满足消费者的需要，促进双方的有效交流，从而更有效地把供给商能提供的产品和服务的特性传达给消费者。

第十条　市场研究必须建立在公众对此行为有信心的基础上。

第十一条　市场研究必须始终客观地依据现有的科学原则来进行。

第十二条　市场研究必须始终遵守研究项目所涉及国家的法律法规以及国际法准则。

第三篇　分则

第一章　公平竞争

第十三条　在市场研究活动中，所有参与市场的主体应当遵循自愿、平等、公平、诚实信用的原则，遵守公认的商业道德。

第十四条　客户、研究者以及代理商等在市场研究活动中，应互相尊重、互相监督，发现违反本守则的单位和个人，应及时向协会举报。

第十五条　研究者应当尊重代理研究者（公司）及其他调查服务机构的劳动，按合同规定和行业规定付给代理公司或调查服务机构服务费用。研究者不得以提供商的优势地位，强迫或者以其他形式，在合同中约定超过项目结束后 3 个月以上的付款期限。

第十六条　研究者应当尊重访问人员的劳动，并及时付给访问人员服务费用，不得无故拖欠克扣访问人员费用。访问人员的服务费用一般应在访问结束后 3 个月内结清。

第十七条　研究者可以在行业内互通行业客户的诚信行为，但此互通必须以事实为基础。并且研究者有义务通过恰当的方式，敦促客户尊重研究行为和研究合同，并尊重研究者的劳动。协会在此目的上应发挥积极的作用。

第十八条　研究者和客户均不得以任何方式向相关的市场研究公司及调查研究服务机构索取个人回扣。

第十九条　研究者与客户应建立正常合作关系，研究者不得采用财物或其他手段进行贿赂，以从客户处获取研究和调查项目。

第二十条　坚持公平竞争，以良好的声誉和服务质量取胜，研究者不得采用以下不正当手段与同行进行业务竞争：

（一）故意诋毁、诽谤其他研究者或调查机构的信誉、声誉；

（二）无正当理由，以在同行业收费水平以下收费为条件吸引客户，或采用承诺给予客户、中介人、推荐人回扣，馈赠金钱、财物等方式承揽业务；

（三）故意在客户和其他研究者之间制造隔阂和纠纷。

第二十一条　研究者相互之间不得采用以下排挤竞争对手公平竞争的手段，损害客户或者其他社会公共利益：

（一）串通抬高或者压低收费；

（二）为低价竞争、不正当获取其他研究者的收费报价或者提供研究服务的其他条件；

（三）非法泄漏收费报价或者提供研究服务的其他条件等暂未公开的信息，损害所属研究公司的合法权益。

第二十二条　研究者应维护合理的行业价格水平，参照协会发布的行业价格标准报价，以确保适当的质量价格比。

第二十三条　研究者有权利和义务拒绝执行不老实、低于行业起码运作惯例的工作任务。

第二十四条　研究者不得擅自或非法使用社会特有名称或知名度较高的名称以及代表某名称的标志、图形文字、代号以混淆、误导客户。

第二十五条　研究者不得伪造或者冒用研究服务质量名优标志、荣誉。使用已获得的研究者研究质量名优标志、荣誉称号的应当注明获得时间和期限。

第二十六条　研究者不得擅自使用非自身直接客户的名称作为自身客户向社会推荐或宣传。

第二十七条　研究者不得以盗窃、利诱、胁迫等不正当手段获取其他研究者（公司）或机构的商业秘密；未通过研究者间正式交流，不主动以任何形式搜猎、获取及公开其他研究者拥有的附有版权声明或以其他保密制度加以限制交流的记录，包括但不仅限于项目计划书、研究问卷、正式或非正式的研究报告及其他技术性文件。

第二章　市场研究的基本职业道德和行业运作原则

第二十八条　研究者不得有意或无意地做出任何有损市场研究职业声望和信誉的行为。

第二十九条　被委托进行市场研究项目活动的研究者必须按照合同或行业标准进行市场研究活动，不得在研究活动中采用任何作弊行为或采用错误数据、编造数据等方式欺骗客户和委托之研究者。

第三十条　研究者不得纵容自身的职员和兼职访问员进行作弊行为，亦不得纵容明知的虚假或不合格之研究对象继续进行研究项目。

第三十一条　在市场研究项目各个阶段中被访者的合作必须是完全自愿的。当被要求合作时，被访者不能被误导。

第三十二条　被访者匿名权在任何时候都必须严格保障。被访者的匿名权不容因为采用某一研究方法而受到侵犯。如果被访者应研究者的要求允许数据传递，则：

（1）被访者必须被提前告知该信息的提供对象和使用目的。

（2）研究者必须确保该信息不用于非研究目的以及接收者也同意遵守该规则的此项要求。

第三十三条　研究者必须采取一切合理防范措施，以确保被访者不会因参加某一市场研究项目而受到直接伤害或不利影响。

第三十四条　研究者在访谈儿童和少年时，必须首先征得其父母或监护人的允许。

第三十五条　被访者（通常是在访谈开始时）必须被告知是否使用了观察技术或记录设备，在公共场所除外。如果被访者要求，该记录或记录的有关部分必须销毁或清除。

第三十六条　被访者必须能够无困难地核查研究者的身份及其正当意图的真实性。

第三十七条　研究者必须始终努力设计成本合理和质量适当的研究方案，然后依据与客户议定的规格贯彻实施。

第三十八条　研究者必须保证其所持有的各项记录的保密性和安全性。

第三十九条　研究者不得有意散布没有适当数据支持的研究结论。如必要，他们必须随时提供相关技术信息以支持他们发布的结果的有效性。

第四十条　当研究者在运用其研究能力时，不得从事任何非研究性的活动。任何非营销活动的组织与实施，必须始终与市场研究活动区别开来。

第四十一条　研究者与其客户的权利与义务通常由其间的书面合同进行约束。双方如果提前以书面形式达成一致，则可以修改以下四十四至四十八条的规则条款；但是，规则的其他规定不能以合同方式修改。

第四十二条　如果一个市场研究项目将与其他的项目综合起来作为一个项目进行，研究者必须通知该客户，但不得泄露其他客户的身份。

第四十三条　如果某客户的项目任何部分被分包到研究者的机构外部（包括使用任何外部咨询），研究者必须尽快提前通知该客户。如果客户要求，研究者应提供分包商的真实身份。

第四十四条　如果没有事先的合同约定，客户无权独享该研究者或其机构的服务（整个或部分）。但在为不同客户进行工作时，研究者必须致力于避免接受服务的客户之间可能的利益冲突。

第四十五条　以下研究记录的所有权属于客户，没有客户的允许，研究者不得透露给第三方：

（1）客户提供的市场研究大纲、细目及客户提供的其他信息。

（2）从该市场研究项目中得到的研究数据和发现（联合性或多客户项目或服务例外。在此，同样的数据可以提供给一个以上的客户）。

（3）客户无权获得被访者的姓名和地址，除非研究者首先得到被访者的明确允许（此项要求不能依据第四十一条条款进行更改）。

第四十六条　除非事先有特殊协议，以下研究记录的所有权属于研究者：

（1）研究计划书和报价（除非客户已经支付）。它们不得由客户泄露给任何第三方，为该客户同一项目工作的参谋除外（该参谋如果同时为该研究者的竞争对手工作，则不能例外）。该研究者的研究计划书和报价特别不得被客户用来影响其他研究者的研究计划书和报价。

（2）联合的或多客户项目或服务的报告内容。在此，多个客户可以获得同样数据，而且可以清楚地知道，研究报告可以通过一般购买或订阅取得。未经研究者允许，客户不得将研究结论透露给任何第三方（客户自己的参谋用于与其相关的业务除外）。

（3）研究者准备的其他所有研究记录（提供给客户的非联合性项目除外，研究设计和问卷成本已经由客户的支付所抵消的情况也在例外）。

第四十七条 研究者必须遵循目前公认的职业准则，在项目结束后把相关的记录保存一段时间。应客户要求，只要不违反匿名和机密要求（第三十二条规定），研究者应提供研究记录的复件。客户的要求限于保存记录的协定时间范围内。客户要支付提供复件的合理成本。

第四十八条 如果没有法律上的义务，没有客户允许，研究者不得把客户的身份，或其他关于客户的业务方面的机密信息泄露给第三方。

第四十九条 如果客户要求，只要客户支付了可能发生的相关成本，研究者应允许客户检查实地访问工作或数据处理工作的质量，并且不违反第三十二条的规定。

第五十条 研究者必须提供给客户其委托项目的所有技术细节。

第五十一条 在撰写市场调查报告时，研究者应把调查中的直接发现与研究者在直接发现之上的解释分析以及建议明确区分开来。

第五十二条 如果客户发表了一个项目的任何研究发现，客户有责任确保所发表的内容无误导性。客户必须就发表形式和内容提前向研究者咨询并征得其同意，研究者要采取措施纠正任何关于该研究及其发现的误导问题。

第五十三条 研究者不得允许其姓名与任何研究项目关联使用，以确保研究项目遵循此道德规则而进行，除非研究者确信那些研究项目的所有细节都符合该规则的要求。

第五十四条 研究者应确保客户知道该规则的存在并了解遵循该准则的必要性。

第二章

市场调研的流程与方案设计

本章学习要点

1. 了解市场调研的流程
2. 掌握市场调研的方案设计
3. 理解市场调研的实施管理

市场调研讲求科学与严谨。在学习定性调研、定量调研方法之前，我们需要了解与掌握市场调研一整套的操作流程与方案设计的主要环节。

第一节　市场调研的流程

同学们在刚开始学习市场调研时，需要踏踏实实地从调研实践作业入手，然后可以应用我们所学到的市场调研知识去参加“挑战杯”中国大学生创业计划竞赛、“互联网+”大学生创新创业大赛、国家级大学生创新创业训练计划、全国大学生广告艺术大赛（策划案类）等比赛，一直到走上工作岗位，会接触到各种大中型调研项目。调研人员专业能力的体现、调研报告的水准并不以调研项目的大小为评判准则，调研的每一个环节是否规范，调研方案是否有效、可行，才是重要的评判标准。

市场调研是一项系统工程，每一个环节都很重要。市场调研的流程大体上可分为以下六个环节（见图 2－1）。

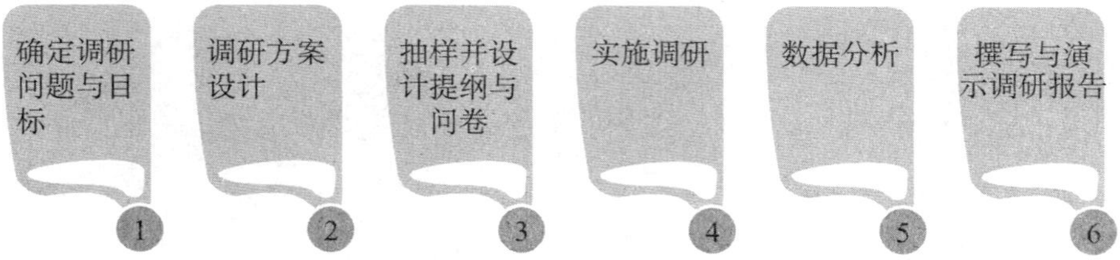

图 2－1　市场调研流程图

一、确定调研问题与目标

就像盖房子首先要将房子的地基打好，如果地基不稳，那么建再高的高楼大厦，都可能会出现开裂甚至倒塌的问题。确定调研问题与目标，是市场调研流程中的第一步，也是起着关键作用的一步。因为只有清晰、准确地识别问题，确立目标，才可能正确地实施调研项目。确定调研问题与目标将决定整个调研项目的路线。如果调研问题与目标含糊不清，后期执行就会如同失去航向指引的暗夜行船。

调研问题与目标通常由委托方的代表主持，市场调研公司或咨询公司的调研人员参与讨论而确定。企业的营销主管一般担任委托方的代表，商谈的着重点是委托方所面临的问题和调研实施方需要解决的问题。需要注意的是，在委托方与调研实施方对调研问题与目标达成一致后，不能仅有口头认可，还需要形成书面陈述。

确定调研问题与目标，并不是一蹴而就的过程，而是需要逐步推进的。

（一）确认所需要的信息

市场调研过程开始于问题识别。由于外部与内部环境的变化，企业面临着各种挑战与机遇，因此需要识别什么是最重要的需要解决的问题。委托方代表应该尽可能地表述所需要的信息，以及将利用这些信息做哪些方面的决策，并对需要的信息按照紧要程度进行排序。

（二）确定既往信息存在的程度

在确认委托方所需要的信息后，调研实施方应确定既往信息存在的程度。这可通过以下两种方式实现：一是调用自身积累的调研成果，二是依赖多种途径获取详尽、丰富的既有资料。

（三）确定信息是否可以得到

同时，调研实施方需根据专业经验，判断能在多大把握上收集到委托方所需要的信息。

（四）确定调研目标

确定调研目标并不是一件容易的事。通常企业营销主管和市场调研人员需要借助二手资料收集和分析，以及小范围的预调研来完成这项工作。二手资料主要包括企业内部有关生产、销售与预测的数据，企业外部有关政策法规的信息、有关产品目标消费者的信息以及来自竞争对手的消息。小范围的预调研通常以与业内专家的深度访谈或有消费者参与的焦点小组访谈的形式进行。调研实施方将收集的二手资料与预调研资料进行整理、分析，请委托方的决策者参与讨论，在可控的预算范围内归纳出问题点。

经过二手资料收集和分析、小规模预调研以及多次讨论后，就该正式确定调研目标了。调研目标应该是具体的、明确的，不宜把目标定得过多。没有一次市场调研能解决掉所有问题，越是想什么问题都解决的调研，越会陷入什么都没有解释清楚的尴尬境地。

同学们在完成市场调研相关作业，或是参加“挑战杯”中国大学生创业计划竞赛、“互联网＋”大学生创新创业大赛、国家级大学生创新创业训练计划、全国大学生广告艺术大赛（策划案类）等比赛，以及刚走上工作岗位的时候，所接触的调研项目往往是没有委托方的，那么这时候我们该如何确定调研问题与目标呢？

我们可以从三个方面来考量市场调研选题：一是有新意，二是小切口，三是高延展。有新意是指调研选题有创新点。同学们有时会担心自己做的选题别人也做，对这一点无须担心。因为只要我们的选题有特点，就会有一定的新意。小切口是指尽量选择一个可以纵深下去、指向具体的调研选题，随后我们开展调研就会范围明确、对象清晰、便于把握。反之，宽泛的选题往往容易大而无当，导致调研目的模糊不清、调研人员无从下手。高延展指的是调研选题具有一定的可以延伸的空间与深度。

调研选题如果能做到有新意、小切口、高延展，随之的调研目标就会顺着调研选题的思路，较易清晰、具体地确定下来。调研目标围绕调研选题，分解为三到五个具体目标即可。

我在调研现场

下面从有新意、小切口、高延展三个方面来分析一下同学们的市场调研选题期末作业。

选题一：大学生对“乡村振兴”的态度调查。

分析：“乡村振兴战略”是习近平总书记于2017年10月18日在党的十九大报告中提出的战略。习近平总书记在党的二十大报告中指出，全面建设社会主义现代化国家，最艰巨最繁重的任务仍然在农村。这个调研选题立意有高度，但是“乡村振兴”是个宏大框架，涉及乡村产业、人才、文化、生态、组织振兴。选题切口太大，需要进一步收紧。我们可将其置换为“大学生对校园消费扶贫的态度调查”。消除贫困、改善民生、逐步实现共同富裕，是中国特色社会主义的本质要求。这个选题很有调研价值，而且重点关注“校园消费扶贫”，选题有新意、切口小，与大学生日常生活联系紧密，贴近性强。调研对象在填答问卷和参与深度访谈或焦点小组访谈时也会感兴趣，有话可说、有感而思。

选题二：大学生就业态度调查。

分析：这个选题从新意上来看明显是不足的，而且切口大，易于导致后期调研目标陷入扁平化。根据智联招聘发布的《2022大学生就业力调研报告》，国企热、考公潮升温，折射出毕业生在选择工作上的求稳心态加强。如果我们把选题置换为“‘00后’大学生考公与考编意愿调查”，是不是比“大学生就业态度调查”在纵深度方面明显要好一些？从新意上来说，“00后”大学生对考公与考编的意愿明显增加，对稳定的倾向更为明显，这是一个新趋势。从延展度上来说，在调研报告后期分析中，我们可以延展到大学生考公与考编意愿背后的深层次原因及动机上。

选题三：大学生在“3·15”晚会影响下对老坛酸菜方便面的态度调查。

分析：这是新出现的事件，有较强的时效性，新意有了，选题也很具体，但局限于老坛酸菜方便面就过于狭窄了。那么该怎么延展呢？我们可以延展到一些食品的传统制作方式是否适应当下消费者的心理与需求上。

二、调研方案设计

调研方案设计是指实施市场调研项目要有一个框架和蓝图，就像盖房子要设计一份详细的布局图。在明确调研问题与目标之后，具体要如何实现，必须通过调研方案来落实。调研方案设计中需要呈现调研框架和实施方法。具体应该包括：调研名称，调研目的，简要陈述的调研内容，调研方法、抽样范围和对象说明，费用预算编制，调研进度安排。

三、抽样并设计提纲与问卷

抽样并设计提纲与问卷是很重要的一个环节，直接关系到调研结果的可信度和有效性。在进行抽样设计时，首先需要界定调研所涉及的总体，也就是将从中抽取样本的群体。其次需要确定抽样方式，即明确采用简单随机抽样、系统抽样、分层抽样、整群抽样中的哪一种。不同的抽样方式，其原理与执行存在较大差别。

与抽样设计同时进行的还有提纲与问卷设计。对参与式观察，需要设计观察卡片；对深度访谈、焦点小组访谈，需要设计访谈提纲；对实地实验，需要设计前测与后测问卷；对问卷调查，需要设计结构式问卷。

四、实施调研

实施调研是指市场调研的执行过程。这一过程将遵循我们前期确定的调研问题与目标、调研方案设计、抽样设计及提纲与问卷设计，一步步推进与执行。

五、数据分析

数据分析是指通过适当的统计和分析方法对收集到的数据进行分析，并对其进行理解、消化与总结，最大限度地发挥数据的功能和作用，以提取有用的信息并形成结论。市场调研中的数据分析分为三步：数据获取、数据整理和数据分析。

六、撰写与演示调研报告

整个调研项目应当形成完整的书面报告，内容主要包括调研主题、调研背景、调研目标、调研方案与设计、数据收集与分析方法，以及调研结论与建议。调研实施方应当以容易理解的方式报告调研结果，以便于委托方在决策过程中使用。除此之外，调研实施方应当借助图表或其他数据可视化形式向委托方做口头演示，以增强调研报告的清晰度与影响力。重点在于展现根据自己所收集的数据得出的结论是可信的、有效的，可以作为委托方营销决策的重要依据。

延伸阅读

可视化之路：让数据生动起来[①]（节选）

数据可视化是对数据的图像或图形格式的演示，其重要性在于数据本身是难以理解的。数据是表现事物详细信息的素材，即便经过整理，其本身也是多样、庞杂的。这些数据数量大、类型多，仅依靠数据本身，不但无法高效直观地总结出现状或趋势，反而会给分析者与读者造成负担和困扰。而由数据生成的图表，通过适当的图形和颜色的组合，可以让数据所包含的信息传达得更加美观、直白且通俗易懂，便于分析者使用和读者接受。

① 刘英华，杨心茹．可视化之路：让数据生动起来．新闻与写作，2021（7）：110-112.

一、数据可视化原则

数据可视化制作图表并非简单地提取数据、选择图形，而是应注重通过可视化有效地传递信息。

1. 明确研究目的

首先要明确使用数据是为了对事物进行现状分析、趋势分析还是对比分析等，对应选择的图表类型及组合形式各有特点。现状分析是对事物当前的各类信息进行解读，一般不用或少用时间轴，例如表现我国某年各地区产粮量，或全国某年各类主要粮食产量，这种基本不涉及时间变化的分析，多采用饼图、直方图等表现形式。趋势分析中时间轴是重要元素，包括历史分析、阶段分析和未来预测等，这类分析一般多采取折线图、直方图等，以生动地表现事物发展趋势。对比分析多将同一阶段的不同事物，或同一事物在不同阶段的情况列在一起进行对比，从而得出结论。对比分析所使用的图表可依据对比的内容进行选择。

2. 删减无关元素

可视化应高效利用图表，最大限度地使用图表空间，简洁明了地传达信息，删减图表中的赘余元素，这样才能使画面更加干净整洁。在制作可视化图表时，需注意尽可能地使图中的每一个元素都达到唯一且有效表达信息的效果，提升可视化图表的可读性和质量。

3. 整体与个体结合

在数据可视化过程中，图表之间并非完全互相独立。将多个图表结合起来，由点及面综合表现，能够更为全面地展现信息。在可视化中，以灵活的图表思维使用图形和数据，对于数据可视化而言是极为有效的。

二、数据可视化要素

在可视化图表中，以下六个要素是图表的关键信息点：标题、类型、数值、区间、颜色和图例。

图表标题是对图表内容的总括，简明有效的标题能够使读者在看图表内容前就掌握基本信息，了解该图表所表达的问题。从图表和数据中提取关键信息，简化为标题，字数不宜过长，控制在20字左右观感最为适宜。

图表类型需要注意相互搭配。此外，在选择了适配于分析目的的图表后，仍需根据其他图表进行取舍。图表类型需依照作品的整体风格而定。

可视化图表的数值和区间一般体现在图表的横纵轴上，这两个要素不可过于夸张。当数据本身的数值较大时，则需选择概括性较高的数值和较粗略的区间范围来表现。

为使得最终作品整体观感舒适、高级且优美，制作可视化图表时还需要注意颜色的搭配。若整体颜色偏向暖色调，而其中一个图表使用了冷色调，则会使得页面不够协调。颜色也同样需要和作品主题相匹配。如以粮食为主题的作品中，土黄色更加贴近主题，而蓝色则与整体作品主旨有所偏差。进行色调和主题的修改后，整体效果便会有所提升。

最后，图表中的图例也十分重要。除了上述的数值、区间和颜色外，图例的位置也应注意。以 Tableau 为例，该软件默认图例位置在右上方，方便制作者检查，但是在形成作品时，图例位置易导致整张图右侧有大片空白，不够美观。故而将图例以横排形式放置于整张图表的下方，在置入网页时可节省空间，美化效果。

三、细节决定成败

在可视化过程中，若对数据转化为图表的过程处理不当，则会造成图表被过分夸张或扭曲、表述不清、颜色失调等问题，导致信息无法准确传递。

失败案例一：表现西班牙经济增长情况（见图 2－2）。首先，该作品存在数据夸大问题。从图中可以明显看出，第二个圆顶柱形图与第三个圆顶柱形图的数据相差 0.1%，与第一个圆顶柱形图数据相差 0.3%。按比例来看，第一个圆顶柱形图比第二个只需高出 0.1%的三倍即可，但图中第一个圆顶柱形图明显是第二个的两倍高，这在视觉上形成了西班牙经济增长远超其他地区的效果，但实际上并非如此。这种表达过分夸大了数据所传达的信息。其次，数据类型不同。在同一个坐标轴上，应表现同一类数据，否则会使得图表表意混乱。该图中横坐标轴上分别为西班牙、经济增长和欧洲地区，三种不同的数据名称并列在图表横坐标轴上，导致图表表述不清。最后，颜色失调。图中三个圆顶柱形图的颜色本是不同的，但因颜色之间过于相似，导致效果不明显。这种微妙但不明显的差异使得图表显得不干净，且难以区分。更好的处理方式是更改为统一颜色，或选择差异明显的颜色。

失败案例二：表现各国“带薪产假”情况（见图 2－3）。首先，该作品存在国家间无分隔线的问题。作者使用不同的颜色来表示不同的产假数值，却导致国与国之间信息模糊，图表效果不佳。其次，美国无带薪产假，故图表作者直接将其标在中间，数值为 0，但因其他国家的数值均通过扇形图延展出来，故读者一时间难以注意到美国数值的位置，导致信息传达效率低。最后，扇形图面积与数值不成正比。各类产假天数之间的面积差距相近，不但无法让读者通过面积直接观察到各国之间带薪产假的区别，反而易误导读者以为各个国家的带薪产假相差不大。人们只有花时间认真看数值后，才会得知差距大小信息。

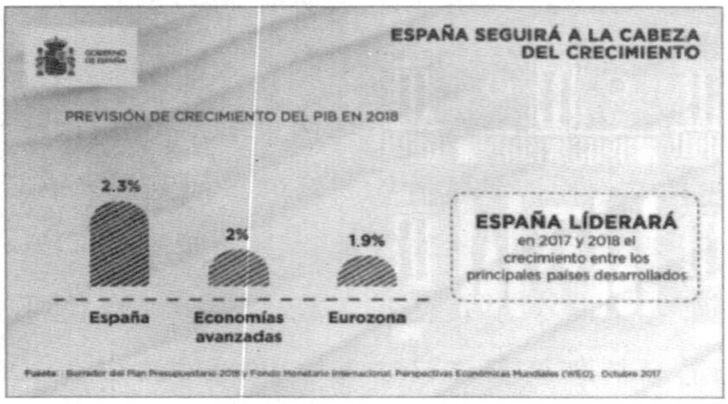

图 2－2　西班牙经济增长情况

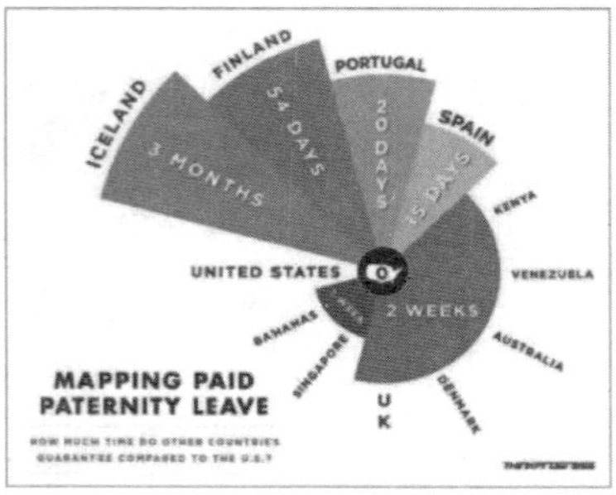

图 2－3　各国“带薪产假”情况

四、数据可视化工具

数据可视化可使用的工具多种多样，既可以自行编写代码，也可以直接使用图表生成软件，使用者可根据自己的需求选择适合的可视化工具。

1. 编写代码

Python 作为常用代码语言，其强大的编译能力和适配性使得它常被用作数据可视化的基础代码，与之相匹配的有 Matplotlib、pyecharts 等绘图工具，使用 Python 语言即可绘制图表。此外，例如 ggplot、Processing 等因有其本身的绘图语法，故掌握其基本语法或依照教程即可使用。使用代码的可视化工具对制作者的专业水平要求较高，制作者需要对编程语言有一定基础才可快速上手。

2. 交互式可视化软件

对大部分制作者而言，若不具备编程语言基础，使用代码则会消耗很多时间。基于此，更加便捷快速的可视化软件应运而生，使用已有图表模板进行制作能够大大提升制作效率。例如 Tableau、ECharts、Highcharts 等，此类可视化软件可实现图表与网页的交互。制作者可以在软件中制作，然后将图表链接或代码复制到网页源代码中实现同步，不仅可以实现动态界面，也可以用鼠标在网页上缩放移动，使网页效果生动美观。除此之外，Datawrapper、Flourish、Gapminder、Kepler、花火数图（Hanabi）、Gephi、QGIS 等网站或平台皆可实现图表制作，只需将整理分析好的数据表（xlsx、csv、sav、html 等）导入数据源，选择图表模板，调整元素，即可形成可视化作品。

在大量的可视化工具中，Tableau 是一款功能强大、易于操作的可视化软件。使用 Tableau 时，需先在数据源中导入数据表，一般情况下 Excel 文件即可；再在工作表中调整类目属性，注意维度和度量的修改，以确认列与行的数据条目；之后根据数据类型和分析目的，选择相应的图表，即可生成可视化作品。生成的可视化图表需要经过不断的修改完善，在 Tableau 中依据预览效果，调整标记至合适程度，之后根据需要决定是否使用仪表板或故事来进行数据综合分析。Tableau 适用于无代码基础的制作者，以其丰富的功能成为数据可视化制作的主要工具之一。同时，为避免单一的可视化效果，制作者还可适当使用 AI、PS 等绘图工具，绘制自己所需的图表元素，这样可以使得可视化作品更加丰富且具有个性。

第二节　市场调研的方案设计

市场调研的方案设计是流程中核心的一环，是其他环节得以顺利进行的前提。调研方案设计的质量直接决定着整个调研项目的成败。

一、调研方案设计

调研方案是指为实现调研目标所要实施的计划。在调研之前，根据调查研究的目的、调研对象的性质，对各个阶段进行通盘考虑和安排，并提出对应的实施方案，制定出合理的工作程序预安排。调研方案是否科学、可行，决定着整个调研项目的成败。

调研方案设计通常是由计划书来体现的。一份市场调研计划书主要包括调研目的、调研内容、调研对象和范围、调研方法、调研进度安排、调研预算等方面。

（一）调研目的及内容

调研目的，就是明确调研中要解决哪些问题，通过调研获得什么样的数据资料，以及这些资料有什么用途等。衡量一项调研方案设计是否科学，主要看调研方案设计是否体现了调研目的和要求，并符合客观实际。

在确定了调研目的的基础上，简要论述调研内容。

（二）调研对象和范围

调研对象和范围，即主要是为了解决对哪个群体展开调研。调研对象是根据调研目的、任务确定的所要调研的总体，调研总体是由某些性质上相同的调查单位所组成的。在确定调研对象和范围时，应该注意以下三个问题：

（1）由于市场现象具有复杂多样的特点，在很多情况下，调研对象比较复杂，因此必须用科学的方法加以指导，严格界定调研对象的含义，并且明确它与其他有关现象的界限，以免调研实施时因界限不清而发生差错。

（2）不同的调研方法决定不同的调研对象。定量调研的对象通常是在一定的抽样方法指导下选出的。如果调研方法是质性的，那么对其调研对象的寻找与定量调研将有很大的不同。

（3）要特别注意调研对象和调研范围之间的联系。在调研费用有限的情况下，对调研范围的选择应建立在确定调研对象的基础上。如果调研对象确定为城市消费者，那么在确定调研范围的时候，必须给出城市的界定标准，并尽量选择典型的城市作为调研范围。

（三）调研方法

考察一项调研结果的科学性、客观性，最重要的就是检查调研方法的合理性、科学性。调研方法运用得正确、合理，是获得可靠结果的基本保证。

因此，对调研人员而言，这一步不可忽视。调研方法的选择依赖于所要进行的调研的性质，其关键在于以下三点。

1. 依据所要达到的调研目的，选择开展探索性调研、描述性调研还是因果性调研

（1）探索性调研。探索性调研的目的是通过对某个问题或情况的探索及研究，来提供对问题的深入了解。这种调研方式一般不涉及问卷调查，所用方法灵活多样，研究过程有较大弹性且无一定结构，不涉及大样本和随机抽样。调研的重点会随着新看法的出现而不断改变，故调研人员的创造力、洞察力在探索性调研过程中至关重要。一般可以借助以下方法进行：二手数据的收集、个案研究、观察法以及其他质性调研方法。

（2）描述性调研。描述性调研的目的是描述某些事物——通常是事物总体的特征与概念。描述性调研多以大样本为基础。一般可以借助以下方法进行：二手资料的收集、问卷调查和其他定量调研方法。

（3）因果性调研。因果性调研的目的是获取有关起因和结果之间联系的证据。例如经营管理部门要了解“儿童绘本陈列方式改变可以使销量增加”这一假设是否成立，就需要通过因果关系调研来检验。开展因果性调研的主要方法是实验法。

2. 确定数据收集方法

调研中采用何种数据收集方法不是固定的，而是取决于调研目的、调研对象和调研方式的差异。例如，进行消费者固定样本调研时，可考虑使用面访法、邮寄法等；而调研电视收视率时，可使用日记法、测量仪调查法或电话访问法等。所使用的数据收集方法得当，才能获得较准确的信息。

3. 选择调研资料的整理和分析方法

实地调研中收集的原始数据大多是零散的、非系统化的，只能反映事物的表象，无法深入研究事物的本质和规律，这就需要对大量的原始资料进行加工汇总，使之系统化、条理化。目前这种资料整理的具体工作可以借助计算机完成，但是在调研方案中需明确资料分析方法的思路。定量和定性资料分析方法的差异很大，即使是定量的资料，也需要确定使用何种程序、运算方法和计算精度等，同时还要确定对数据进行什么样的分析。描述性分析有频数分析、交互分析，研究两个或多个变量相关性的分析方法有方差分析、相关分析、回归分析、聚类分析、因子分析等。每种分析方法都有其自身的特点、适用性和相关的技术要求，调研人员应根据调研要求，选择最佳的分析方法，并在方案中进行规定。

（四）调研进度安排

在调研方案设计过程中，需要制定整个工作完成的期限，以及各阶段的日程计划，即必须有详细的调研进度安排，以便督促或检查各阶段的工作，保证按时完成整个调研项目。通常一项普通的问卷调查，从问卷的设计、印制到问卷的发放、回收和分析，可能需要一个月左右的工作时间，一些大规模的调查可能会持续半年。规模小的定性调研，所需时间可以做弹性安排。也有对时间要求较高的调研，如收视率调研等。在可能的情况下，调研期限应尽可能缩短。

通常一个调研项目的进度安排大致需考虑以下几个方面：总体方案的讨论、成形；抽样方案设计、实施；问卷设计、预调研、定稿；访员的挑选与培训；实施调研；数据的录入、整理和统计分析；调研报告的撰写；客户说明会；建议与修正、定稿。

（五）调研预算

调研费用的多少通常根据调研的范围和调研的难易程度而定。方案设计中的预算部分也是客户比较关心的问题。在进行预算编制时，需要遵循的原则是：既尽可能地以最恰当的方法使用预算，同时也要尽可能地全面考虑所有可能需要的费用，以免将来因遇到一些不必要的麻烦而影响调研操作。通常一项调研中，调研实施阶段的费用安排占总预算的50%左右，而调研前期的计划准备阶段与后期分析报告阶段的费用安排则分别占总预算的20%和30%左右。

在编制调研预算时，一般需要考虑如下几个方面：调研方案设计费与策划费；抽样设计费、实施费；问卷设计费（包括预调研费）；问卷印刷、装订费；调研实施费用（包括访员劳务费，受访者礼品费，督导员劳务费、差旅费以及其他杂费）；数据录入费（包括问卷编码、数据录入与整理所需费用）；数据统计分析费（包括上机、统计、制表、可视化作图等所需费用）；调研报告撰写费；资料费、复印费等办公费用；管理费、税金；等等。

二、调研方案的可行性与评价

调研方案通常可有多种选择，调研人员需要从多个方案中选取最优的。同时，调研方案设计工作也不是一次完成的，调研人员需要进行必要的可行性研究，对方案进行试点和修改。可行性研究是科学决策的必经阶段，也是科学设计调研方案的重要步骤。

评价调研方案的优劣，可以从不同的角度出发：首先是方案设计是否体现了调研目的和要求；其次是方案设计是否科学、完整和具有可操作性；再次是方案设计能否保证调研质量；最后是调研实效检验，即通过实践检验调研方案的科学性。

对调研方案进行可行性研究的方法主要是事前预调。事前预调是判断调研方案可行性的一个十分重要的方法，对于大规模的市场调研尤为重要。事前预调的主要目的是使调研方案更加科学和完善。具体地说，事前预调承担的主要任务有以下两个。

（一）对调研方案进行实地检验

方案设计是否符合实际，目标制定是否得当，指标设计是否正确，哪些需要增加，哪些需要减少，哪些说明和规定需要修改或补充，如此等等都要通过事前预调进行实地检验。事前预调完成以后，要分门别类地提出具体意见和建议，使调研方案的制定更为科学和更具操作性。

（二）作为实战前的演习，可以了解调研工作安排是否合理，存在哪些薄弱环节

在开展事前预调时，应该注意以下几个问题：

（1）选择适当的调研对象。要选择规模较小、代表性较强的预调样本。必要时可先采取小样本的试点，再扩大试点的范围，然后全面铺开。

（2）采取灵活的调研方式和方法。调研方式和方法可以多用几种，经过对比以后，从中选择适合的方式和方法。

（3）做好事前预调的总结工作。即要认真分析事前预调，找出影响调研成败的主客观原因。不仅要善于发现问题，还要善于结合实际探求解决问题的方法，充实和完善拟定的调研方案，使之更加科学和易于操作。

第三节 市场调研的实施管理

市场调研的实施管理指的是对一个市场调研项目从前期策划到后期报告撰写的全过程进行管理和控制。市场调研的实施管理分为两个层面，一是对合作公司的项目管理，二是项目实施过程中对抽样、经费、进度等方面的控制和对访员的管理等。

一、实施管理概述

在整个市场调研流程中，调研实施阶段是一个非常重要也容易出现一些事先预想不到的问题的环节，因此十分有必要对其进行管理和监督。市场调研或咨询公司在确定调研方案和问卷（访谈提纲）设计结束后，一般会进入调研实施阶段。调研实施阶段的重头工作是对访员的管理和监督，市场调研或咨询公司必须依照相关的管理程序，对访员进行有针对性的培训、督导与考核。在一项市场调研中，一般由项目主管负责调研执行工作的顺利开展，包括：挑选督导员和访员；实施过程中的管理和质量控制；评价督导员和访员的工作。项目主管通过督导员来进行最终的访员管理。督导员是具体的项目运作监督人员，负责具体实施过程的检查和实施结果的验收，具体体现在对访员的管理和监督上。督导员应该对访员的调研结果进行细致与及时的检查。通常实地工作的要求是，督导员必须每天检查访员的访问结果，并且进行总结，与项目主管交流调研的进展情况。访员是整个调研实施过程中的一线执行者，负责第一手资料的采集工作，因此访员本身的素养、态度与责任心等在很大程度上直接制约着市场调研的质量，影响着调研结果的准确性和客观性。

二、调研实施过程中的监督和管理

（一）抽样控制

抽样控制主要是指在调研实施过程中保证访员严格按照抽样方案去选取样本。对于抽样的详细情况，访员应当事前巨细无遗地列在抽样记录单上。督导员应该每天及时记录访员访问的数量、质量，具体包括受访者是否在家、拒访数量等信息。此外，督导员还必须及时和项目主管交流抽样的进度，汇报抽样的实际情况。项目主管应根据实际调研中遇到的各种问题，包括一些突发的新情况，对抽样方案做出适当调整。

（二）经费控制

调研实施阶段所需费用主要包括试点调查费、访员与督导员的劳务费、受访者的礼品费、督导员的差旅费、材料费、问卷以及相关资料的印刷费、数据录入费和数据统计分析费等。

在调研实施阶段经费控制中，最大的费用开支是访员的劳务费。支付访员的劳务费一般是按照访员访问份数采用计件支付方式，即每一份问卷有固定的劳务费，按照访员访问份数的多少向访员发放劳务费。所以在调研过程中，督导员必须非常严谨地管理访员的访问质量，如果出现问题，样本作废，就可能在调研经费上造成一定的浪费。

（三）进度控制

调研进度控制也很重要，而且这是一项很烦琐的工作。项目主管和督导员需严格控制整个项目的进度并及时做出调整，以保证整个项目按照计划顺利完成。项目的进度与访员的数量有关，但是访员的数量也不是越多越好，这里还涉及督导员对访员的管理和控制效率问题。如果访员过多，督导员的工作压力增大，则可能会直接影响督导员对访员的检查和管理质量。另外，督导员还需要控制访员的访问速度，访问速度过快容易导致疏漏，访问速度太慢则会直接影响整个调研的进度。所以督导员应每天与所管理的访员进行沟通，检查他们的工作进度。此外，督导员还应该每天与项目主管进行沟通，汇报项目的进展情况以及出现的问题。

（四）访员管理

访员在整个调研项目中的作用举足轻重。访员素质的高低、工作的效率和质量都直接制约着一项调研的质量，影响着调研结果的准确性和客观性。所以本节接下来将专门对访员管理加以阐述。

三、访员管理

（一）访员的挑选

访员的数量和质量是彰显市场调研机构实力的重要指标。但由于各方面条件的限制，一家市场调研机构通常不可能拥有太多的专职访员。有些市场调研项目一般是通过招聘短期访员完成的，即随着项目完成，访员也相应解散。

挑选访员时要考虑到调研性质、调研目的，尽量选择能与受访者相匹配的访员。尽管具体要求会随调研项目的不同而有所变化，但是对访员的条件和素质要求一般基本相同：有高度的责任心和敬业精神；对调研工作热心、感兴趣，愿意接触和了解社会；诚实守信，为人可靠；客观公正，不存偏见；仪表大方，态度亲切，平易随和；普通话流利，如果调研项目需要，会使用地区方言；有一定的文化素养和必要的市场调研知识。

发达国家一般采用的典型访员是35～54岁的已婚妇女，要求具有一定的文化水平和较为稳定的家庭收入。在实地问卷调查中，访员与受访者的共同特征越多，访问的成功率就越高。国内的专职访员还不多，目前聘用大学生为兼职访员的情况比较常见。

关于是否应挑选有经验的访员，业界存有争议。访员通常是公司的兼职人员，接受公司的访员培训后开始工作。虽然有些访员经验丰富，但也可能在最初的培训时没有受到很好的训练和监督，形成了不好的工作习惯，在实际调研中可能会给督导员的管理工作带给很多问题。相反，对于没有经验的访员，可以从零开始进行严格的培训，以弥补和克服经验上的不足。

（二）访员的培训

为了保证访问工作的高效高质，对访员进行培训是非常必要的。对访员的培训通常有两种情况，即常规培训和针对某个具体项目的专项培训。对新录用的访员，不管他们是否曾为其他机构或个人工作过，都要进行严格的常规培训。对已经在本调研机构工作了一段时间，且通过多次调查积累了丰富经验的访员，只需进行每次调研前的专项培训即可。

1. 常规培训

对访员进行常规训练，目的是提高他们的访问技能、处理问题的能力以及端正他们的访问态度。因此，常规培训主要包括下列四个方面：

（1）态度训练。目的是让访员明确访问工作对市场调研客观性、科学性的重要作用。通过态度训练，促使他们在今后的访问实践中做到认真细致、一丝不苟地按照要求完成所有任务。

（2）技能训练。目的是提高访员与陌生人打交道的能力，以有效地完成访问任务。

（3）问题处理训练。访问过程中，访员常常会碰到这样或那样的问题，如找不到被抽取到的样本、受访者不愿意配合等。此时，如果访员接受过问题处理训练，他们就知道该如何处理。否则就可能因处理不当而对抽样、访问结果产生不良的影响。

（4）市场调研专业知识培训。目的是让访员对市场调研的基础知识有一定的了解，在进行访问时能够从调研的角度出发，正确处理遇到的问题。

2. 专项培训

不同的调研项目，其访问的方式、内容均不相同。所以即使是经验丰富的访员，在调研实施之前，也必须对他们进行项目操作指导和训练。专项培训的内容包括：熟悉问卷，熟悉抽样方式，了解此次调研中一些需要特别注意的问题。

3. 培训方法

（1）讲解。由项目主管或督导员就上述几方面内容进行讲解，即采用授课的形式先从认识上对访员加以培训。

（2）模拟训练。即设计作业情境，让访员进行具体操作，也可以让访员互相进行一对一的模拟调研，检查他们在模拟作业中存在的问题并加以指导和纠正。

（3）实际操作训练。既可让新聘访员充当有经验的老访员的助手，也可以让新聘访员担当访问主角，让有经验的访员在旁辅导。采用这种训练方法，目的是使访员从实干中提高技能、掌握技巧。这样的方式也比较容易激发访员的学习兴趣。

（4）实际陪访训练。对没有访问经验的新访员，督导员要陪同其完成最初的访问作业，即进行陪访，以及时发现和纠正其在实际访问过程中存在的问题。

（三）对访员的监督

对访员的监督是保证调研项目能够高质、高效完成的重要环节，因为访员作弊可以说是市场调研实施过程中防不胜防的事情。通常，有经验的督导员会从以下四个方面对访员进行监督，判断访员访问的真实性，从而根据每名访员工作完成质量的好坏来给予他们相应的奖励或惩罚。

1. 现场监督

在访员执行访问的过程中，督导员可以进行现场监督和考察。比如在街头拦截访问中，督导员可以在调研现场观察访员是否按照抽样设计对受访者进行了访问。

2. 问卷复查

督导员必须每天回收当天的问卷，并且对回收的问卷进行一定比例的复查。通常第一步是检查问卷的回答情况，查看是否有漏答；第二步是检查问卷的前后回答是否符合逻辑；最后是检查开放式问题的填答情况、是否有不正确的操作等。

一般来说，督导员对每名访员交回的问卷是随机抽取的，复查的比例至少是样本量的10%，即按照每名访员完成样本量的10%抽取。如果在某名访员交回的问卷上发现较多问题，就需要加大对该访员的问卷复查量。

3. 电话回访

考虑到对访员的监督需要，调研人员在设计问卷时一般会要求受访者留下联系电话和姓名。因此督导员可以通过问卷上受访者提供的联系方式，对回收的问卷进行电话回访。

电话回访时，首先需确定受访者提供的电话号码是否可以打通。若可以打通，则进一步核对受访者姓名、受访时间、问卷完成情况、访问过程是否按照调研规定的程序和要求进行、访问结束以后是否收到礼品等一些细节。

需要特别强调的是，虽然电话回访是监督访员最有效的一种方式，但是督导员在采用电话回访时应该注意以下几个问题，以避免因回访失误而打击访员的积极性：第一，不要因为打不通受访者提供的电话就简单判断访员作弊，因为有些受访者害怕被人打搅而故意留下不真实的电话号码，所以需要排除来自受访者方面的原因，不能一味将责任归结到访员身上。第二，电话回访时，接电话者很可能是受访者家庭中的其他成员，并不清楚受访者是否接受过调研，所以督导员一定要寻找到受访者本人进行电话回访。总之，电话回访是一项考验督导员耐心和责任心的工作，也是判断一名督导员是否优秀的重要依据。

4. 实地复访

根据访员记录的受访者的真实地址，督导员可以进行实地复访。这种方法比电话回访更为可靠、科学。但是由于市场调研中的样本数量通常较大且分布分散，采用该方法需要耗费较多的人力、物力，因而较少被调研人员采用。

（四）访员手册的制定

访员手册是一个不容忽视的细节，它能够把对访员的具体要求用书面形式表现出来。访员手册大致包括以下内容：

（1）调研概要。包括调研名称、调研部门及负责人、联络处、每名访员的访问数、调研日期、检查时间、回收信息等。

（2）基本注意事项。包括访员必须遵守的指标及所需熟悉问卷内容等。

（3）访员携带物品。包括受访者名册、问卷、调研手册、身份证明书、赠品、地图、铅笔、纸夹等。

（4）访问时应注意事项。包括注意服装及措辞、明确表明身份及调研目的、确认是否为受访者本人等。

本章小结

市场调研是一项系统工程，每一个环节都很重要。市场调研的流程大体上可分为确定调研问题与目标、调研方案设计、抽样并设计提纲与问卷、实施调研、数据分析、撰写与演示调研报告六个环节。调研方案设计主要包括调研目的、调研内容、调研对象和范围、调研方法、调研进度安排、调研预算等方面。评价调研方案的优劣，可以从不同的角度出发：首先是方案设计是否体现了调研目的和要求；其次是方案设计是否科学、完整和具有可操作性；再次是方案设计能否保证调研质量；最后是调研实效检验。对调研方案进行可行性研究的方法主要是事前预调。

思考题

1. 市场调研流程的主要环节是什么？其作用是什么？
2. 市场调研计划书包括哪些部分？如何判断其可行性？
3. 事前预调为什么非常重要？

案例 2－1

2022 年中国虚拟主播行业生态研究报告①

报告出品方：艾瑞咨询

艾瑞咨询自 2002 年成立至今，累计发布超过 3 000 份行业研究报告，在互联网、新经济领域的研究覆盖能力处于行业领先水平。

尤为可贵的是，艾瑞咨询在其平台持续不断地提供大量免费调研报告，供业界与学界同行及师生学习、交流使用。

摘　要

行业前景：虚拟主播市场规模稳增，受众群体不断扩大，预计 2022 年市场规模达到 50 亿元左右。考虑到行业已进入技术升级迭代的新阶段且开始共享泛娱乐与直播大市场的流量红利，预计虚拟主播市场规模将会继续保持稳定增长态势。

运营模式：上游的软硬件供应商构建完整的技术体系，承接技术管线的搭建需求；中游的 IP 运营业务由互联网大厂及合作的内容服务商掌握，积累丰富实践经验；下游的应用场景已形成多元化变现渠道，运营版权与直播打赏成为主要变现方式。

一、中国虚拟主播定义及发展背景

1. 虚拟人概念提出

虚拟人及其代表的形象可视为连接元宇宙的第一道身份接口。虚拟人这一概念随 2020 年元宇宙热潮迅速发酵。2021 年 3 月，一款主打青少年游戏社交与 UGC 自

① 2022 年中国虚拟主播行业生态研究报告．(2022－10－14)[2023－03－01]. https://www.iresearch.com.cn/Detail/report? id=4078&isfree=0. 本案例有所删改。

由变现的游戏公司——Roblox 上市。在招股书中，Roblox 被定义为元宇宙（metaverse）概念。元宇宙概念突然迸现后，瞬间引起了全球性的关注，无论是 Facebook 改名为 Meta，还是资本市场中带有元宇宙概念的股票受到追捧，元宇宙成为贯穿 2021 年中国乃至全球资本市场的主要概念。在经过第一轮元宇宙概念炒作后，大众对于元宇宙的看法逐步回归理性，无论是行业参与者、投资者还是普通用户都开始思考，何为真正的元宇宙、如何实现元宇宙。在这样的大背景下，作为元宇宙概念下“虚拟身份”以及“虚实相生”的直接体现，虚拟人及其代表的虚拟形象这一新兴定义逐渐步入大众视野。

2. 虚拟人落地出多样化应用场景

虚拟人形式越发多样，虚拟偶像是探索虚拟形象应用的理想载体。纵观虚拟人发展历史，可以说，虚拟人的发展完全取决于所处时代之科学技术与群众内容需求的结合。从最初完全 2D 的虚拟歌姬起源“林明美”到现象级 3D 虚拟歌姬“初音未来”、从已经通报休眠的初代 Vtuber“绊爱”到 B 站直播顶流 Vup“小海梓女团”、从男性虚拟主播缺位到以“阿萨 Aza”为主的男性主播成为重要行业参与者，在虚拟人的发展史里可以发现建模、动捕、音频等技术的快速迭代，以及音声、直播、偶像等内容形式的频繁更新；“技术”以及“内容”是直接左右虚拟人功能形式与其所能取得成绩的关键因素。

虚拟偶像是技术革新与 IP 内容结合下应运而生的产物，在集中体现技术迭代成果的同时，也承接了文娱市场的大众情感诉求，精准击中市场痛点，作为理想载体便于探索虚拟人形象的多样性应用。图 2－4 显示了虚拟偶像形式的发展过程。

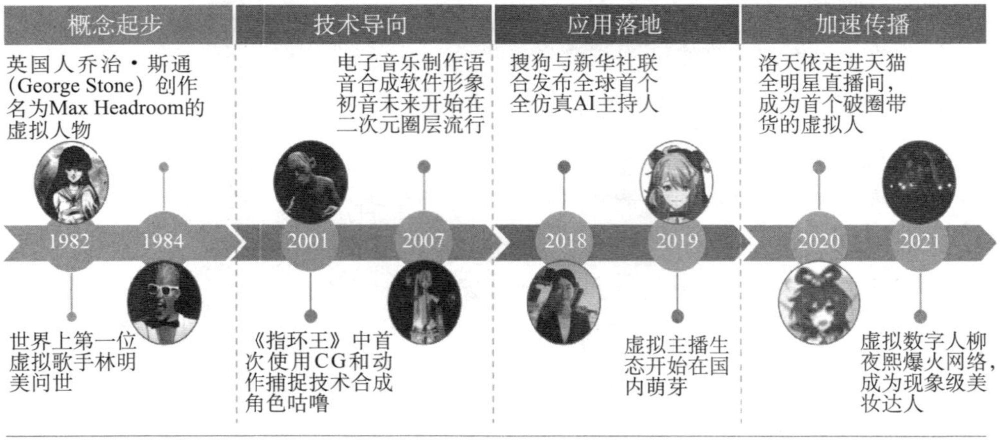

图 2－4　虚拟偶像形式发展过程

资料来源：艾瑞消费研究院自主研究绘制。

3. 虚拟主播概念定义

虚拟主播是目前虚拟偶像概念下的主要赛道之一。所谓虚拟主播，是指以虚拟形象在视频网站上进行活动的内容创作者，是一种基于动作捕捉技术的新兴主播形式。制作者通过动画形象配合真人动作捕捉、表情捕捉技术，让主播降格进入二次元，同时依靠游戏、聊天、唱歌、联动等直播内容进行输出，获得粉丝，并最终通过周边、付费订阅、打赏等方式完成变现。动作捕捉镜头后的真人被用户称为“中之人”，而直播画面上的形象则被用户戏称为“皮套”。这类主播在国内主要以二次元形象为主，在海外，尤其是欧美地区则存在一些头部主播使用偏向拟真画风虚拟人作为形象。可以认为虚拟主播是综合了虚拟偶像与直播主播的复合概念。现存内容边界可以视为传统直播业态的衍生。

4. 中国虚拟主播行业政策环境

从政策面来看，我国密集发布政策性文件，为行业提供政策背书及合规框架指引。2020 年至今，中央到地方政府机构密集出台关于元宇宙及网络直播行业的管理办法和政策文件，显示出政府管理部门对网络直播行业的密切关注以及加强监管、引导行业走上正轨的坚定态度。值得注意的是，虽然相关政策文件中包含部分限制性管理条例，但实施意图更多是为行业发展标明底线红线，目的是引导行业持续规范化和良性健康发展。

二、中国虚拟主播行业现状分析

1. 中国虚拟主播市场规模

中国虚拟主播市场进入快速增长阶段，并将保持较高增速。2021 年，中国虚拟主播市场规模约 3 亿元，同比增长 103.1%，行业进入快速增长阶段。随着元宇宙概念的兴起，虚拟主播行业收获了大量资本关注，行业在软硬件以及内容产出方面都呈现出爆发式增长。同时，依托已经相对完备的直播市场，虚拟主播生态快速走向成熟。考虑到行业渗透还未见顶，以及可能出现的 VR/AR 硬件端普及，预计中国虚拟主播市场在未来两年内仍将保持较高增速。

2. 现中国数字人市场投融资整体环境

中国数字人市场投融资热度高涨，技术与内容生态业务皆受青睐。从近几年国内的投融资数据来看，资本市场看好并持续加码数字人产业投资：一方面，自 2020 年开始，针对数字人企业的投资数量迅速增长；另一方面，对数字人产业的整体投资金额从前期缓慢稳定增长发展到近两年的大幅增加，表明数字人市场的投融资整体活跃度持续高涨。此外，从融资企业的专项业务分类来看，为包括虚拟主播在内的数字人生态进行技术研发的企业始终受到资本市场的青睐和关注，相关投融资数量持续稳定增长；而构建营造数字人内容生态的企业在近两年也开始被市场看好，相关投融资事件愈发频繁，日益成为资本关注的焦点。

3. 虚拟主播产业链梳理

（1）产业链上游——技术提供方。上游技术迭代升级是产业发展的核心驱动力和关键制约因素。

产业链上游是指技术提供方，专攻虚拟人及虚拟主播底层技术，涉及高精度建模采样的技术开发、实时动画渲染引擎的迭代、人工智能算力的升级开发、大数据训练等领域。与之相对应的企业包括生产显示设备、光学器件、传感器、芯片的硬件制造商以及升级算法引擎、设计建模绑定、渲染工具和AI专项功能的软件开发商等。

(2) 产业链中游——平台方。中游平台方是虚拟主播的运维中枢，商业发展路径较为清晰。

产业链中游的平台方负责虚拟主播场景的运营维护和IP孵化设计等业务，参与者包括各类IP企划工作室、机构以及B站、斗鱼、抖音等直播平台。作为承上启下的环节，中游的平台方一方面需要对接上游的技术更新迭代，在技术兼容基础上实现场景优化，同时根据用户需求定制解决方案；另一方面，面向下游的内容运营方，需要不断降低平台使用门槛和操作成本，构建开放包容的生态系统。在向运营方提供定制化营销方案的同时，打造虚拟形象IP矩阵，实现品牌效益的最大化。

(3) 产业链下游——运营方。下游运营方作为内容生产者，是业态内最具活力的环节。

产业链下游的运营方是虚拟主播内容的呈现方和创作者，业务主要围绕虚拟形象IP的运营和内容产出推送来展开。由此，整体虚拟内容生态的发展水准、虚拟社交环境的规范化以及IP形象的可持续化运营是影响下游健康发展的重要因素。虚拟主播主要分为企业势（MCN机构）与个人势（个人主播），从业态内部看，头部集聚效应明显且头部主播多为企业势，而整体开播大盘依旧以个人势为主。值得注意的是，下游也是元宇宙与其他行业频繁交集的场景，随着游戏、文旅、金融、教育、快消等行业在虚拟场景下持续产生业态交集和内容输出，这里也成为产业融合创新的前线和孵化器。

4. 虚拟主播个人势——多样化人选

受益于简易灵活的开播条件，个人势主播已形成可观规模。区别于企业势或社团势，个人势是以个体的形式出道和运营的虚拟主播。得益于“一键创建虚拟形象”这一功能，B站的Vup主可以自己捏脸、换装，建立个人专属的虚拟形象，并且通过电脑或手机的前置摄像头捕捉人脸动作识别满足直播所需的技术条件。简易方便的开播条件大大降低了虚拟直播的技术门槛，也使得B站拥有国内最多的个人势主播。据相关统计，目前B站活跃的3 600多名虚拟主播中，有2 000名以上是个人势Vup主，他们的存在极大地丰富了虚拟社区的内容生态，在贡献平台流量的同时，也增强了观众的用户黏性和参与度。

5. 虚拟主播企业势——VirtuaReal社团

B站凭借二次元基因和社区氛围，优先建立起虚拟主播生态。作为虚拟人技术中变现能力相对成熟的板块，虚拟主播开启的商业浪潮引来互联网大厂纷纷融资布局。B站作为国内主要的二次元文化社区和内容平台，在虚拟直播领域的先发优势十分明显，B站的核心用户群体（15～35岁的年轻人）正好对应虚拟直播的目标受众，年轻化的社区氛围无疑为开展虚拟直播创造了良好氛围。目前，B站坐拥国内顶尖的虚拟艺人社团 VirtuaReal，旗下拥有70余名成员，七海、阿梓、小可学妹、阿萨、艾因等热门UP主皆为旗下艺人。成员之间风格各异，正在突破传统的二次元界限，更多地融入真实生活场景，与内容受众产生更多互动和关联。目前B站虚拟直播的流量已相当可观，据统计，自2019年11月到2022年7月，虚拟直播专区的注册主播数量已达到23万，同时2021—2022年度的虚拟UP主视频播放总量已达到603亿，增长趋势并未减缓。

6. 虚拟主播IP运营方法论

形象设计是虚拟主播吸引力的基础，核心在于持续的内容创新。随着商业逻辑逐渐清晰，虚拟主播生态的内在竞争更加激烈。无论是个人势还是社团企业势，本质上竞争的都是主播的运营能力和内容创作能力。虚拟主播的形象运营包括定制形象、打造模型、美妆设计、制作图片与视频，考验的更多是运营方的从业经验。在内容创作上，主要可分为三类：游戏杂谈和歌舞等常规节目、依托主播特质的个性化定制内容以及教育向知识分享类内容。稳定且优质的内容输出建立在对虚拟主播完善的人格、背景故事和世界观设定的基础之上，只有用户内心认可主播的人物设定，才能在之后的观看过程中建立起信任关系，这对虚拟形象的IP运营水平提出了很高的要求。

三、中国虚拟主播用户分析

1. 中国虚拟主播用户城市线级及收入情况

中国虚拟主播用户城市线级集中于一二线城市，收入分布较为平均。根据调研，中国虚拟直播用户中，超70%用户常居于一二线城市（见图2-5）；个人月收入方面整体分布较为平均，其中月收入超5 000元的用户占比超过80%（见图2-6）。

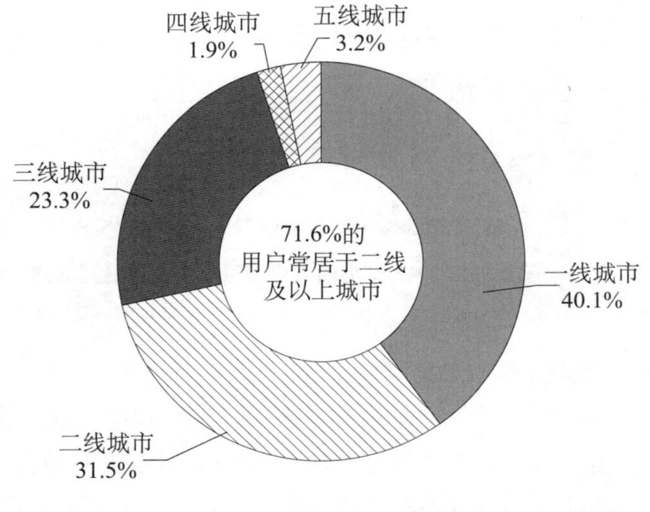

图2-5　2022年中国虚拟主播用户城市线级情况

注：样本 $N=563$，于2022年9月通过艾瑞智研平台-消费洞察数据库调研获得。

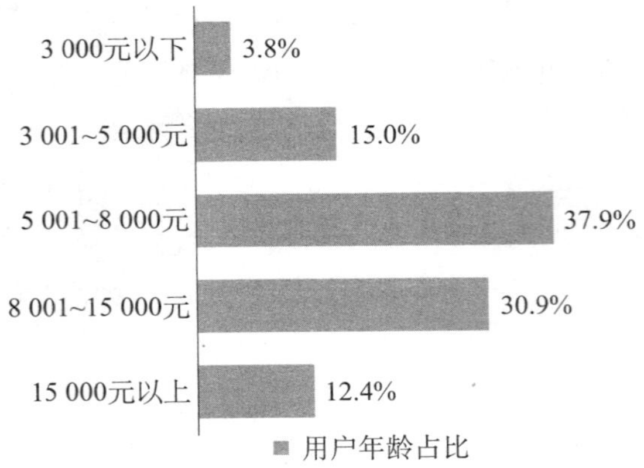

图 2-6 2022 年中国虚拟主播用户月收入分布

注：样本 $N=563$，于 2022 年 9 月通过艾瑞智研平台-消费洞察数据库调研获得。

2. 中国虚拟主播用户观看行为情况

根据调研，可以认为虚拟主播用户在虚拟主播直播上已经形成了一定的观看习惯，用户显示出较高频次的观看意向。每天看 2～5 次的用户占比最高，达到 40.5%；保持每天看 1 次的用户比例达到近 23%（见图 2-7）。总时长方面，用户每周平均观看超 10 小时虚拟主播直播的比例达到 69.1%（见图 2-8）。

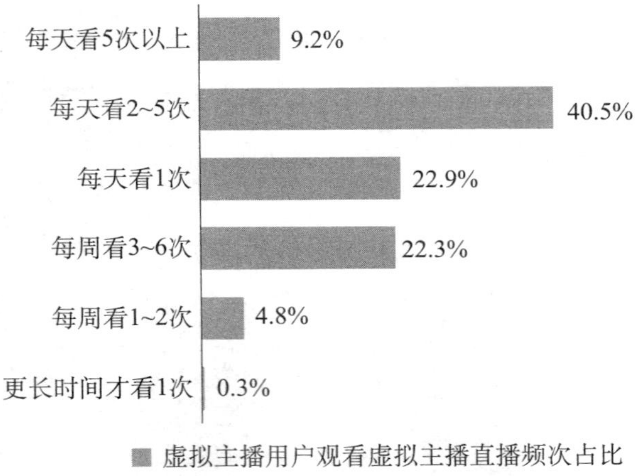

图 2-7 2022 年中国用户观看虚拟主播直播频次

注：样本 $N=563$，于 2022 年 9 月通过艾瑞智研平台-消费洞察数据库调研获得。

3. 中国虚拟主播用户认知渠道

中国虚拟主播用户主要通过原生渠道、媒体、圈层社交以及衍生品触达。调研发现，目前主要触达方式依旧以视频/直播平台为主，其在各年龄段中比例都超过了 70%，可以认为虚拟主播触达依旧强调原生内容的渠道性；同时，可以发现对于 30 岁以上用户而言，约 15%的用户会通过媒体渠道触达（见图 2-9）。

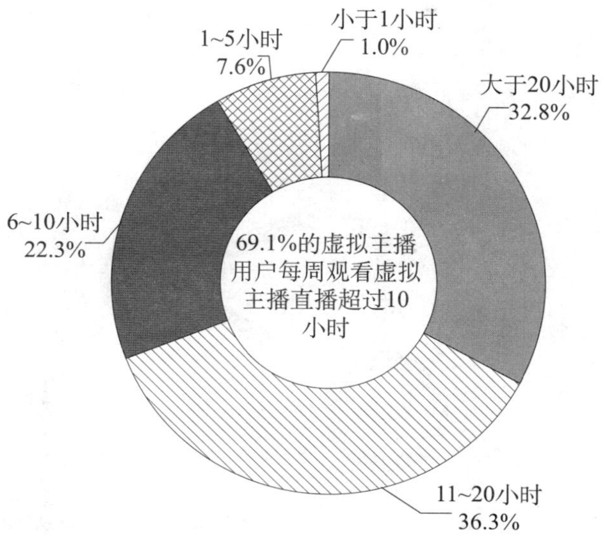

图 2-8　2022 年中国用户每周观看虚拟主播直播时长

注：样本 N=563，于 2022 年 9 月通过艾瑞智研平台-消费洞察数据库调研获得。

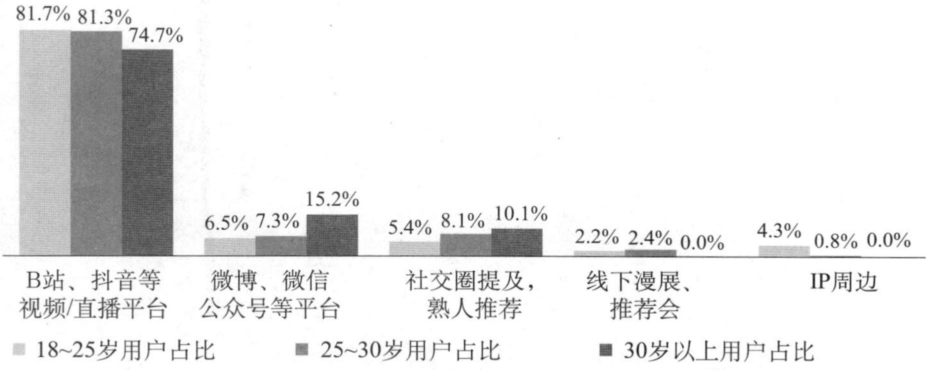

图 2-9　2022 年中国虚拟主播用户认知渠道分布

注：样本 N=563，于 2022 年 9 月通过艾瑞智研平台-消费洞察数据库调研获得。

4. 中国虚拟主播用户的主播关注情况

中国虚拟主播用户更偏爱个人势主播，习惯关注复数位虚拟主播。调研发现，用户对三种不同运营背景的虚拟主播都表现出了较强的偏好，三类运营背景的选择度全都超过 50%，其中个人势主播相对更受偏爱，选中率达到 86.6%（见图 2-10）。虚拟主播用户中“单推人”类型占比较少，为 9.2%；用户关注的主播数量主要集中于 2～5 位，该类用户占比达到 77.4%（见图 2-11）。

5. 中国虚拟主播用户主要观看驱动

总体来看，用户选择观看虚拟主播的原因主要在于新鲜感与互动性，超过 70%的用户因为媒体新闻等而选择观看虚拟主播直播（见图 2-12）。同时，虚拟主播与传统主播最大的区别在于其外显形象，这也是吸引用户观看一个新虚拟主播的首要因素（见图 2－13）。

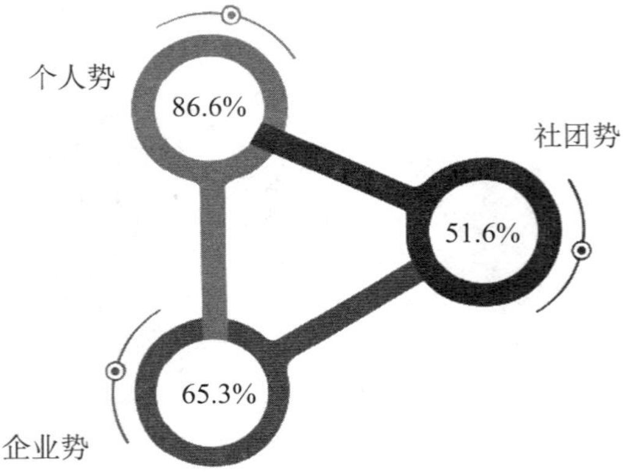

图 2－10　2022 年中国用户对虚拟主播类型的观看选择

注：样本 $N=563$，于 2022 年 9 月通过艾瑞智研平台-消费洞察数据库调研获得。

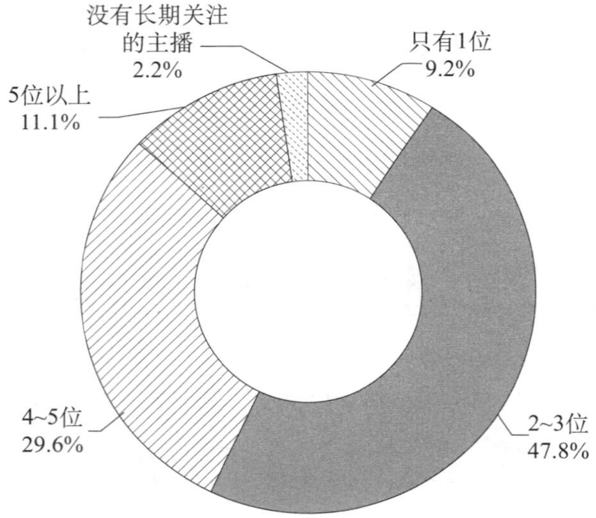

图 2－11　2022 年中国用户习惯关注的虚拟主播人数

注：样本 $N=563$，于 2022 年 9 月通过艾瑞智研平台-消费洞察数据库调研获得。

6. 中国虚拟主播用户对角色设定的看法

虚拟主播本身除了外显形象，也包含丰富的角色设定。调研发现，接近 9 成的用户认为虚拟主播的角色设定是对虚拟主播而言非常重要的内容要素（见图 2－14）。对于虚拟主播的“中之人”（虚拟主播的表演者），用户表现出了较低的宽容度，约 60％的用户认为披露虚拟形象背后的“中之人”可能有损自己对虚拟主播的支持度（见图 2－15）。

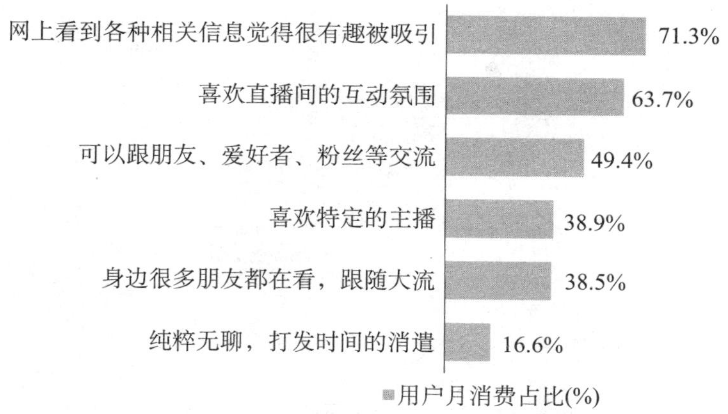

图 2-12　2022 年中国用户选择观看虚拟主播的原因

注：样本 N=563，于 2022 年 9 月通过艾瑞智研平台-消费洞察数据库调研获得。

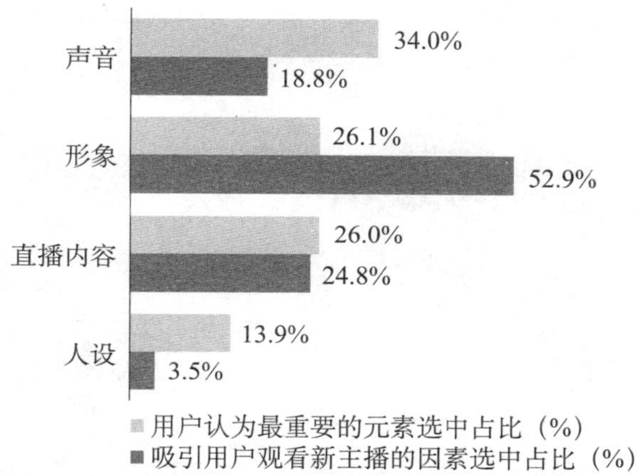

图 2-13　2022 年中国用户关注的主播元素

注：样本 N=563，于 2022 年 9 月通过艾瑞智研平台-消费洞察数据库调研获得。

7. 虚拟主播用户对直播体验提升的看法

调研发现，新老用户认为需要提升的部分存在一定差异。虚拟主播普遍存在较多的“小众梗”和独特表达，因此新用户对虚拟主播的改进需求主要集中于观众互动以及宣传扩圈上，以期能够快速融入对应的圈层。随着用户观看年数的上升，用户逐渐融入对应的客群，这时用户主要希望就虚拟形象、直播内容等核心产品力部分进行提升。

8. 中国虚拟主播付费用户的打赏行为

根据调研，用户付费意愿与关注的主播数量呈现出正相关关系。可以认为，随着用户卷入程度的加深，用户更倾向于关注复数位主播，并且随着卷入程度加深更倾向于为主播进行付费。

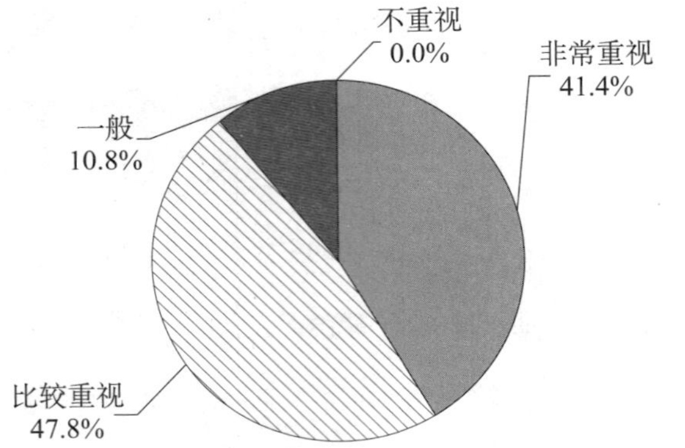

图 2-14　2022 年中国用户对虚拟主播设定的看法

注：样本 N=563，于 2022 年 9 月通过艾瑞智研平台-消费洞察数据库调研获得。

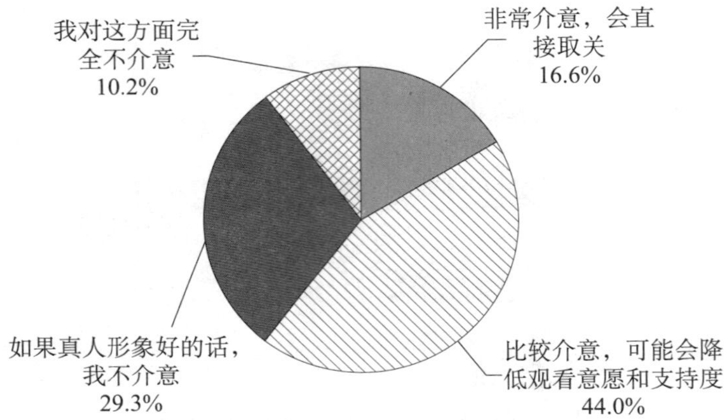

图 2-15　2022 年中国用户对“中之人”披露的看法

注：样本 N=563，于 2022 年 9 月通过艾瑞智研平台-消费洞察数据库调研获得。

四、中国虚拟主播行业发展趋势

总体来说，中国虚拟主播行业的发展趋势为：技术深度渗透，进一步探索多元化应用场景和商业盈利模式。

1. 虚拟主播行业向双线化发展

随着技术迭代更新，虚拟直播的使用门槛和操作成本不断降低，原本中心化、层级化的行业生态会迎来革新。以企业势为代表的 PGC 用户倾向于采用更前沿、精准度更高的技术，针对客群逐渐锁定为高标准、专业性强的商业化场景；以个人势为代表的 UGC 用户在有限预算内采用功能集成化的设备和软件，使用场景也更强调互动性和娱乐性。

2. 虚拟主播内容边界进一步拓宽

主打单纯的互动娱乐内容已无法满足用户需求，流量外溢给其他内容品类的创作提供了机遇。对此，各直播平台调整流量扶持和定向发放的策略，将受众注意力向更为多元化的内容方向引导。这在抢占虚拟直播市场的剩余流量红利的考量之外，也符合构建更为健康、多元化虚拟社区生态（见图2-16）的顶层战略。以B站为例，目前B站作为虚拟主播占有率最高的线上社区，正在致力于扩展内容结构框架，鼓励知识、文化品类的Vup主进行内容创作。在B站的虚拟专区，不仅有能歌善舞的虚拟偶像，也有教授各国语言的虚拟老师。随着直播分享的门槛降低，更多新人将加入直播社区共建良性生态。

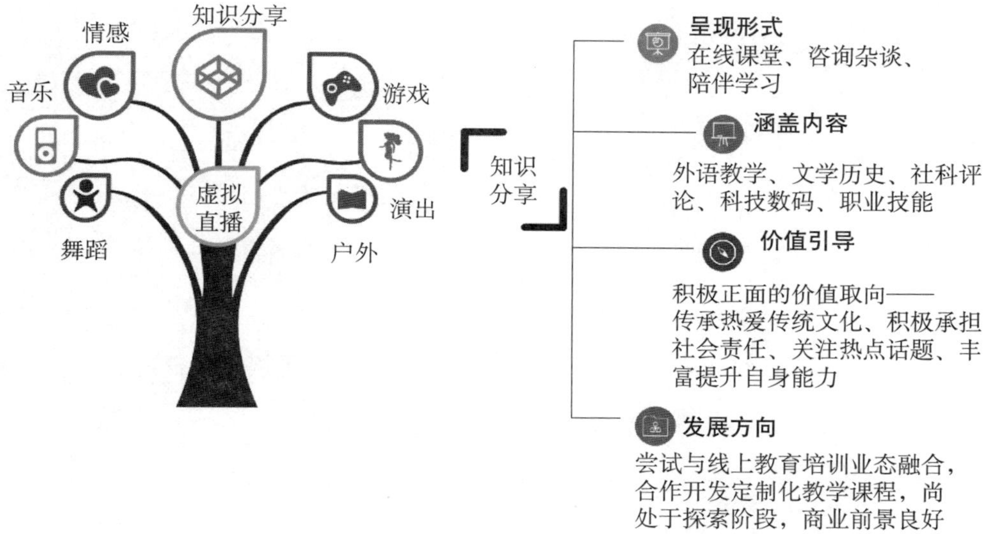

图2-16　多元化虚拟社区生态

资料来源：艾瑞消费研究院自主研究及绘制。

3. 虚拟主播价值模式探索

相较于真人主播形式，虚拟主播除了传统的直播打赏渠道外，也在积极探索通过运营IP形象实现商业盈利。以B站为例，在直播打赏方面，B站设计出一种名为大航海（直播舰队）的等级化充值机制，并开发专属的SuperCharge打赏功能，兼顾观众黏性和直播互动参与的趣味性。在IP运营方面，B站会为从事虚拟主播内容开发的IP方提供策划、技术、接入流程等顾问支持，对已经上线的虚拟主播，会根据主播的特色和数据情况，提供定向分发、流量扶持、站内资源曝光等支持，目前代表性活动有阿梓亮相上海时装周、阿梓与小可学妹携手推介余姚阳明古镇的次元妙乐季等。

4. AI虚拟主播发展趋势

随着业务开展方向逐渐从B端向C端转移，虚拟主播的服务型功能将得到凸显，而技术使用门槛和成本降低使AI驱动型主播的性价比相对走高，通过AI解放人力并帮助企业降本增效成为趋势。在新闻播报、直播电商等应用场景，AI主播在信息传递的准确性和及时性方面优势很明显，但情感互动性差、缺乏创造能力的短板也很突出。目前AI主播呈现出的动作话术依旧需要实时动画技术预设模板来完成，对观众提出的复杂灵活的问题几乎无法做出有效反馈，因此针对人机互动的算法训练以及与之匹配的AI自然语言处理能力是未来技术突破的重点方向。

案例思考

目前，虚拟主播行业面临着怎样的机遇和挑战？

第三章

二手资料的收集与应用

学习目标

1. 了解一手资料和二手资料及二者间的区别
2. 理解二手资料的作用
3. 掌握二手资料的收集方法
4. 掌握二手资料如何评估与整理分析

二手资料的收集、整理与分析是市场调研的一项重要内容，是其必不可少的组成部分。市场调研人员应具备充分获取和分析利用二手资料的能力与技巧。评判一名市场调研人员的专业素养，其搜集和分析二手资料的能力及对二手资料的敏感度是一个方面。

第一节　什么是二手资料

企业制定经营发展战略、从事产品开发、进行商品推广、开展市场营销活动等，都需要获取大量的资料和信息。这些信息从来源看，无外乎两个方面：一是企业自己直接开展市场调研，获取一手的信息，我们通常也称这种信息为原始资料；二是获取经他人加工整理过的信息，也即我们通常所说的二手资料。

一、二手资料的定义

二手资料也叫次级资料（secondary data），是企业内部或者外界已经存在的某种形式的既有数据、材料或信息。二手资料可重复使用，可编辑，可扩展。其来源非常丰富，包括书籍、报纸、期刊、年鉴、报表、视频、音频、图像、软件、网络资源或其他信息来源。二手资料具有较强的机动性和灵活性。判断某种信息是否为二手资料的核心就是两个字——“既存”。二手资料分为实体资料和数字资料两类。实体资料是指可以被移动、分拆的实物资料。这些实物资料可能是报刊、书籍、年鉴、图书馆馆藏文献等。数字资料是指以电子数据形式存储的资料，例如文本、图像、音频、视频或其他数字形式。

原始资料（primary data）或称一手资料，则是为了解决特定问题而专门收集的调研资料，是指企业自己经过实地调研所得的资料，其指向明确、阐释直接。

二、二手资料的重要性

企业开展市场调研应高度重视对二手资料的研究和利用。二手资料的广泛性、易得性、及时性，都是企业自己开展市场调研直接获取原始信息所无法替代的。此外，从数量上看，二手资料的数量也远远大于原始资料。二手资料在市场调研中具有重要的作用，这是因为在市场调研的全过程中，我们都有可能要用到二手资料，包括前期对市场调研问题的定义、市场调研重要假设的构建，后期对市场调研数据的整理分析、市场调研报告的撰写等，都离不开二手资料。

二手资料一般作为市场调研的基础性资料、背景性资料，对开展后续调研工作起着重要的前期铺垫作用。企业开展一项市场调研，首先必须掌握该调研项目的有关背景情况。而对背景情况的掌握，则主要由二手资料提供。在决定一个调研项目的调查范围、样本配额大小和分配时，也需要有关情况的二手资料做参考。

同学们在刚接触市场调研时，可以从大学生日常消费情况调查入手，如大学生手游“氪金”调查、大学生外卖消费调查等，通过查询二手资料看别人做过什么，是怎么做的。

实操与思考

如果我们需要开展一项关于网络政务的调研，那么首先需要知道目前网络政务的发展状况，这可以通过查询二手资料实现。我们通过中国互联网络信息中心（CNNIC）发布的第 50 次《中国互联网络发展状况统计报告》知道：从 2016 年 6 月到 2022 年 6 月，我国互联网政务用户规模从 1.76 亿增长到了 8.92 亿（见图 3－1），占整体网民的比例由 24.8%提升至 84.9%，全国一体化政务服务平台实名用户超过 10 亿人。①

① 中国互联网络信息中心．第 50 次中国互联网络发展状况统计报告．(2022－08－31)［2023－05－20］. https：//www.cnnic.cn/NMediaFile/2022/1020/MAIN16662586615125EJOL1VKDF.pdf.

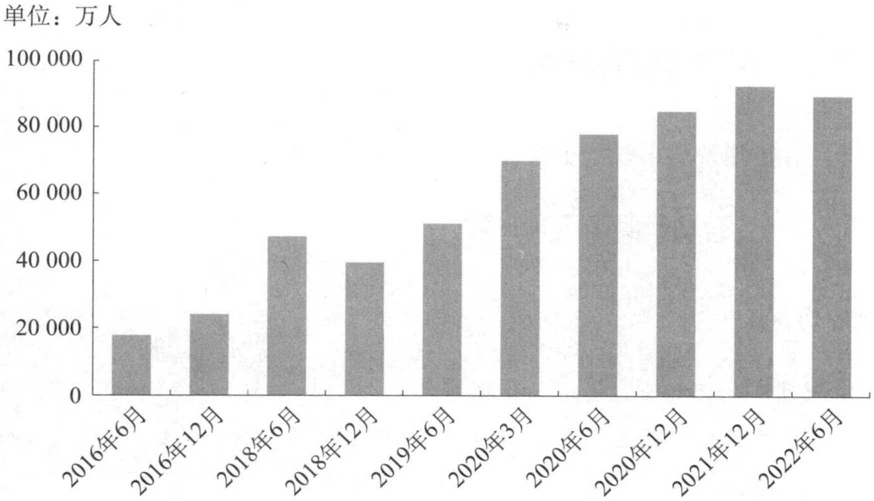

图 3-1　2016—2022 年互联网政务服务用户规模

三、二手资料与一手资料的区别

市场调研首先建立在对二手资料的分析上，有些常规问题只需要基于二手资料分析就可以解决。尽管二手资料往往不能为我们的调研问题提供具有针对性的精准答案，但是对二手资料的收集与分析始终应当是解决任何调研问题的第一步。我们首先要考虑可得的二手资料，只有当相关的二手数据的来源已经穷尽时，调研项目才应当进展到一手资料的获取。

收集二手资料的目的是解决其他问题，收集一手资料的目的是针对自身的调研项目，解决当前面临的特定问题，所以两者之间的匹配程度一定是有差异的，对于当下问题的适用性有限，我们只能尽可能去寻找匹配程度比较高的二手资料。从收集过程来说，二手资料来源较多，内容丰富，可以较为便捷地获得；一手资料的获得费时费力，成本上也比二手资料高得多。

二手资料与一手资料的差异比较，如表 3-1 所示。

表 3-1　二手资料与一手资料的差异比较

区别	二手资料	一手资料
收集目的	针对其他目的	直接针对调研目的
收集过程	迅速、容易	复杂、困难
收集成本	较低	较高
收集时间	较短	较长

四、二手资料的具体作用

在市场调研中，二手资料有着明确而具体的作用。

（一）有助于明确研究主题

我在调研现场

我们对“数字职业”这个市场调研选题非常感兴趣，在开展调研前，首先明确三个问题：一是什么是“数字职业”；二是数字职业常见的岗位；三是数字职业目前的规模。

通过查询二手资料，我们了解到：

（1）数字职业的定义。从数字产业化和产业数字化两个视角，围绕数字语言表达、数字信息传输、数字内容生产三个维度及相关指标综合论证得出。

（2）数字职业常见的岗位。包含人工智能训练师、区块链应用操作员、信息安全测试员、互联网营销师等知识密集型就业岗位，以及网约车司机等劳动密集型就业岗位。

（3）数字职业的规模。截至 2022 年 7 月，我国标注为数字职业的职业达 97 个。①

（二）可以切实提供一些解决问题的方法

市场调研人员所面临的问题一般不可能是从未出现的，而是前人已经调研过同样或类似的选题，收集了大量精确的一手资料，只不过不是恰巧针对我们的调研选题。前人的调研工作都是为消费者设计的，目的是解决当时的问题与困难，因此市场调研人员应广泛吸取提供不同收集方法的信息。

（三）提醒市场调研人员注意潜在的问题和困难

二手资料能暴露调研过程中可能会出现的问题和困难，如收集方法不受欢迎、样本很难获得等。

① 中国互联网络信息中心．第 50 次中国互联网络发展状况统计报告．(2022-08-31)[2023-05-20]. https://www.cnnic.cn/NMediaFile/2022/1020/MAIN16662586615125EJOL1VKDF.pdf.

（四）提供必要的背景信息，使调研报告更具说服力

二手资料能为调研方案设计提供切实的背景资料，了解目标消费者使用语言的习惯，有助于组织适宜调研对象的问卷。

（五）可以对市场调研结果进行纵向对比分析

市场调研结束后，在对市场调研数据进行分析时，为了进行纵向对比分析，我们需要二手资料。同时，对于市场调研的结果，为了检验判断其正确性，也需要二手资料用于佐证。

总之，二手资料是我们设计调研方案的重要参照。

五、二手资料的局限性

对于有些较新的或是针对性非常强的调研问题，可能缺乏二手资料。有时二手资料也可能缺乏相关性。已存在的二手资料是调研人员为了自己的调研项目收集的数据，粗略一看，似乎能够作为参考，但深入阅读，会发现并不能为己所用。使用二手资料时，要评估资料的准确性，有的二手资料并没有清晰注明数据来源，也存在资料不充分的问题，难以获得完整的二手资料。

第二节　二手资料的收集方法

我们处在一个信息爆炸的社会，到处充斥着各种各样的信息，但当海量的信息向我们涌来的时候，我们也会面临选择困难。没有信息不行，信息多了，不会对信息进行过滤、加工处理、分析，不能从信息中提炼出真正有价值的内容与结论，不能发现信息背后隐藏的事物发展变化规律，信息就只能沦落为没有任何价值的冗余。因此，面对海量的信息，我们首先必须采取恰当有效的收集方法；其次，我们必须对收集到的二手资料信息进行科学的加工整理和分析。

一、内部资料和内部数据库

企业的市场调研人员在从事二手资料的搜集和研究工作时，应对二手资料的来源和种类有一个清晰的了解，这样才可以快速地查找和获取相关的二手资料，提高工作效率。

（一）内部资料

内部资料源自公司内部公开的二手信息，包括财务报表、股东报告、销售数据、产品测试结果、官方网站、公司刊物等。企业在平时的日常经营中，会积累大量的内部资料，这是二手资料，并且是比较有用的二手资料的一个重要来源。企业可能就同一个问题或相关问题，曾开展过这方面的调查研究，已搜集了大量相关的信息和资料。通过调阅这些资料，可减少不必要的重复劳动。

（二）内部数据库

如果企业的信息管理现代化程度较高，则一般会实现企业内部数据库建构。

内部数据库（internal database）是相关信息的集合，即从公司内部数据来源收集的关于消费者和市场的电子信息。存放着现有顾客和期望顾客信息的计算机数据库已经成为非常重要的营销工具。市场营销管理人员可以随时接触和使用数据库中的信息，识别市场营销机会和问题，制订计划和评价绩效。内部数据库不一定对公司全员开放。

1. 内部数据库中的信息来源

内部数据库中的信息来源有多种方式：市场营销部门提供关于顾客交易、人口统计、购买心理和购买行为的信息；客户服务部门记录顾客满意度或服务问题；财务部门编制财务报表，详细记录销售额、成本和现金流；运作部门报告中间商的反应和竞争者动态；市场营销渠道部门提供销售点交易的数据。利用这些信息，可以提供有力的顾客洞察和竞争优势信息。

2. 内部数据库的作用：有力的营销工具

从公司的销售活动中获取信息，是建立内部数据库的起始，依赖的是公司的销售系统及客户维护系统。一个基于销售情况、消费者偏好、互联网、移动终端和社会数据的内部二手营销数据库，可以成为一个有力的营销工具。

3. 数据挖掘——建立内部数据库的新兴手段

数据挖掘（data mining）是指使用统计或其他先进的软件来发现隐藏在资料中的不易发现的信息。其目标是识别那些营销者可以在新的战略和战术中应用的模型，并以此来增加企业的利润。数据挖掘包括寻找有效模型和追随数据的路径方向。这个发现的过程通常需要筛选海量的数据，包括电子销售点交易、存货记录、在线顾客订购及其相匹配的人口统计特征。概率抽样、描述性统计、多变量统计都是可以控制性地进行数据挖掘的工具。数据挖掘通常与计算机科学有关，并通过统计、在线分析处理、情报检索、机器学习、专家测评和模式识别等诸多方法来实现。

（三）内部资料和内部数据库的优缺点

与其他信息来源相比，内部资料与内部数据库通常可以更加迅速和便利地获取信息，但也存在一些问题，包括：

（1）内部信息常常是出于当时的目的收集的，用于当下的市场营销决策可能会有一定的滞后性，从而导致偏差。

（2）数据老化的速度快，维护与更新需要耗费大量人力和物力。

（3）内部资料年复一年地积累，需要进行充分的整合以便于管理者在需要的时候能够方便地找到和有效地使用，管理如此之多的信息对专业水平与技术设备要求都较高。

业界之声

美国运通公司（American Express）使用中枢网络软件来检验它的数据库中的记录，这些记录可以告诉它个人信用卡的持有者在怎样和在哪里进行了交易。中枢网络（neural network）软件是指通过模仿人类大脑及其示例的学习能力来从数据中找到一定模式的过程的计算机项目。这样就可以得到每个持卡者的购买意向指数。以这些指数为基础，美国运通公司通过旗下分公司的个人信用卡持有者的购买情况，确定了与之匹配的业务并把它们作为月报的一部分。

柯莱特音乐控股有限公司（Kamelot Music Holdings）运用数据挖掘来识别高消费群体，发现 65 岁以上顾客会频繁购买很多经典和爵士风格的音乐和电影。更深一步的数据挖掘显示，很大比例的人也会购买说唱和另类的音乐，这是祖父祖母买给他们的孙子孙女的。①

二、外部资料和外部数据库

外部资料与外部数据库是二手资料的重要来源。

（一）外部资料

1. 公开的信息

（1）统计公报。

公开的信息的主要来源是国家统计局以及国务院各部门统计机构，各省

① 麦克丹尼尔，盖茨．当代市场调研：第 10 版．李桂华，等译．北京：机械工业出版社，2017：73.

（区、市）统计局定期发布的各类统计公报。政府部门统计公报的数据覆盖区域广，样本量可观，这样的数据收集对单个企业而言是难以完成的，所以参考价值很高。

通过国家统计局官方网站，我们可以查询到多种统计公报（见表 3－2）。这些统计公报的数据翔实，覆盖面广。

表 3－2 国家统计局可供查询的主要统计公报

年度统计公报	经济普查公报
人口普查公报	农业普查公报
工业普查公报	第三产业普查数据公报
全国基本单位普查公报	地方基本单位普查公报
国家其他统计公报	地方其他统计公报

（2）上市公司年报与公告信息。

如果企业要研究的竞争对手是上市公司，则上市公司的季报、半年报、年报与公告等公开的信息是应重点关注的二手资料。一般来讲，上市公司的年报等资料可信度高，被严格监管且通过了外部第三方会计师事务所的审计，其真实性还是有保障的。上市公司年报透露的信息中，最重要的是企业的财务信息，但除了财务信息外，还有很多有关生产经营重大决策的信息，特别是公告信息，如企业重大的投资、新产品开发、重要的市场营销策略、经营计划和中长期规划等。根据证监会的要求，凡是会影响到投资者决策的事项，都要进行公布。通过这些信息，我们就能对上市公司的生产经营情况有一个较全面的了解。

2. 公共收费信息

公共收费信息的提供商为编辑和发布商业资料的部门和机构。这些公共收费信息可能提供给我们更有用的东西，比如某个行业的研究报告、完备的经过归类整理的资料等。这些收费信息需要我们支付一定的费用，如果这些信息确实是企业所需要的，从性价比来说，支付少量的费用获取这些信息是值得的。

（1）年鉴。

年鉴是以全面、系统、准确地记述上年度事物运动、发展状况为主要内容的资料性工具书，汇集一年内的重要时事、文献和统计资料，按年度连续出版。它博采众长，集辞典、手册、年表、图录、书目、索引、文摘、表谱、统计资料、指南、便览于一身，具有资料权威、反应及时、连续出版、功能齐全等特点，属信息密集型工具书。

年鉴按内容性质可分为综合年鉴、专业年鉴、行业年鉴，按层次可分为国家级年鉴和地方年鉴。地方综合年鉴，是指系统记述本行政区域自然、政治、经济、文化、社会等方面情况的年度资料性文献。

各种各样的年鉴是二手资料的一个十分重要的来源，特别是有关统计数据方面的年鉴。年鉴按其种类可分为两大类，第一大类是有关国民经济的统计年鉴，最重要的是国家统计局每年发布的年度国民经济统计年鉴，如《中国统计年鉴》，此外还有其他各种经济年鉴，例如国家统计局出品的《中国第三产业统计年鉴》等；第二大类是各种专业年鉴，例如国家统计局贸易外经统计司出品的《中国零售和餐饮连锁企业统计年鉴》、中国传媒大学广告学院出品的《IMI 消费行为与生活形态年鉴》等。调研专业问题一般需要大量查询专业年鉴。通过这些年鉴我们可获取国民经济各个行业最基本的统计数据和资料。

(2) 专题报告。

除了年鉴外，各行业协会还会每年发布一些该行业的专题报告，包括一些白皮书，如中国汽车工业协会、中国汽车技术研究中心、丰田汽车公司共同出品的《中国汽车工业发展年度报告》，中国电子信息产业发展研究院出品的《中国家电市场报告》，等等。这些专题报告涵盖了大量有用的内容和信息，可以使我们对一个行业的发展动态和发展趋势有一个大概的了解。

此外，社会上一些第三方独立研究机构，如研究所、大学的研究机构等也经常开展各种专门问题的研究，并出品研究报告。这些报告可能会收取一定的费用，企业可视其价值购买。

（二）外部数据库

外部数据库指的是通过第三方购得的数据库。

1. 外部数据库的来源

外部数据库的来源包括：市场调研与咨询公司、省市区县及各大高校图书馆、贸易和产业组织、商业期刊、行业协会、数据库汇编机构。

高校图书馆是一个非常好的二手资料获取来源，不仅数据来源权威，更为重要的是，对高校师生来说，既可以在校内使用，也可以在校外通过 VPN 免费使用。许多同学毕业以后，最为遗憾的就是在校期间没有好好利用图书馆的国内外数据库。

高校图书馆数据库按照文献类型一般可以分为电子期刊、电子图书、学位论文等多种类型。知网、维普、万方是国内影响力很大且利用率很高的综合性电子期刊全文数据库。中国高校人文社会科学文献中心（简称 CASHL）是全国性的人文社会科学文献收藏和服务中心，目前已收藏的国外人文社会科学领域的核心期刊和重要印本期刊达 26 490 种，电子期刊达 2 739 种，电子图书达 73 万余种，外文印本图书达 200 余万种。外文电子期刊主要通过学术检索系统获得。中文电子图书数据库有超星数字图书馆、科学文库等；外文电子图书数据库有 Springer Link 电子图书、Cambridge 电子图书、Wiley 电子图书等。

2. 外部数据库的种类

外部数据库主要包括财务数据、人口统计数据、生活方式数据与态度数据等。

外部资料和外部数据库主要通过查询和购买实现。

我在调研现场

如果我们需要开展媒介市场与受众方面的调研，那么可以首选中国广视索福瑞媒介研究（CSM）作为二手资料来源。

CSM 在电视收视率调查、广播收听率调查、体育与媒介研究和全媒体研究等多项领域拥有超过 25 年的行业经验，为中国内地地区和香港传媒行业提供可靠的、不间断的视听率调查及深度研究服务。覆盖超过 12.8 亿内地电视人口，近 5.3 万户样本家庭，117 个收视率调查网络，近 6 000 万广播人口，649 万香港地区电视人口。

近年来，CSM 结合市场需求和行业新技术，同步开展媒体融合传播效果研究、收视数据与消费数据融合研究、音视频版权监测与评估等多元化业务，在原有数据调查服务的基础上全线升维，将传统视听数据与新媒体数据产品集群统一整合，构建完善、强大的全媒体媒介研究产品矩阵。发布了世界领先的测量解决方案——全媒体同源测量，突破测量技术与视听场景边界，实现对内容跨屏跨端综合传播效果的评估；推出融合媒体数据云平台 V+Scope，综合多渠道新媒体大数据，帮助广电媒体更好地了解新媒体领域，占领移动传播新阵地。

同时，CSM 坚持在社交媒体研究、实时收视率研究、时移收视率等成熟产品上提供更为优质的服务；在 OTT/智能电视/IPTV 等领域，深入拓展大屏跨平台收视研究，开展 TV+IPTV 同源收视测量。

第三节　二手资料的评估与整理分析

二手资料的评估与整理分析决定着二手资料的实际使用效果。

一、二手资料的评估

二手资料可以从可靠性、适用性、时效性三方面来评估。

（一）判断可靠性

当我们搜集了大量的二手资料信息后，首先要进行的一项工作是对二手资料进行评估，包括对二手资料的真伪、正确性、准确性和来源、出处进行认真的检查，特别是一些数据，有时由于来源不同，可能有较大差异，必须核对，查明原因。对于一些来源不可靠的资料，应谨慎使用，避免误用。由于资料的得来有时很不容易，所以市场调研人员往往不愿对二手资料进行认真的检查，拿来就用，这是不可取的，也是不负责任的。通过检查二手资料来源的专业水平、声誉和可信度，可以获得对数据可靠性的总体认识。从操作层面来说，优先选择政府相关部门、主流媒体、在行业内享有盛誉的调研及咨询公司的资料。

我在调研现场

如果我们想开展一项关于冬奥会的受众调研，那么可以从哪里获得有效的二手资料呢？

出于二手资料的可靠性要求，首先考虑通过中国奥委会官方网站查询二手资料。官方网站显示，北京冬奥会数字媒体和线上直播数据都达到历史新高，转播内容总生产量达到 6 000 小时，高于平昌冬奥会的 5 600 小时。[①] 其次，还可以查询主流媒体，如央视新闻、光明网等多家媒体都对“北京冬奥会已成为迄今收视率最高的一届冬奥会，在全球社交媒体上吸引超 20 亿人关注”进行了报道。最后，还可以查询社交媒体或视频播放平台的数据，比如，为进一步满足用户的观赛需求，微博上线实况讨论功能，为用户带来了大屏观看、小屏讨论的全新体验；微博数据显示，冬奥会期间共进行了 16 场实况讨论，参与人数最高达 951 万人。咪咕视频通过邀请知名冬奥运动员参与赛事解说等方式，增强赛事解说趣味性，提升用户观赛体验。

（二）评价适用性

使用二手资料之前一定要进行评价，以确定它们对手头问题是否适用。

① 景慧敏．北京冬奥会各项转播数据创新高．(2022－02－17)[2023－04－13]．http：//www.olympic.cn/news/olympic_comm/2022/0217/400730.html.

这是必不可少的，因为二手资料是出于解决当前问题之外的某种目的而收集的。因此，就特定目的而言，它们的相关性和适用性可能是有限的，应当提前确定这些信息。

我在调研现场

如果我们要开展一项关于数字人民币的市场调研，那么首先需要知道目前数字人民币的发展状况。

通过网络在线查询，我们发现新华网融媒体未来研究院发布了《2022 数字人民币社会价值报告》。该报告指出，截至 2021 年 12 月，已有 50 余个第三方平台支持数字人民币交易，数字人民币支付生态越加丰富。生活服务类平台为数字人民币提供多元消费场景，吸引用户使用。以美团、京东、携程等为代表的互联网生活服务平台，连接海量线下实体商户及用户，助推数字人民币快速进入网民日常生活。2022 年 1 月起，美团面向全国试点城市居民发放数字人民币民生消费补贴，覆盖 200 多类消费场景，截至 4 月已累计带动各类民生消费超 140 亿元。[①] 这个报告就是专门针对数字人民币的，信息内容和我们的选题高度相关，因此具有较高的适用性。

（三）注意时效性

在收集二手资料的时候，要注意时效性，尽量使用最新的数据。

我在调研现场

近年来，移动支付便民工程进一步向乡村纵深发展，除覆盖交通、医疗、零售、教育、公共缴费等传统生活服务领域外，还在农村特色产业、农产品收购等领域深入应用，创新助农服务模式，提升农村地区支付便利化水平，带动农村网民使用。关于农村地区网络支付，根据 CNNIC 发布的第 50 次《中国互联网络发展状况统计报告》，截至 2022 年 6 月，我国农村地区网络支付用户规模为 2.27 亿，占农村网民的 77.5%。2022 年，《数字乡村发展行动计划（2022—2025 年）》《“十四五”推进农业农村现代化规划》《关于做好 2022 年金融支持全面推进乡村振兴重点工作的意见》等政策相继出台，通过加强农村数字基础设施建设、加大“三农”领域金融支持等措施，推动网络支付加速普及。[②]

---

① 新华网融媒体未来研究院．提振消费服务民生的普惠新支点：2022 数字人民币社会价值报告．(2022－04－27)[2023－05－16]. http://www.xinhuanet.com/20220427/shbbg.pdf.

② 中国互联网络信息中心．第 50 次中国互联网络发展状况统计报告.（2022－08－31）[2023－05－20]. https://www.cnnic.cn/NMediaFile/2022/1020/MAIN16662586615125EJOL1VKDF.pdf.

第三方支付平台积极参与数字人民币试点，寻求业务机会。2021 年 11 月，易宝支付开通数字人民币受理业务，并正式在厦门航空官网上线；截至 2022 年 1 月，拉卡拉参与了全部数字人民币试点地区的试点工作，并开发出一系列数字人民币应用产品；4 月，微信宣布在试点区域中开放对数字人民币的支持；支付宝上线“数字人民币”搜索功能，帮助新用户更方便地开通数字人民币钱包，截至 5 月 5 日，近 600 万个数字人民币子钱包已被推送至支付宝服务的商户①。

以上两则关于数字人民币的二手资料，涉及的数据都是 2022 年的，从时效性上来说，都相对理想。

二、二手资料的整理分析

二手资料分析是指针对自己的调研问题，利用别人为其他问题所收集的资料，通过分析找到自己问题的答案。

（一）拟定收集大纲

为了做到科学有效地收集信息，我们在收集信息前，必须拟定一个收集大纲，针对我们需要调研的问题，确定收集哪些信息。因为信息很多，我们不可能把什么信息都收集上来，我们既没有那么多的时间，也没有这个必要。这种情况经常出现：一些企业的市场调研人员不管信息与要研究的问题有无关系，都花费大量时间和精力搜罗一大堆信息，总觉得都有用处。但到分析时，会发现没有搜集到真正针对要调研的问题的更多有用的信息，大部分是一些质量不高的很一般的大众化常识类信息。

（二）注重梳理与分析

对二手资料进行检查，并剔除不能用的二手资料后，接下来要进行的一项工作就是对保留下来的有用的二手资料进行整理、归类和分析。为什么要对二手资料进行整理、归类和分析呢？这是因为二手资料本身的性质决定了它天生就有一定的局限性。首先，正如我们在前面介绍过的，二手资料是别人搜集加工整理过的原始资料，因此，二手资料在时效性上可能较差，不是最新的数据和情况；其次，由于调研的目的不同，有可能我们搜集到的二手

① 支付宝上线“数字人民币”搜索功能，近 600 万个子钱包被推送至服务商户.（2022 - 05 - 05）[2023 - 05 - 21]. https：//www.mpaypass.com.cn/news/202205/05105441.html.

资料并不全面，需要加以补充完善；最后，二手资料中所用的计量单位有可能不是我们想要的，我们还必须进行换算。如此等等，都需要我们对二手资料进行整理、加工、推算，使之成为我们能用的资料和数据。

二手资料分析很重要，我们要以二手资料为思考的材料，通过理性思维，对二手资料进行归纳、分析，最终抽象、提炼出对我们有用的结论。

一般来讲，二手资料的分析方法有归纳法、关联法和推算法。归纳法就是将相关的资料和数据进行归类整理分析，从中得出相应的结论。关联法就是根据事物相互联系的原理，对搜集到的二手资料进行深入细致的分析，从中找出我们想要的结论。推算法是指我们搜集到的二手资料中经常有很多数据，但这些数据在计量单位、时间、区域或者内容上可能并不完全符合我们的要求，不能直接分析得出结论，这时，我们就必须加以换算和推算，以便得到我们所需要的数据和相关结论。

收集好二手资料后，并不是直接将它们堆积起来就完事了，而是要认真梳理、分析与研究。

本章小结

二手资料也叫次级资料，是企业内部或者外界已经存在的某种形式的既有数据、材料或信息。二手资料的广泛性、易得性、及时性，都是企业自己开展市场调研直接获取原始信息不可替代的。内部资料与外部数据库是二手资料的重要来源。二手资料可以从可靠性、适用性、时效性三方面来评估。二手资料的整理分析需要拟定收集大纲并注重梳理与分析。

思考题

1. 一手资料能完全取代二手资料吗？为什么？
2. 如何有效获取二手资料？
3. 如何评估二手资料？

案例 3-1

西安市老年公寓市场现状及发展前景调研

一、人口老龄化的社会背景

在开展这项调研前，我们首先需要了解一下我国人口老龄化问题出现的社会背景。通过查询，我们发现，2022 年 9 月 20 日，国家卫生健康委举行新闻发布会，介绍了我国人口老龄化的当下情况与未来趋势。

1. 2050年前后我国老年人规模将达峰值

发布会上，国家卫生健康委老龄司司长王海东介绍，我国老龄化呈现出数量多、速度快、差异大、任务重的形势和特点。

第一，我国老年人口数量多，人口老龄化速度快。截至2021年年底，全国60岁及以上老年人口达2.67亿，占总人口的18.9%；65岁及以上老年人口达2亿以上，占总人口的14.2%。据测算，预计“十四五”时期，60岁及以上老年人口总量将突破3亿，占比将超过20%，进入中度老龄化阶段。2035年左右，60岁及以上老年人口将突破4亿，在总人口中的占比将超过30%，进入重度老龄化阶段。

第二，我国人口老龄化区域差异大。从城乡来看，城镇地区老年人数量比农村地区多，但农村地区老龄化程度比城镇地区更高。按照2020年数据，全国60岁及以上人口占辖区人口比重超过20%的省份共有10个，主要集中在东北、川渝等地区。

第三，我国应对人口老龄化任务重。到2050年前后，我国老年人口规模和比重、老年抚养比和社会抚养比将相继达到峰值。随着老年人口持续增加，人口老龄化程度不断加深，给公共服务供给、社会保障制度可持续发展带来挑战，应对任务很重。

2. 我国10.3亿人参加基本养老保险

王海东表示，为积极应对人口老龄化，党的十八大以来，不断完善政策制度，狠抓工作落实，我国老龄工作取得显著进展和成效。截至2021年年底，全国参加基本养老保险的人数为10.3亿。基本医疗保险覆盖13.6亿人，参保率稳定在95%以上，全民医保基本实现。长期护理保险制度试点城市达49个，参保人员达1.45亿。多层次社会保障体系不断健全。

我国医养结合的标准规范体系初步建立，服务供给显著增加。截至2021年年底，全国医养签约数是2017年的6.6倍；两证齐全医养结合机构数较2017年增加76.7%。医养结合已纳入全国质量工作考核省级政府质量工作考核要点。下一步将深化医养资源共建共享。合理布局康复医院、护理院、安宁疗护机构等接续性医疗机构，健全医养合作机制。鼓励农村地区通过毗邻建设、签约合作、两院一体等多种方式实现医养结合。加大居家社区医养结合服务供给，支持有条件的医疗卫生机构为失能、高龄等老年人提供居家医疗服务，这是老年人迫切需要的。落实好家庭医生签约服务。同时提升医养结合服务质量，落实医养结合标准规范，开展医养结合从业人员的继续教育，实施好医养结合示范项目，让老年人获得优质、高效、便捷的医养结合服务。

3. 全国超三成养老床位在社区

王海东透露，截至2022年第一季度，全国养老服务机构和设施总数达36万个，床位812.6万张。老年健康与医养结合服务纳入基本公共卫生服务项目，开展老年健康促进行动，不断提高老年人健康管理和服务水平。深入推进医养结合，截至2021年年底，全国共有两证齐全医养结合机构6 492个，机构床位总数175万张，医养签约近 7.9 万对。

民政部养老服务司副司长李永新表示，在加强养老服务供给方面，我国推动养老服务市场全面放开，相继出台土地供给、税费优惠、财政补贴等优惠扶持政策。连续实施居家社区养老服务改革、公办养老机构改革、敬老院改造提升等专项行动和试点。2012—2021 年，中央财政累计投入 359 亿元支持养老服务设施建设。到目前为止，社区养老服务基本覆盖城市社区和半数以上农村社区。截至 2022 年第一季度，全国各类养老服务机构和设施达 36 万个，床位 812.6 万张，床位数是 2012 年底的近 2 倍。

近年来，民政部积极推动养老服务发展的重心向居家社区倾斜，指导推动各地在区县层面建设连锁化运营、标准化管理的示范性居家社区养老服务网络，建设街道（乡镇）区域养老服务中心和社区嵌入式养老服务机构。截至 2022 年第一季度，全国社区养老服务机构和设施共 32 万个，床位 308 万张，分别占到全国养老服务机构设施数和床位数的 88.9%、38%。

“十三五”时期，中央专项彩票公益金投入 50 亿元支持 203 个地区开展居家社区养老服务改革试点；2021 年、2022 年，投入 22 亿元支持 84 个地区开展居家社区基本养老服务提升行动。这些试点和提升行动推动各地探索形成家庭养老床位，助餐、助浴、助洁、助医、助行、助急“六助”服务，探访关爱，互助养老等满足老年人多元养老需求的服务模式。

4. 我国约有 1 000 万老年人患阿尔茨海默病

9 月 21 日是世界阿尔茨海默病日。阿尔茨海默病患者需要照看及康复护理，这对家庭来说是巨大的责任。王海东介绍，阿尔茨海默病是老年期痴呆最主要的类型，我国 60 岁及以上老年人中约有 1 500 万痴呆患者，其中 1 000 万是阿尔茨海默病患者。阿尔茨海默病给老年人的健康和生活质量都带来了很大的影响，健康中国行动老年健康促进行动将“65 岁及以上人群老年期痴呆患病率增速下降”设为结果性指标之一。

近年来，国家卫生健康委组织 15 个省份开展老年人失能（失智）预防与干预试点工作。在全国 1 672 个城乡社区启动实施老年人心理关爱项目，为 58 万名老年人提供心理与认知状况评估，开展分类干预和转诊服务。指导开展黄手环公益行动，预防老人走失。

国家卫生健康委在部署 2022 年基本公共卫生服务工作时明确，各地要结合实际开展老年人认知功能初筛服务，对初筛结果异常的老年人，指导其到上级医疗卫生机构复查。

此外，我国职业教育在“学历证书＋职业技能等级证书”制度试点工作中，将失智老年人照护职业技能等级证书纳入试点。目前，已经有 4 万多人考取此证书。[①]

① 戴轩．我国预计 2035 年进入重度老龄化阶段 届时超三成人口为老年人．新京报，2022－09－20.

二、“老年公寓”的界定

在对人口老龄化的当下情况与未来趋势有了一定了解以后，我们需要定义本次调研的问题，即：“西安市老年公寓市场现状及发展前景”。那么接下来需要明晰：什么是老年公寓？老年公寓与养老院的区别是什么？

“老年公寓”作为本次调研的核心概念，出于权威性与准确性考虑，我们首选在政府发布的信息中查找相关信息。养老问题的相关政策颁布主要归属民政部，我们通过查询民政部官方网站，得到以下结论：老年公寓与养老院的相同之处在于，两者都以个人缴费为主，有别于福利救济型的社会福利院。不同之处在于，养老院是集体食宿的住院养老方式，而老年公寓则是独立住单元房的居家养老；老年公寓的单元房可以买卖和租用，而养老院的居室只能租用。

三、西安市老年人的生活状况及养老现状

确定了核心概念，我们下一步需要了解西安市老年人的生活状况与养老现状。通过查询，我们在西安市统计局网站找到一篇《西安市老年人生活状况及养老现状调查报告》。①

第七次人口普查资料显示：西安市 60 岁以上老龄人口占全市常住人口比重为 16.02%，比 2010 年上升 3.48 个百分点，人口老龄化和养老问题越来越受到广泛关注。为了解本市老年人生活和养老现状，西安市统计局对父母年龄为 50 岁及以上，且居住在西安本地的常住居民开展了网络调查，收回有效问卷 1 035 份。其中父母居住地为城镇的占 62.6%，农村的占 37.4%；父母年龄为 50～59 岁的占 22.2%，60 岁以上占 77.8%。

调查结果显示，操持家务、居家娱乐等是老年人日常生活的主要内容；经济压力大、无人陪伴和照料等是老年人生活中面临的主要难题；老年人对康复护理和餐饮等服务有较大需求，社区居家养老有广阔发展空间。具体而言：

1. 西安市老年人日常生活及养老现状

（1）日常生活照料情况。

多数老年人具有较强的生活自理能力。调查中，73.1%的受访市民表示父母日常生活自理；22.3%的受访市民表示父母由子女/家人照料；其他方式只有 4.6%，其中，表示由社区日间照料中心照料的占 0.1%（见图 3－2）。

（2）经济来源。

调查结果显示，老年人收入基本稳定，51.2%的受访市民表示父母主要经济来源为工资或退休金，22.6%的受访市民表示父母主要由子女供养（见图 3－3）。分城乡看，城镇老年人的生活保障程度相对较高，主要经济来源为工资或退休金的占

---

① 西安市老年人生活状况及养老现状调查报告.（2021－11－24）[2023－03－15]. https://tjj.xa.gov.cn/tjsj/tjxx/619e21e3f8fd1c0bdc6da63f.htlm. 本案例有所改动.

比 75.5%；46.3%的农村老年人则主要由子女供养。

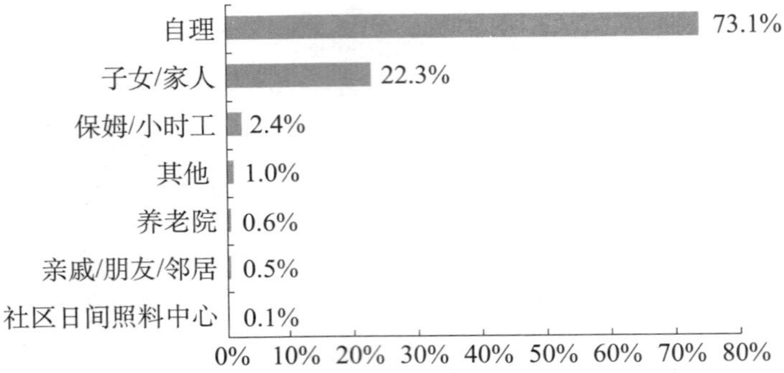

图 3-2　老年人日常生活照料情况

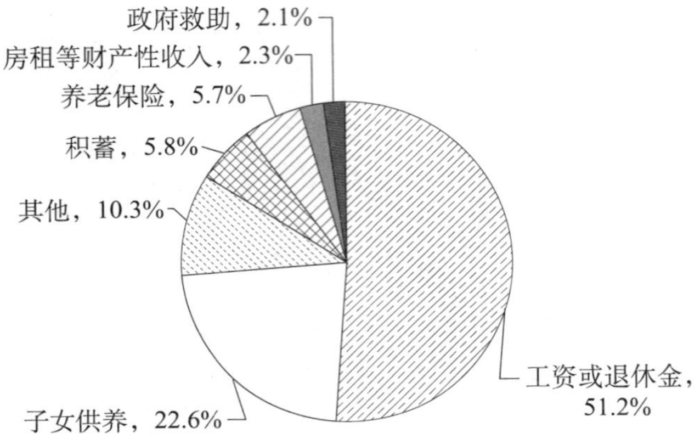

图 3-3　老年人主要经济来源

(3) 日常生活主要内容。

在问及父母日常生活主要内容时，多数受访市民选择操持家务，占比为 71.3%。其次是居家娱乐，占比为 43.5%。此外，选择锻炼身体和照顾家人的受访市民也比较多，分别为 36.8%和 36.6%（见图 3-4)。可见，操持家务、居家娱乐、锻炼身体和照顾家人是老年人日常生活的主要内容。

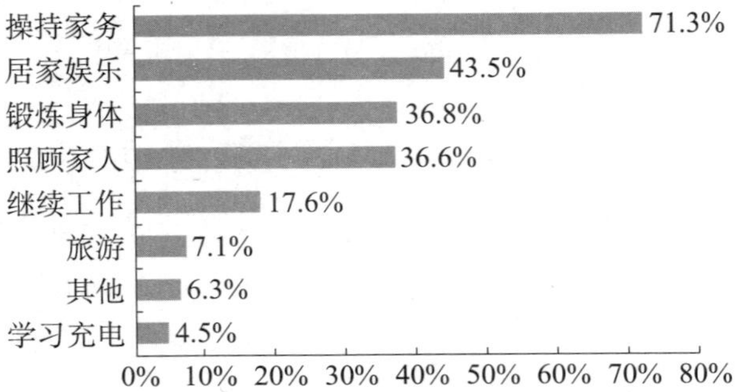

图 3-4　老年人日常生活主要内容

(4) 智能手机及智能服务使用情况。

随着互联网时代的到来，越来越多的老年人也开始使用智能手机及服务。调查中，表示父母经常使用智能手机的占 51.0%，其中城镇占比为 58.6%，农村为 38.2%，城镇明显高于农村；表示父母偶尔使用智能手机的占 25.5%；有 23.5%的受访市民表示父母从不使用智能手机（见图 3-5）。

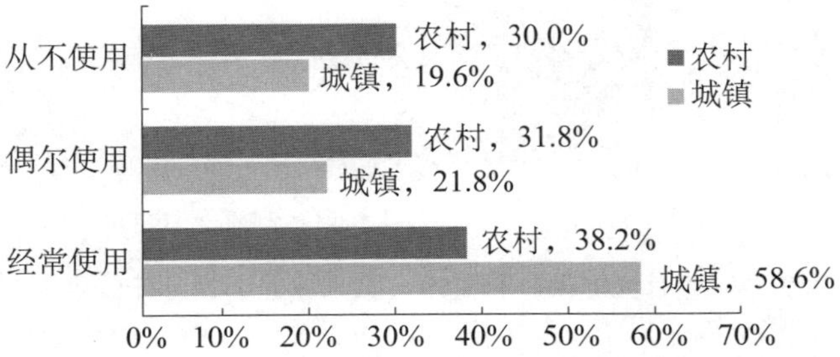

图 3-5 老年人智能手机使用情况城乡对比

当然，对使用智能手机的老年人来讲，其使用智能手机主要还是以简单的打电话、微信聊天和看抖音等短视频为主，占比分别达到 85.4%、81.4%和 72.9%；网上购物的老年人占到三分之一；而对于操作较为复杂的网上挂号、看病，网上学习，网上订餐、打车、买票等智能服务功能，老年人相对较少使用（见图 3-6）。

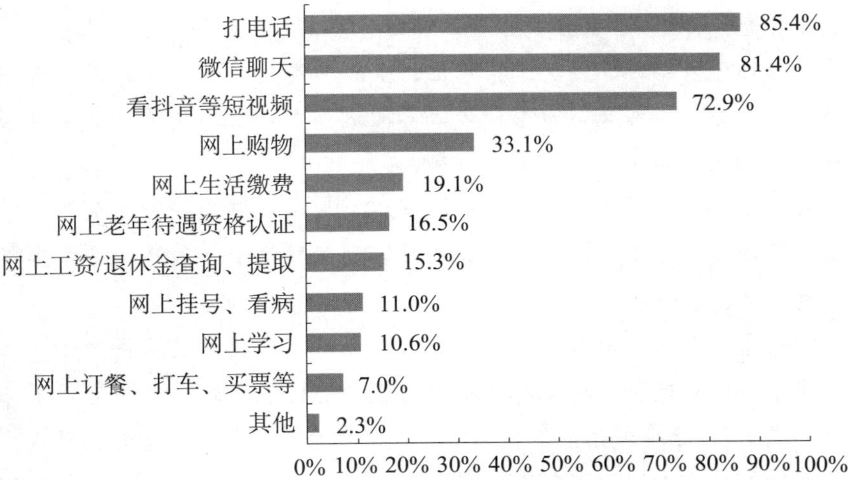

图 3-6 老年人智能服务使用情况

(5) 养老观念。

受传统观念影响，老年人还是倾向于自行料理或由子女照顾为主的居家养老方式。随着生活水平提升，多样化的养老方式，尤其是社区居家养老，会受到越来越多市民青睐。当被问及希望未来的自己以何种方式养老时，37.2%的受访市民选择“居家养老，由社区提供养老服务”。特别是“抱团养老”和“旅居养老”等新兴、时尚的养老方式，正被大家接受和喜爱，提及率为 8.4%和 6.2%（见图 3-7）。

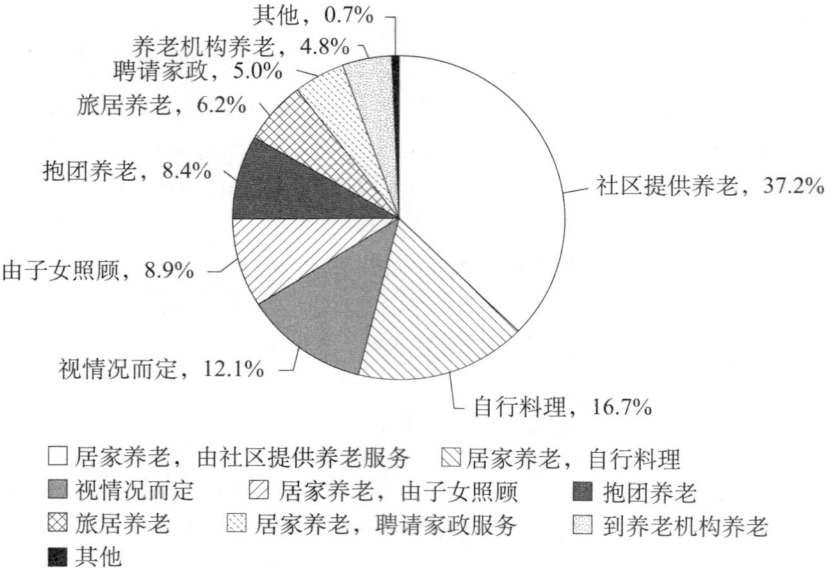

图 3-7　青年人养老观念

2. 西安市老年人面临的养老问题

(1) 四大困难成为老年人日常生活中的主要难题。

一是养老金少，经济负担重。调查中，有 48.4%的受访市民表示父母目前面临的最大生活困难是养老金少，经济负担重；农村老年人比例更高，为 63.8%。

二是孤独，无人陪伴。由于工作繁忙、生活节奏快，子女一方面没有更多闲暇时间照顾老人，另一方面又常常忽视老人的心理慰藉，26.4%的受访市民表示父母感到孤独，23.2%表示父母目前无人照料。

三是身体不好，活动不便。调查中，有 24.0%的受访市民表示父母目前生活中面临的最大难题是身体不好。可见，加快社区及家庭适老化改造，增强老年人生活便利性很有必要。

四是智能服务功能使用有困难。调查中，有 23.9%的受访市民表示父母不会独立使用智能手机的智能服务功能。随着智慧养老的发展和越来越多生活服务由“线下”转为“线上”，不会使用智能化服务，或者仅会使用简单的操作，已经成为老年人不得不面对的一个难题。老年人日常生活中面临的主要困难及其占比情况如图 3-8 所示。

(2) 社区周边养老服务功能亟待完善。

近年来，西安市加快 15 分钟养老服务圈建设，社区居家养老服务功能不断完善。但和不断增长的养老需求相比，仍然存在一些亟待补齐的短板。调查中，51.7%的受访市民认为西安市社区养老存在“服务项目少”的问题，46.3%认为存在“场地小、设施少、环境差”的问题。此外还有服务不专业、收费高等问题，市民提及率均在 20%以上（见图 3-9）。

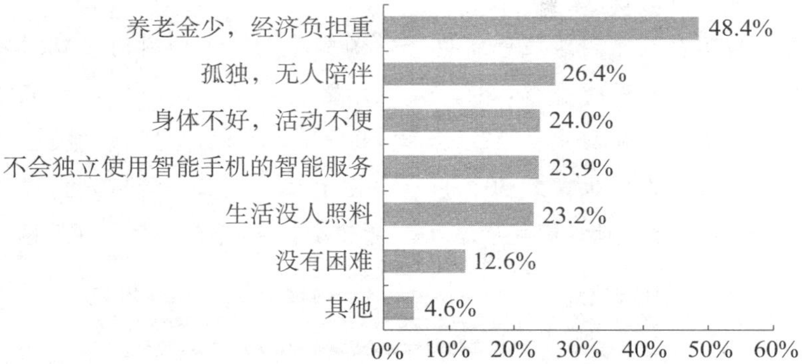

图 3-8　老年人日常生活面临困难

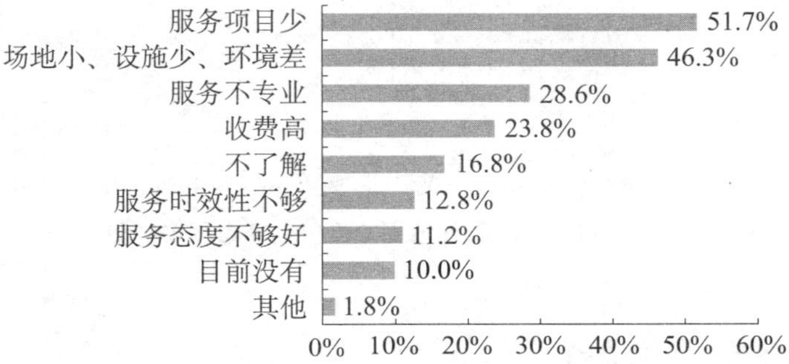

图 3-9　西安市社区养老存在问题

3. 社区养老服务需求

(1) 对养老设施的需求。

调查中，当问及居住地周边还应增加哪些养老设施时，卫生站/康复室、健身活动场所和老年食堂三类设施提及率最高。其中，卫生站/康复室两类设施需求最高，为 67.1%，其次是健身活动场所和老年食堂，分别为 66.3%和 58.6%。此外，理发店和无障碍设施等需求也比较高，均在两成以上（见图 3-10）。

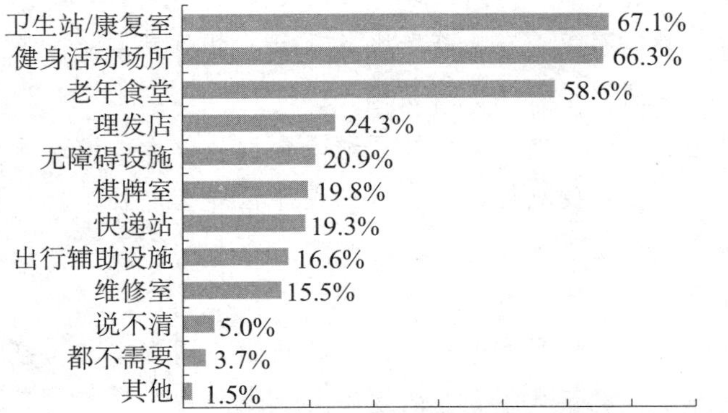

图 3-10　期盼居住地周边提供的养老设施

(2) 对服务项目的需求。

调查中，当问及最希望居住地周边提供哪些养老服务项目时，48.1%的受访市民表示需要医疗康复护理类服务，46.7%表示需要老年餐饮服务，对文体活动和精神关爱有较大需求的占比分别为42.5%和39.6%。此外，对紧急救援、家政服务、代购代买等有需求的人群也占到30%以上。由于目前大部分老年人仍以自理或由子女/家人照料为主，所以对日间托管需求相对较少，占比不到两成（见图3-11）。

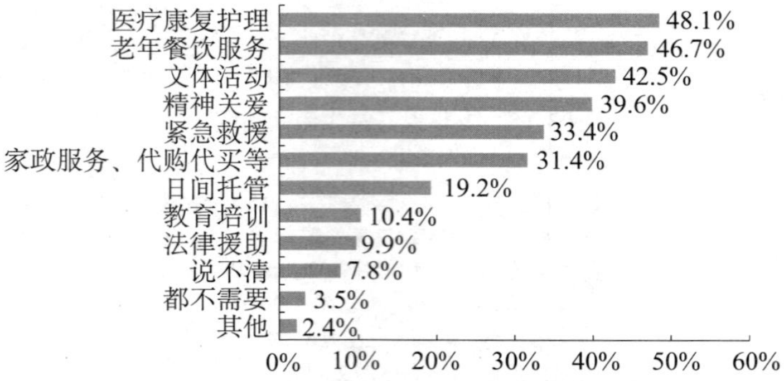

图3-11 期盼居住地周边提供的养老服务项目

4. 几点建议

(1) 抓好相关政策贯彻落实。

在加大财政投入、完善保险制度的同时，逐步扩大老年人意外伤害保险的覆盖面，做到对困难老年人的关爱救助及时有效，让老年人有稳定、乐观、安全的养老预期。

(2) 完善社区居家养老服务功能。

完善社区居家养老服务是本次调查中受访市民最为关注的政策及措施，占比高达60.8%，这反映了西安市民对于社区居家养老服务有着较大的需求和较高的期盼。

一是完善社区养老服务及设施。完善社区老年人信息库，根据社区老年人需求，完善社区养老设施和服务项目。当前最主要的是要增加和完善医疗护理、老年助餐、文体活动、精神关爱等需求较高的养老服务项目，以及完善社区卫生服务站和护理站、老年食堂、日间照料中心等养老设施。

二是加快社区适老化改造。加快社区适老化设施改造，增设适合老年人的无障碍设施，增强老年人生活便利性，例如在老旧小区安装电梯，针对高龄独居、空巢失能老人安装居室通道扶手等。

(3) 加强养老专业人才培养。

养老人才队伍素质直接影响老年人的生活质量。调查中，有接近三成受访市民认为西安市社区养老存在服务不专业的问题。

一是充实养老服务人才队伍。在非营利性养老机构和社区开发养老服务公益性岗位，力争建立一支稳定的、专业化程度高的养老服务从业人员队伍。

二是强化养老护理人员培训。定期举办老龄政策和养老护理知识培训班，加强养老护理人员技能培训。

三是提高养老服务人员工资水平。落实社会保障待遇，在养老服务、医养结合等重点领域，制定相关优惠政策，促进养老人才队伍稳定。

(4) 帮助老年人融入智能时代。

帮助老年人尽快融入智能时代，既是家庭的责任，也是社会的责任。

一要建立老年人智能设备使用培训机制。除家庭成员承担相应的义务外，老年大学要增设智能应用培训课程，社区要定期开设智能设备使用培训班，采取一对一答疑方式，消除老年人使用智能设备的障碍。

二是改进智慧养老服务平台。结合老年群体特点，设计出操作更加简便的智慧养老平台，让老年人实实在在享受到智慧养老带来的便利。

通过阅读《西安市老年人生活状况及养老现状调查报告》，我们对西安市老年人的日常生活照料情况、经济来源、日常生活主要内容、智能手机及智能服务使用情况、养老观念、养老遇到的主要困难、对社区养老服务需求等都有了一定的了解，这为我们进行西安市老年公寓市场现状及发展前景调研打下了较为坚实的基础。

案例思考

在这项调研中，我们需要查询哪些方面的二手资料？通过西安市统计局的《西安市老年人生活状况及养老现状调查报告》，我们可以得到哪些信息？

第四章
观察法

学习目标

1. 理解定性调研与定量调研的区别
2. 了解何为观察法
3. 掌握观察调研实施的方法
4. 明晰参与式观察法的优缺点

引　例

剑桥音响的困惑

剑桥音响（Cambridge SoundWorks）的经理们面临着一个复杂的问题：在全国的零售经销店里，当销售代表展示公司的高保真立体声音响时，男人们都会睁大眼睛观看，但是为什么对这种产品毫不掩饰的热情没有转化为更好的销售呢?

为了找出其中的原因，马萨诸塞州的立体声音响制造商和零售商 Andover 聘请了位于马萨诸塞州西牛顿市的 Design Continuum 调研公司对其大量潜在消费者进行了为期两个星期的跟踪调查。研究者的结论是：高端音响市场因所谓的“夫妻认可因素差异”而受到了影响。男人喜欢大的黑色箱型音响，而女人讨厌它们的外观。考虑到音响在客厅中的摆放，女人会说服她们的丈夫不要购买一个性能优良但外观丑陋且价格昂贵的立体声音响。甚至那些购买了该产品的家庭在音响摆放上也产生了分歧：男人试图在客厅中展示被他们当作战利品的音响，而女人希望将它们藏在植物、花瓶和椅子后面。“女人走进商店，看着音响说，那东西真难看。”Design Continuum 公司负责人埃伦·迪雷斯塔（Ellen Di Resta）说，“这时，男人便失去了争论的耐心，就不购买音响了。解决方法是同时满足目标市场中男女双方的需求：一个看起来像家具的大型音响系统，这样你就不用刻意把它藏起来了。”

根据跟踪调查的结果，剑桥音响公司开发了一条新的产品线：看起来像家具的牛顿系列音响以及家庭影院系统，具有一系列不同的颜色和光洁度。结果是，在公司 14 年的历史中，牛顿系列是成长最快、最畅销的产品线。①

---

① 麦克丹尼尔，盖茨．当代市场调研：第 10 版．李桂华，等译．北京：机械工业出版社，2017：159．引例有所修改。

启示

只有人才能理解人，并且是通过被称作“直觉”的天赋来实现的。

——詹巴蒂斯塔·维科（Giambattista Vico）

定性研究的历史可以追溯到18世纪前期的历史学家维科的“论题法”。维科认为自然科学中的数学方法、实验方法是有效的，运用这些方法，我们确实可以得到对事物某些本质的确定认知。但在社会或历史领域，这些方法就有了局限性。人文学科或实践学科处理的是人与人之间的关系，而人有着自由意志，有各种情感和欲望。我们在研究过程中不可能像处理数学问题那样穷尽这些变量。定性调研意味着调研结果并没有经过量化分析，是一种依据小样本来洞察和阐释问题的调研方法。定性调研强调“进场”，意思是走近调研对象，体察调研对象。

通过定性调研，能更好地了解消费者内心深处的态度与动机。对市场调研人员来说，在一次单独或系列调研中，综合使用定性调研与定量调研方法，可以提高营销决策的效率。定性调研可从消费者的认知、态度与动机方面丰富定量调研得出的结论，更具有揭示性与洞察力，特别是在查明定量调研中一些容易被忽略的问题时，定性调研具有无法替代的优势。在市场调研中，常用的定性调研方法有：观察法、深度访谈法与焦点小组访谈法。

从理论层面来看，定量调研更多的是以描述总体的分布、结构、趋势及其相关特征，揭示变量之间的关系，验证已有假设等为目标；而定性调研更多的是以揭示现象的变化过程、现象的内在联系、调研对象的主观认知，诠释其行为意义，发展和建构新的假设为主要目标。[①] 从实践层面来看，定性调研与定量调研的区别如表4-1所示。

表4-1 定性调研与定量调研的区别

区别	定性调研	定量调研
目的	探寻态度、行为产生的原因与动机	量化数据，从样本推断目标总体
样本	样本数量较少	样本数量较多
数据收集	非结构化的	结构化的
数据分析	非统计分析	统计分析
结果	深入的解释与剖析	概貌与总体描述

业界之声

我拥有数学学位，却成为定性调研的狂热使用者。因为从好的定性调研中，我可以获得更丰富的见解。

——福特汽车公司福特信贷全球消费者洞察部主任玛丽·克卢普（Mary Klupp）

① 风笑天．定性研究与定量研究的差别及其结合．江苏行政学院学报，2017（2）：68-74.

第一节 观察法的概念

定性调研的起点是对观察力的培养。可以说，观察力是市场调研人员需要具备的基本素养。一名优秀的市场调研人员首先是名见微知著的观察者。练武为什么要先扎很长时间的马步？为了开筋骨，通督脉，稳下盘，因此有“入门先站三年桩”“要学打先扎马”的说法。观察力训练就是练武中的扎马步。观察力也体现了市场调研人员的基本水准。当我们在校园漫步、超市购物、餐厅点餐、医院候诊时，都可以伸出观察的触角，将对观察力的培养渗透于我们的日常生活中。

业界之声

宝洁首席营销官吉姆·施滕格尔（Jim Stengel）强调：“我是一个推崇观察的人。”因此，他力促宝洁的市场营销人员花大量的时间待在消费者家中，观察他们洗衣服、拖地以及给孩子换尿布的方式，询问他们的相关习惯和遭受的相关挫折。回顾 2000 年时，一般的品牌营销人员一个月内与消费者在一起的时间少于四小时，施滕格尔说：“现在与消费者在一起的时间至少是那时候的三倍。”

一、观察法的定义

观察法是指市场调研人员根据一定的调研目的、调研提纲或观察表，用自己的感官和辅助工具去观察调研对象，从而获得有关信息的一种方法。科学的观察具有目的性、计划性、系统性和可重复性。

二、观察法的种类

观察法可以从观察者介入的情况、观察手段、观察对象、调研设计等角度来进行分类。

（一）非参与式观察与参与式观察

从观察者介入的情况来看，观察可分为非参与式观察与参与式观察。

非参与式观察是指观察者处于观察对象的群体或环境之外，完全不参与其活动，并且尽可能不对群体或环境产生影响。有一个成语可以贴切地形容非参与式观察——作壁上观。

参与式观察是指观察者深入观察对象所处的情境之中，在实际参与观察对象活动的过程中进行观察。

（二）人员观察与仪器观察

从观察手段来看，观察可分为人员观察与仪器观察。

1. 人员观察

人员观察的主要优点是高度灵活，因为观察人员可以记录到各种各样的现象，非常适用于自然环境。市场调研中的人员观察主要有以下形式：

（1）销售现场观察。

主要观察顾客购买商品、携带商品的状况等，以此来确定本企业产品的样式、色彩和包装。例如，调研人员可以观察一家超市的顾客人数及客流情况。这一信息可以帮助管理人员设计超市布局，确定每个品类和货架的摆放位置，进行商品陈列。

（2）使用现场观察。

主要观察用户对本企业产品或竞争对手产品的使用状况及意见和要求，以此确定本企业产品的质量和标准。

（3）厂家现场观察。

如果是客户到供应商的车间，则主要了解其生产实力、质检标准、技术研发。如果是供应商到客户的现场，则主要了解其对原料的需求和对质量的要求，以便更好地提供适合客户的服务。

2. 仪器观察

市场调研中的仪器观察主要有以下形式：

（1）超市中带有电子扫描仪的收银机。

使用扫描仪记录比要求人们罗列出他们购物袋里的每样商品要准确、高效。

（2）瞳孔计测试。

通过测量瞳孔的扩张情况，来判断受众对信息中不同元素的注意力和感兴趣的程度。

（3）皮肤电反应测试。

皮肤电反应仪是以曲线波纹形式记录皮肤电反应变化的仪器。其工作原理是：人在情绪状态中时，皮肤内血管的舒张和收缩以及汗腺分泌等变化，能引起皮肤电阻的变化。皮肤电反应仪就是以此来测定植物性神经系统的情绪反应的。例如，在媒体内容测试中，可以通过接受测试的受众在接触媒体内容时皮肤电流变化的情况来判断媒体内容对其的刺激作用。

（三）公开的观察与隐蔽的观察

从观察对象的角度来看，观察可分为公开的观察与隐蔽的观察。

公开的观察是指在观察对象知晓的情况下，观察他们的言行。

隐蔽的观察是指在不被观察对象所知的情况下，观察他们的实际行为。在市场调研中，其主要形式有：单向镜观察法（one-way mirror）与神秘顾客法。

1. 单向镜观察法

单向镜观察法是指调研人员通过单向镜观察调研对象的反应。比如，儿童心理学家和玩具设计者使用单向镜来观察玩耍中的儿童。单向镜观察法往往与其他数据收集方法结合使用。例如，在焦点小组访谈中，调研人员经常通过单向镜来观察测试室中调研对象的讨论情况。

业界之声

亨氏番茄酱："蘸和挤"①

快餐店的所有收入中大约有2/3来自"免下车"订单。亨氏观察了在免下车窗口边拿到订单食物之后，人们是如何吃番茄酱的。这些观察由亨氏调研员完成，他们坐在20个经过伪装的小货车里的单向镜后面，看着消费者把番茄酱挤在薯条、汉堡和鸡块上。

调研员发现一些人会用牙齿咬掉酱包的一角，另一些人则一边开车一边直接往嘴里挤番茄酱，然后再吃薯条，还有些人干脆在打包时就不要薯条了，以免把车里弄得一团糟。观察完这些和其他的行为后，亨氏公司花3年时间研发了一款名为"Dip & Squeeze"（"蘸和挤"）的更好的番茄酱包装。在50家快餐店进行的调查显示，消费者很喜欢新包装，这印证了"蘸和挤"这一概念的有效性。因此，新包装于2011年被推向市场并逐步取代了1968年上市的传统包装。

"蘸和挤"名副其实，你可以从包装的一端挤出番茄酱，也可以打开包装盖子蘸着酱吃。你可以把番茄酱挤在三明治上，也可以蘸着它吃薯条。这一红色瓶子形状的包装袋的容量是普通包装袋的3倍。新产品比以前的贵，但顾客不用再拿很多小袋的、吃的时候糊得到处都是的番茄酱了。

① 马尔霍特拉．营销调研精要．张婧，译．北京：中国人民大学出版社，2016：118－119.

2. 神秘顾客法

神秘顾客法是指借助受过专门培训的购物者，对企业的服务、业务操作、员工诚信度、商品推广情况以及产品质量等进行匿名评估。这些受过专门培训的购物者在体验过程中不掺杂个人主观偏好，被称为神秘顾客。神秘顾客在对受测者的检测中以第三方身份出现，可以保障对受测者所进行的测试的客观、公正、保密。神秘顾客法使企业能够监测其每一个门店及环节是否都遵循了产品或服务的标准，使营销人员能够检视通过促销推广活动做出的承诺与实际服务之间的差距。

早在1940年之前，神秘顾客法就已经开始被用来评核员工的服务质量了。除了可作为市场调研公司考核服务质量或收集信息的工具外，神秘顾客法还可作为机构进一步实践及提高整体零售行业服务水平的工具。例如，《米其林指南》会派出神秘顾客到各地米其林餐厅消费用餐。最常见的需要使用神秘顾客的行业包括零售商店、影剧院、餐厅、快餐连锁店、银行、加油站、汽车经销商、酒店以及健身中心等。[①]

业界之声

走进神秘顾客[②]

我是纽约一家神秘购物公司的一员，工作就是做一名神秘顾客。根据规定，我每天至少得上街“购物”一次，每次的报酬为15美元，每周工作40个小时，一年收入大约3万美元。在常人看来，干这行很潇洒、浪漫，不就是轻轻松松地吃喝玩乐吗？事实上，每次“购物消费”都是一种紧张又刺激的经历，简直就跟“间谍”似的。

一家饭店老板抱怨最近顾客明显减少，于是我应邀去这家著名餐馆“用餐”。点了几个法国菜和主食后，我开始频繁看表，计算从服务员拿走菜单到上菜到底花了多少时间。这还不算，我还得顺带观察饭店里的卫生情况，甚至连马桶的一些细节也绝不放过。我看到自己坐的那张餐桌上尽管放着盛话梅之类的开胃小零食的碟子，可早就空了。我将这一切默默地记录下来。再看看手表，已经过去很长一段时间了，但我点的饭菜还没上来。我明白了：这家饭店生意不好的主要原因就是让客人等候的时间太长。回去后，我将自己在饭店的所见所闻归纳写成报告，并提出改进建议，交给了这家饭店的老板。

---

① 贝里，戴维斯，维尔梅，等．向美国癌症治疗中心学习：打造“高情感”客服．发现，2015（11）：16－19.

② 王芳，张虎林．我在美国当上了“神秘购物者”．金融经济，2005（9）：58－59.

有一家快餐店的老板说，最近订餐的顾客大为减少，于是请我们公司调研一下。我又出马了，立即开车奔向这家快餐店经常送餐的目的地。我边驾车边看表，想看看那段路程正常开车需要花多少时间。然后，我向这家快餐店订购了一份快餐。经过几次比较，我发现快餐店送餐的时间比自己开车所花的时间还长。让顾客饿着肚子等待的结果肯定是失去客源，这就是问题所在。

还有一次，我接了一项很棘手的任务，暗中了解一家婚礼承包商在价格和服务上是否有欺诈行为。为此，我得冒充婚礼的来宾，到纽约著名的希尔顿大酒店参加热闹的婚礼招待会。我当时觉得混迹其中简直让人受不了，神经总是绷得紧紧的，生怕“穿帮”。不能跟任何人讲话，甚至连眼神对视也要尽量避免。虽然这次“侦察行动”有一定难度，但我还是设法收集到了婚礼承包商在价格上欺诈消费者的证据。

从这个案例中我们不难看出，神秘顾客法可以全面考察顾客体验。比如，食物的质量和温度、餐厅的整洁度和卫生状况、食材是否新鲜、停车条件、服务人员的着装标准与态度。

（四）自然观察与实验观察

从调研设计的角度来看，观察可分为自然观察与实验观察。

自然观察是指调研人员在自然条件下对个体的言谈、举止行动和表情等进行有目的、有计划的观察，以了解其心理活动及行为方式的方法。

实验观察是指人为地改变某些条件、有目的地引发某些行为，以便更好地观察记录调研对象的行为表现的方法。

（五）结构性观察与无结构性观察

根据观察内容是否有统一设计的结构性观察项目和要求，观察可分为结构性观察与无结构性观察。

1. 结构性观察

结构性观察也称为有控制的观察，是指观察者根据观察目的，制定出观察框架，按照详细的规定和计划，采用标准的观察程序和手段进行的观察。这种观察一般是依据项目清单或观察卡（见表 4－2），并对观察对象有一定控制的观察。

我在调研现场

表 4-2　××班“市场调研与分析”课程学习情况观察卡

观察主题：“市场调研与分析”课程学习情况		
观察对象编号：	观察开始时间：	观察结束时间：
课前准备		
上课听讲		
回答问题		
课后作业		

2. 无结构性观察

无结构性观察也称为无控制观察，是一种大致确定观察内容和观察对象的方法。该方法没有严格的观察计划，使用结构比较松散的观察提纲，观察标准化程度较低，观察的问题结构性不强。

在市场调研活动中，我们一般采用结构性观察。

（六）直接观察与间接观察

直接观察是指对所发生的事或人的行为的直接观察和记录。在观察过程中，调研人员对所观察的事件或行为不加以控制和干涉。例如，在进行商场调研时，调研人员并不访问任何人，只是观察现场的基本情况，然后记录备案。一般观察的内容有某段时间内的客流量、顾客在各柜台的停留时间、各柜台的销售状况、顾客的基本特征、售货员的服务态度等。

间接观察是指对观察对象的生活痕迹进行观察，如生活垃圾、购物清单等。夏季从垃圾桶内的丢弃物中观察雪糕包装纸的品牌，可以得知什么品牌的雪糕在该地销路最广；从饮料瓶、易拉罐的分类整理中，可以得知什么品牌的饮料在当地最畅销；从损坏的玩具中可以区分出玩具的什么部位最容易被儿童弄坏，以便在新设计的产品中加以改进。如果我们连续一周对某女生宿舍所丢弃的垃圾进行记录与分析，该宿舍女生的零食消费状况自然就会明晰。

经典回顾

美国雪佛隆公司是家专门生产饮料的企业。在将产品打入亚利桑那州的饮料市场之前，该公司先委托亚利桑那州立大学的人类学教授威廉·雷兹对该州的饮料市场进行调研。

一年之后，威廉·雷兹教授指着一大堆垃圾，按照垃圾原产品的分类、名称、重量、数量、包装，对雪佛隆公司的老板说："垃圾袋绝不会说谎和弄虚作假，什么样的人丢什么样的垃圾。查看人们所丢弃的垃圾，是一种最有效的行销研究方法。"

通过对垃圾进行研究，雷兹教授获得了有关当地食品消费情况的信息，从而为雪佛隆公司做了这样的分析：

其一，劳工阶层所喝的啤酒比其他阶层多，并知道所喝啤酒中各品牌的比率。

其二，中等收入阶层比其他阶层消费的食物更多，因为双职工都要上班，而且太匆忙了，以至于没有时间处理剩余的食物。依照垃圾的分类重量计算，其所消费的食物中，有15%是可以吃的好食物。

其三，通过对这些垃圾的分析，了解到人们消费各种食物的情况，得知减肥清凉饮料与压榨的橘子汁属高收入阶层喜爱的消费品。

雷佛隆公司依据雷兹教授的调研结果制定了饮料的产销战略。最后的结果是雷兹教授成为雪佛隆公司的创利英雄。

第二节 观察法的应用条件与操作方法

应用观察法是指调研人员以不同的感官或行为，在特定的空间，全方位、多角度地细察事物的现象、动向，并将观察结果与原有的经验、知识进行比较，从而做出判断。

一、观察法的应用条件

虽然观察法是一种有效的、可靠性较高的定性调研方法，但是应用这种方法需要满足一些条件。

（一）观察项目的私密性不能过高

如果观察项目的私密性过高，则会引起调研对象的高度不适。因此，应用观察法时，观察项目的私密性不能过高。

我在调研现场

随着微信生态的蓬勃发展，微信"搜一搜"逐步满足了用户的多元化需求，为内容创作者、服务提供者和入驻商户更好地连接用户提供了支撑。截至2021年年底，微信“搜一搜”月活跃用户数超7亿，部分类目搜索流量提升139%，已支持超过5 100家公立医院官方挂号，挂号累计服务超过1亿人次。①

分析

微信“搜一搜”是一个具有市场调研价值的选题。但是微信用户的“搜一搜”行为具有高度的个人私密性，把观察法作为调研“搜一搜”的方法不太合适。在这种情况下，我们可以采用一对一的深度访谈法。

（二）观察项目能够重复发生

观察项目应该是一种日常的、发生频率较高的行为。诸如买饮料发现瓶盖印有“再来一瓶”这样一辈子都发生不了几次的事情，就不适合作为观察项目。

（三）所要观察的行为相对短期

由于长期观察可能会对观察对象的日常生活造成过大侵扰，且很难实行，因此应用观察法时，所要观察的行为应为相对短期的行为。

二、观察法的操作方法

观察法的操作方法较为多样灵活，具体包括以下几种。

（一）实况详录法

实况详录法是指在一段时间内，连续地、尽可能详尽地记录观察对象的所有表现或活动，从而进行观察研究的方法。目的是无选择地记录被研究行为或现象系列中的全部细节，获得对这些行为或现象的详细的、客观的描述。比如对观察对象的媒介接触行为的观察，就可以采用这种方法。

（二）时间取样法

时间取样法是指在一定时间内，按照特定时间段观察预先确定好的行为或表现，从而进行观察研究的方法。把观察对象在每一时间段中的行为看成一个观察记录单位，如果抽取充分多的时间段，对在这些时间段中所观察到

---

① 郑志辉．微信：支付业务从未在小微商户收款中盈利 零售餐饮等小程序交易额翻番．(2022-01-06)[2023-03-24]．http：//k. sina. com. cn/article_1652484947_627eeb5302001am4w. html.

的行为进行总体分析，便可得出规律性的结论。如对大学生早餐消费情况的调查、对大学生晚自习结束后的娱乐方式的调查等。

（三）事件取样法

事件取样法是指根据一定的研究目的，观察某些特定行为或事件的完整过程，从而进行观察研究的方法。事件取样法不受时间间隔与时间段规定的限制，只要事先决定观察的事件出现，便可进行记录。如对小学生在校园周边消费行为的观察，只要小学生在学校附近做出消费行为，就可进行观察记录。

我在调研现场

留守幼童媒介接触行为调查[①]

留守女童 H，6 个月

仅有 6 个月大的留守女童 H 在床上还坐不太稳当。爷爷奶奶要下地干活，妈妈除了看管 H，还要喂鸡、侍弄院子里的菜地、扫院子、洗衣服、做饭。忙起来的时候，妈妈就会把屋子里的电视机打开，找一个播放动画片的频道，让 H 背后靠着一个叠起来的被子，再把其他被子堆在四周形成一个小窝，坐在小窝里的 H 就能自己看电视，妈妈也能出去安心干活了。研究者发现，H 的目光会追随动画片中的卡通形象，比较安静地注视着屏幕。一旦妈妈忙完手头的活，走进屋子关掉电视机陪伴她时，H 面对突然中断的动画片，就会做出手臂晃动（情绪烦躁）、大声哭泣的行为。妈妈没有办法，只好重新打开电视机陪着 H 观看，这时 H 会停止哭泣，情绪回归平稳。

分析

留守女童 H 只有 6 个月大，要观察其媒介接触行为，难度是比较大的。研究者采用事件取样法，通过 H 观看动画片这一事件中的目光追随、安静注视、手臂晃动、大声哭泣、停止哭泣等细微表情与肢体语言，来探寻幼童的媒介接触行为。

（四）特性等级评定法

特性等级评定法是指对观察行为进行等级评定，经过一段时间的观察记录，探寻其规律的方法。

① 杨靖．大众媒介对西北地区农村留守儿童社会性发展的影响研究．北京：中国社会科学出版社，2017：147.

我在调研现场

有的同学观察法作业的选题是：女大学生的情绪状态与网络购物的关系调查。这名同学把女大学生的情绪状态分为五个等级，分别是好、较好、一般、较差、差，想探寻女大学生的情绪状态与网络购物的频率、力度之间有没有联系。请思考，这个观察选题在执行中会不会遇到一些问题?

分析

情绪状态是指在某种事件或情境的影响下，个体在一定时间内所产生的某种情绪。其中较典型的情绪状态有心境、激情和应激三种。情绪具有独特的生理唤醒、主观体验和外部表现特点。有的人的情绪状态是外放型的，变化易于感知；而有的人的情绪状态是内隐型的，显露较少，较难体察。所以把女大学生的情绪状态分为五个等级（好、较好、一般、较差、差），在实际观察中是难以进行等级评定的。

（五）日记描述法

日记描述法是指对同一个或同一组观察对象，以日记的形式描述其被长期反复观察到的行为表现，从而进行观察研究的方法。一般可分为综合日记法和主题日记法两种。

综合日记法一般记录观察对象在各方面发展过程中出现的新的行为表现。主题日记法则侧重于记录观察对象在某方面的发展。例如，在进行父母消费习惯对青少年消费习惯的影响调查、大学舍友之间护肤品消费的互动影响调查、婴儿辅食偏好调查、宠物对宠物玩具的反应调查时，均可采用主题日记法。

经典回顾

皮亚杰的主题日记法观察①

让·皮亚杰（Jean Piaget）是认知发展心理学大师，留给后人 60 多本专著。1925 年和 1927 年，他的两个女儿杰奎琳和露西安娜先后出生，1931 年儿子罗伦出生。皮亚杰夫妇对自己的孩子们在发展学习上的行为进行了长期观察与详细记录，之后皮亚杰将观察结果发表于世，出版了《儿童智力的起源》《儿童对现实的建构》《儿童象征性的形成》三本书。皮亚杰的三个孩子，杰奎琳、露西安娜、罗伦，也因此成为儿童发展心理学研究的经典案例。

---

① 刘电芝，杨晓萍．现代学前教育研究方法．重庆：西南师范大学出版社，1999：299－301.

婴儿物体概念的形成

物体概念是指有关物体独立于我们的知觉而恒定地存在着的知识。也就是说，当我们看不见、听不着、感觉不到的时候，物体仍然存在。这是最基本的知识概念。皮亚杰通过主题日记法对自己的三个孩子进行观察研究，总结出了66个婴儿物体概念方面的“原型”，得出了人在出生时并不具备这样的概念，其是在出生后的头两年逐渐发展起来的结论。并且，这种概念的掌握与成熟过程具有明显的阶段性。下面是66个“原型”中的几个选例。

［观察2］

2个月零27天。杰奎琳的目光追随着母亲。当母亲消失于其视野中时，杰奎琳仍注视着母亲消失的方向，直至母亲重新出现。

在对2个月零1天的罗伦进行相同的观察时，我透过摇篮斗篷观察他，并不时在某个相对固定的地方让他看见我。然后，当他看不见我时，就会往那个地方看。显然，罗伦期望看到我再次出现。

［观察28］

7个月零28天。杰奎琳企图抓住被子上的一只赛璐珞小鸭子。她几乎就要抓到它了。这时，她摇晃了几下，鸭子滑到她旁边，非常靠近她的手，但在床单的一个折叠处的后面。杰奎琳一直用眼追随着小鸭子的运动，甚至把手伸出来准备去抓，然而，这时她发现小鸭子不见了。虽然鸭子落下的地方离她很近，也很容易被抓到，但她不到床单的折叠处后面去找（她只是机械地把床单扭作一团，根本没找）。然而，她好奇地再一次像抓住鸭子似的抖动床单，同时注意着被面。

然后，我把鸭子取出来，放到接近她小手处三次。每一次她都想抓住它，但每当她快要抓住时，我都把鸭子抢过来，当着她的面明显地把鸭子放到床单下面去。杰奎琳立刻缩回手，放弃追求。第二次和第三次时，我想指导她从床单下面取出鸭子，但她只是抖了抖床单，而不去掀起它。

［观察40］

10个月零8天。杰奎琳坐在床垫上，没有任何东西可以打扰她，分散她的注意力（床上一无所有）。我把她手中的玩具鹦鹉拿过来，连续两次放到她左边的床单A处。每次，她都立刻开始寻找玩具，并从床单A处把它抓过来。然后，我当着她的面，慢慢地把玩具拿出来，放到她右边的相应的床垫下B处。杰奎琳十分专注地注视着我的动作，但当玩具在B处消失时，她却转过身，到左边以前藏过玩具的A处去找。

然后，我又连续四次把玩具直接藏到B处（而不再先藏在A处）。杰奎琳每次都注意力集中地看，然而，每次她还是立刻企图到A处去找回玩具。她把床垫掀起来仔细观看，可最后两次，她逐渐失去了寻找的乐趣。

皮亚杰关于婴儿物体概念的观察焦点是婴儿对物体消失以后的反应。他采用自然观察和实验观察相结合的方法，一方面抓住婴儿与物体的自然交互作用中物体消失的情景，另一方面又创设出一种人为“消失”的情景来进行研究。他相信，重要的认知性获得如物体概念等，并不是一下子就以完善的形态出现的，而是经历一系列逐步成熟的阶段而发展起来的。因此，他运用不同的方法来研究儿童概念发展问题。

思考

1. 心理学家观察自己的孩子，会不会导致观察结果有失客观？

2. 心理学家的孩子会不会由于原生家庭的影响，认知早于普通家庭的孩子，从而导致结果偏差？

3. 如果上述问题存在，为什么皮亚杰采用主题日记法的观察成果获得了高度认可与赞誉？

（六）频率计数图示法

频率计数图示法是指在被观察的行为发生时，计算其发生的频率，再用图示将所收集到的行为频率表示出来的一种方法。运用这一方法时，首先要界定所要计数的行为，然后通过详细的观察记录行为及其发生的频率。例如，在对大学生外卖消费情况进行调查时，如果订一次外卖就记录一次，进行连续两周的记录，基本可以获得我们所观察的大学生样本的外卖时段选择、种类偏好、消费金额、对延迟送达的接受度等信息。

（七）清单法

清单法是指排列出一系列项目，观察关于这些项目的行为是否出现，并做出记号的一种方法。使用清单法前应先制定出记录表格，而制定表格之前需要先确定所要观察的行为类型，抽取出一定数量的具体行为列入清单。例如，开展小红书对大学生护肤品消费的影响调查时，观察对象的浏览、查询、购买行为信息均可以被列入清单。

三、观察法的执行步骤

观察法的执行，从准备到结束要遵循一定的步骤，要注意看、听、思、记互相配合，以达到最佳效果。

（一）观察准备阶段

观察准备阶段包括三个步骤：一是明确观察目的；二是物质准备和理论

准备；三是制定观察方案。

（二）观察与记录阶段

观察法的记录类型包括：实地笔记，记录事实性内容；个人笔记，记录观察者的感受和想法；方法笔记，记录观察采用的具体方法及其应用；理论笔记，记录观察过程中的初步理论分析。

我在调研现场

陕西省汉中市南郑区Z镇陪读妈妈观察记录

实地笔记：2020年8月2日，C01（27岁，女儿6岁）只租了一间房，月租金300元，需与一层的其他租客共用卫生间和厨房。

个人笔记：共用卫生间和厨房，这种现象在Z镇租房陪读群体中是否常见？

方法笔记：日记描述法。

我们可以使用观察卡。观察卡的制作不拘泥于形式，有观察主题、观察对象编号、观察开始时间与结束时间、观察项目及内容这些要素即可。同时，在观察对象允许的情况下进行录音、录像辅助记录。表4-3是一个关于农村陪读妈妈手机使用行为的观察卡。

表4-3　农村陪读妈妈手机使用行为观察卡

观察对象编号：	年龄：　　性别：　　观察情境： 观察日期：　　观察开始时间：　　观察结束时间：
手机使用行为	时间段1：【开始时间：　　结束时间：　　】 解释： 时间段2：【开始时间：　　结束时间：　　】 解释： 时间段3：【开始时间：　　结束时间：　　】 解释： 总体描述：

（三）整理分析阶段

在每一项观察告一段落时，观察者首先应及时整理、补充、修正和分析所得资料。其次，思考所需资料是否都已收集齐全，是否有效，有无继续观察的必要。最后，将整理分析完毕的观察资料进行分类归档，以便日后查找。

四、观察法的优势与局限

观察法相较于深度访谈、焦点小组访谈与问卷调查等调研方法，有其独有的一些优势。

（一）观察法的优势

1. 直观性

由于观察者与被观察的客观事物直接接触，不需要其他中间环节，因此其观察到的结果、所获得的信息资料具有直观性。

2. 可靠性

观察法是观察调研对象实际做了些什么，而不是要求他们告诉我们他们做了些什么。调研对象可以在问卷中隐藏自己的真实认知、态度与行为，可是无法在日常生活中掩盖自己的生活痕迹。因此，相比于问卷调查法，观察法更具有可靠性。此外，观察法还可以避免与调研对象互动或对问卷的主观解释所导致的偏差。

3. 情境性

观察一般是在现场情境下实施的，无外来人为因素的干扰，不会产生反应性副作用，能获得生动朴素的资料。

4. 鲜活性

观察能及时捕捉到正在发生的现象，因此所获信息资料具有鲜活性。

5. 纵贯性

观察者可以征募愿意长期参与观察活动的人员，对其进行反复观察与跟踪观察，如此可以对其行为的动态演变进行纵贯分析。

（二）观察法的局限

观察法虽有其独有的优势，但也存在局限，包括：难以观察隐私性较强的行为；不适用于大面积调研；观察资料难以量化。

五、观察法的注意事项

使用观察法时，需注意以下几点：

（1）应设计好观察方案与观察框架，以使观察对象具有代表性。

（2）应注意尽量不干扰观察对象的生活。

（3）如果选题涉及发展变化，比如调研本土虚拟偶像对青少年的影响、手游中的暴力场景对未成年人的影响，则需要进行较长时期的观察。进行长期观察时，一定注意在观察开始前向观察对象说清楚，取得对方的许可。

第三节 参与式观察法

参与式观察法在市场调研中，特别是在消费者或受众洞察中非常具有价值，因此专门辟出一节进行阐述。

一、参与式观察法概述

参与式观察法是指调研人员深入调研对象的生活背景中，在实际参与调研对象日常社会生活的过程中进行观察的一种方法。与其他调研方法相比，参与式观察法的调研人员把自己的看法和观点强加于他试图理解的社会世界的可能性较小，他常常是在“没有先入之见”的情况下进行观察与探讨的。因此，参与式观察法是一种较为理想的获得社会现实的真实图像的方法。

1890 年，德国的保罗·果赫（Paul Gohre）以学徒身份进入议价工厂工作，并且在那里生活了三个月。每天晚上回到家后，果赫都会做非常详细的笔记，凭借这种方式来研究工厂生活。他的著作深深地影响了大学校园内的学者，包括社会学家马克斯·韦伯（Max Weber）。20 世纪 20 年代，英国人类学家布罗尼斯拉夫·马林诺夫斯基（Bronislaw Malinowski）把田野工作当成一种新方法进行介绍，并主张“在直接观察与当地人的陈述”之间做出区别。他认为社会学研究者应该直接与当地人互动并且与他们生活在一起，观察当地人的风俗习惯、信仰和社会交往过程。

20 世纪中期，美国的威廉·富特·怀特（William Foote Whyte）对纽约的意大利社区进行了长达三年半的深入研究，将其使用的方法称为“参与式观察法”。20 世纪 40 年代到 60 年代末，芝加哥学派把参与式观察法发展成一种独特的技术，扩大应用模型来探究研究者社群内的团体与情境，于是出现了三条原则：研究自然状况或情境中的人群；通过直接与人互动的方式来研究他们；获得对社会世界的了解，并且对成员的观点做出理论陈述。①

市场调研领域第一次以非正式的方式运用参与式观察法的调研可以追溯

① 王建萍．浅谈对社会科学研究方法的认识：以参与观察法为例．商，2015（15）：134．

到20世纪30年代的西班牙内战。在不作战的时候，福里斯特·马尔斯（Forrest Mars）观察到士兵们会将糖涂抹到巧克力上。这种参与式观察的结果是其创建了以福里斯特·马尔斯和合伙人布鲁斯·默里（Bruce Murrie）命名的M&M巧克力公司。在市场调研领域，参与式观察法的流行程度正在与日俱增。美国每年花在参与式观察上的费用超过4.5亿美元。现在，宝洁和微软都拥有它们内部的参与式观察专家。宝洁对墨西哥城的低收入阶层进行了参与式观察调研，该调研带来了“一漂净”——一种纤维柔软产品。宝洁首席营销官吉姆·施滕格尔强调：“我是一个推崇观察的人。”因此，他力促宝洁的市场营销人员花大量的时间待在消费者家中，观察他们洗衣服、拖地以及给孩子换尿布的方式，询问他们的相关习惯和遭受的相关挫折。回顾2000年时，一般的市场营销人员一个月内与消费者在一起的时间少于4小时，斯登格尔说：“而现在与消费者在一起的时间至少是那时候的三倍。为了重新设计一次性尿布，我们的一位市场调研人员进入消费者家中，花费200个小时观察不同母亲给孩子换尿布的过程。”①

目前参与式观察法在国内市场调研领域的使用也日趋活跃，特别是在媒体受众调研领域，是非常受欢迎的调研方法。

二、参与式观察法的类型

参与式观察法可分为两种：不完全参与观察与完全参与观察。

（一）不完全参与观察

即观察者在参与观察对象群体的同时，以中立的圈外人视角进行观察，是“作为观察者的参与者”。

（二）完全参与观察

即观察者较长时间置身于观察对象群体中，通常不显露其观察者的身份，努力成为他们中的一员，并从圈内人视角出发，以真实成员的身份进行观察，即“作为参与者的观察者”。

经典回顾

街角社会：一个意大利人贫民区的社会结构

《街角社会：一个意大利人贫民区的社会结构》是对早期运用参与式观察法进行

① 麦克丹尼尔，盖茨．当代市场调研：第10版．李桂华，等译．北京：机械工业出版社，2017：160.

的实地研究的一个完整的记录，是研究组织文化的一个“样板”，它开辟了在城市中进行实地研究的新领域，并确立了研究标准。

作者威廉·富特·怀特是美国芝加哥学派社会学家，美国艺术和科学研究院院士，于1936—1940年对波士顿市的一个意大利人贫民区（即怀特称之为“科纳维尔”的波士顿北区）进行了实地研究。他以被研究群体——“街角帮”一员的身份，置身于观察对象的环境和活动中，对闲荡于街头巷尾的意裔青年的生活状况、非正式组织的内部结构及活动方式，以及他们与周围社会（主要是非法团伙成员和政治组织）的关系加以观察，并及时做出记录和分析，最后从中引出关于该社区社会结构及相互作用方式的重要结论。《街角社会：一个意大利人贫民区的社会结构》便是对这一观察过程、所获资料及结论的翔实而生动的记述。

怀特说道：“几年之前，人文社会科学界似乎有一种普遍的想法，认为我曾使用的参与观察法与其他定性方法一样，已经过时，正在被统计分析排挤到一旁。人们认为定量的人文社会科学才是未来的大趋势。这种趋势现在已经改变，人文社会科学家们并不是要摒弃统计分析，而是逐渐认识到，仅凭定量方法，你的理解无法达到你通过已发展得十分纯熟的定性研究所能达到的深度。最近，国家科学基金会正频繁向定性人文社会科学研究提供资助。人们日益认识到，人文社会科学的前途将越来越多地有赖于定量方法和定性方法的结合。”

三、参与式观察法在市场调研中的应用

参与式观察法在市场调研中常被用来：

（一）通过消费者的体验揭示产品使用的实时、连续状态

随着参与式观察时间的推移，被观察的消费者能逐渐适应观察者的出现，因此他们的行为相对无偏差，如此一来能更为准确地描述他们的行为。参与式观察法可以通过消费者的体验揭示产品使用的实时、连续状态，基于对消费者生活方式的理解，帮助品牌或企业与消费者建立更好的关系。

（二）准确地展现消费者使用产品的情况，获得“非干扰性”信息

参与式观察法能够准确地展现消费者使用产品的情况，而不仅仅是他们自己阐述或回忆的内容，这样便能获得“非干扰性”信息，揭示其未被表达的需求。

（三）发现未经开发的消费者利益，获得一些超乎预期的资料

参与式观察法还能够发现未经开发的消费者利益，比如，能展现家庭中

某产品的非购买者，但是是实际使用者的行为，发现一个全新的产品努力方向；能在设计新产品或改进产品时，利用消费者对该种类别产品的经验和实际创造力；能在现实情境下测试一种新产品。

四、参与式观察法的执行过程

参与式观察法的执行过程一般分为六个环节，如图 4－1 所示。

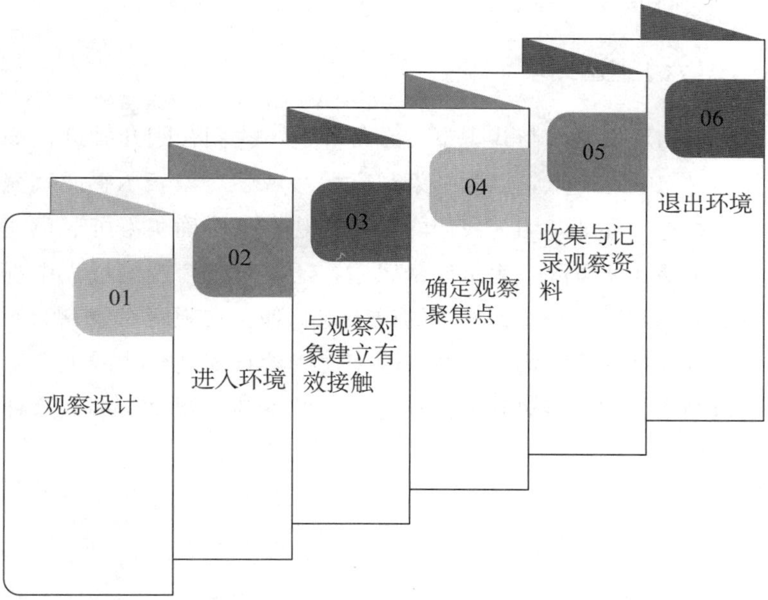

图 4－1　参与式观察法的执行过程

（一）观察设计

在进行参与式观察前，应先认真拆解需要观察的元素，如环境、观察对象、时间、流程、任务、手头资料等。然后思考观察的具体任务和聚焦点。

（二）进入环境

我们最好提前去相关的场合进行预观察，熟悉相关环境，这样才不至于在陌生的场合手足无措，也可以发现自己在准备过程当中的疏漏。预观察后，正式进入观察环境。

（三）与观察对象建立有效接触

参与式观察的核心是两个字——“进场”，即要嵌入观察对象的日常生活中，所以与观察对象建立有效接触，使其信任我们，是非常重要的。

（四）确定观察聚焦点

我们在第一个环节，即观察设计中时就应该对观察聚焦点有深入的思考，但是由于“进场”以后情况是多变的，我们往往会发现前期观察设计中忽略的问题，因此可以在这个环节加以补充、确定。

（五）收集与记录观察资料

我们可以利用观察卡片来收集与记录观察资料。

（六）退出环境

退出环境是参与式观察的必备环节，我们在刚开始进行参与式观察时往往容易忽视这一点，以为结束观察后对观察对象表示感谢就完结了。实则不然。在这一环节，因为我们的参与式观察工作确实不可避免地叨扰了观察对象的生活，所以除了表示诚挚感谢，还要对整个观察过程中观察对象不解和有疑虑的问题一一进行详尽的说明与解释。在观察对象有意愿的前提下，继续与其保持良好的沟通关系。因为使用参与式观察法的重点领域是消费者或受众洞察，如果能对其进行较为长期的参与式观察，那么这种调研将会非常有价值。

本章小结

观察法是一种严谨的定性调研方法，它以系统的方式记录所观察到的人、物体或事件的行为或发生模式的过程，以获得有关调研现象的信息。观察法从不同的角度可以分为不同的类型。观察法有实况详录法、时间取样法、事件取样法、特性等级评定法、日记描述法、频率计数图示法、清单法等不同的具体操作方法。参与式观察法在市场调研中，特别是在消费者或受众洞察中非常具有价值，一般分为六个步骤：观察设计；进入环境；与观察对象建立有效接触；确定观察聚焦点；收集与记录观察资料；退出环境。

思考题

1. 观察法相较于定量研究方法，其优势是什么？
2. 使用观察法时应注意什么问题？
3. 参与式观察法为什么会受到消费者或受众调研领域的青睐？
4. 参与式观察法执行过程中，为什么要重视“退出环境”这个环节？

案例 4-1

案例背景：语言认知是消费认知形成的基础。不难发现，问卷调查这种定量调研方法不适用于学龄前儿童群体，对其进行一对一的深度访谈也很难操作，只能依靠参与式观察法。

动画片对农村留守儿童语言认知发展的影响调查①

首先使用实况详录法记录留守儿童的日常生活。

陕西省咸阳市X县C镇L村5岁留守女童CXJ一天的生活记录如下：

1月19日星期四（农历腊月二十六）

8：00—9：30 起床，穿衣洗漱，姐姐帮着扎辫子。和姐姐一起扫地、倒垃圾。

9：30—10：00 吃饭。（这顿饭相当于城市居民的正式午饭，有稀饭、馒头和两个炒菜。）

10：00—14：00 独自一人在爷爷的房间里看了整整四个小时的电视节目，其间除了上厕所，没有到院子里玩过。看的基本是动画片，遥控器在中央电视台少儿频道和各省级卫视的动画片节目中转换。这段时间陆续看了《巴啦啦小魔仙》《哪吒传奇》《喜羊羊与灰太狼》《开心宝贝》《魔幻手机》《蓝猫红兔》和《小鲤鱼历险记》。

14：00—15：00 爷爷让CXJ出来到院子里玩，不能再看电视了。

15：00—15：40 吃饭。（西北农村地区一般一天只吃两顿饭，下午三点多吃的饭相当于城市居民的晚饭。CXJ吃面条吃得很快，爷爷不让CXJ吃那么快，让她再吃一个鸡腿，CXJ不高兴。）

15：40—16：20 到院子里的小菜地拔萝卜，挖蚯蚓。

16：20—18：50 洗完手，跑到爷爷的房间里看动画片。

18：50左右 爷爷要看《新闻联播》和《天气预报》，CXL从爷爷房间出来，找姐姐玩。

19：00—20：00 姐姐在电脑上看《武则天秘史》，CXJ看到电脑上有“海绵宝宝”和“喜羊羊”的图案时，立刻向姐姐撒娇要打开看。

20：00—21：00 姐姐陪她在堂屋画画。CXJ很喜欢画画，经常要求家人陪她一起画，最喜欢画卡通人物。

21：10左右 和姐姐一起休息。

分析

从CXJ一天的日常来看，其看动画片的时间达到6小时30分钟，在院子里玩耍的时间约为1小时40分钟，画画的时间约为1个小时，最爱画的是《喜羊羊与灰太狼》中的角色。CXJ的爷爷、奶奶、姐姐在家说的全部是陕西地区的关中方言，

---

① 杨靖．大众媒介对西北地区农村留守儿童社会性发展的影响研究．北京：中国社会科学出版社，2017：148-151．本案例有所改动。

但是在研究者与 CXJ 对话时，她能毫无困难地用普通话回答，应答完研究者，又可以迅速转换为关中方言和爷爷交谈。

研究者通过参与式观察发现，每天长时间收看不同类型、呈现不同卡通形象与情境的动画片，刺激了 CXL 的语言发展，虽然没有父母的语言陪伴，但其语言发展并不比父母均在家的同龄非留守儿童滞后。5 岁的 CXL 在家庭中接触到的全部是关中方言，她还没有上幼儿园，但是她的普通话发音标准，并且日常交谈中，能够在关中方言与普通话两者之间自如转换，语汇使用也比较丰富。表 4－4 为 CXL 的日常用语记录。

表 4－4　陕西省咸阳市 X 县 C 镇 L 村 5 岁留守儿童 CXL 的日常用语记录

使用的关中方言词语	使用的对应的普通话词语	使用的关中方言语句	使用的对应的普通话语句
俄	我	你包社咧！	你不要再说了！
夜儿个	昨天	那个娃瓷麻二愣的。	那个男孩不机灵。
谝喔	聊天	你咥了几个馍？	你吃了几个馒头？
罢咧	还行	你们奇轻得很。	你们无聊得很。
条除	扫把	沸羊羊瓜实咧！	沸羊羊太笨了！
辟远	滚远	俄看那懒羊羊，就想扇他一瞥儿子。	我看到懒羊羊，就想打他一巴掌。
年时个	去年		

研究者还对陕西省汉中市 S 县 Z 镇 W 村三名 3～5 岁的留守儿童进行了参与式观察，并对其日常用语进行了记录（见表 4－5），发现在他们的语言体系中，汉中方言与普通话交织进行。由于他们监护人的日常用语全部是汉中方言，且这三名学龄前留守儿童都尚未进入幼儿园，因此可以推论他们的普通话用语来源基本上都是电视节目。

表 4－5　陕西省汉中市 S 县 Z 镇 W 村 4 岁留守儿童 LTT 的日常用语记录

使用的汉中方言词语	使用的对应的普通话词语	使用的汉中方言语句	使用的对应的普通话语句
俄	我	俄要不听话，俄婆就要把俄美美儿铲一顿。	我要不听话，我奶奶就会把我狠狠打一顿。
要	玩		
铲	打		
mei 一块	掰一块	俄又不是一个瓜娃子。	我又不是一个大傻瓜。
铺盖	被子		
药（发音：yue）	药	俄婆说我有相。	我奶奶说我能干。
dia 过来	提过来	俄拿了一个亮子口袋。	我拿了一个塑料袋。

案例 4-2

案例背景：实况详录法能够提供详细的有关观察对象行为或活动的链条，为后期多角度、多层面的分析打下良好的基础。

实况详录法的应用：留守儿童一周生活形态记录

表 4-6 陕西省汉中市S县C镇G小学六年级留守儿童ZQ一周生活形态记录

星期	项目			
	上午	中午	下午	晚上
一	6：00—8：00 起床、洗漱、扫院子，不吃早点就去上学 8：00—11：30 上课	11：30—13：30 在学校外面小吃摊上吃午饭，饭后在课桌上趴着午休 13：30—16：30 上课	16：30—17：30 放学回家 17：30—18：30 完成数学、语文作业 18：30—19：00 做饭（爷爷奶奶在田里干活） 19：00—19：30 吃晚饭	19：30—21：30 看电视剧《爸爸天亮叫我》 21：30 上床睡觉
二	同上	11：30—13：30 在学校外面小吃摊上吃午饭，完成语文、数学作业 13：30—16：30 上课	16：30—17：30 放学回家 17：30—19：00 帮爷爷奶奶收谷子 19：00—20：00 吃晚饭	20：00—22：00 看《百家碎戏》《爸爸天亮叫我》 22：00 上床睡觉
三	同上	11：30—13：30 在学校外面小吃摊上吃午饭，饭后在课桌上趴着午休 13：30—16：30 上课	16：30—17：30 放学回家 17：30—19：00 帮爷爷奶奶收谷子 19：00—20：00 吃晚饭	20：00—21：00 完成语文、数学作业 21：00—22：30 看电视 22：30 上床睡觉
四	同上	11：30—13：30 在学校外面小吃摊上吃午饭，完成语文、数学作业 13：30—16：30 上课	16：30—17：30 放学回家 17：30—18：30 帮爷爷奶奶收谷子 18：30—19：30 吃晚饭	19：30—21：30 看《百家碎戏》《爸爸天亮叫我》 21：30 上床睡觉
五	同上	11：30—13：30 在学校外面小吃摊上吃午饭，在课桌上趴着午休 13：30—16：30 上课	16：30—17：30 放学回家 17：30—18：30 完成数学、语文作业 18：30—19：00 做饭（爷爷奶奶在田里干活） 19：00—19：30 吃晚饭	19：30—21：30 看电视剧《天仙配》 21：30 上床睡觉
六	7：30—8：30 起床、洗漱、扫院子 8：30—10：30 看电视 10：30—11：00 吃饭 11：00—12：30 和小伙伴玩捉迷藏游戏	12：30—13：30 睡午觉	13：30—17：30 帮爷爷奶奶晒谷子 17：30—18：30 吃晚饭	19：00—22：30 看电视 22：30 上床睡觉
日	7：50—8：30 起床、洗漱、扫院子 8：30—10：30 打扫鸡窝 10：30—11：00 吃饭 11：00—12：30 和小伙伴玩游戏	12：30—13：00 去街上买日用品	13：00—17：30 帮爷爷奶奶晒谷子 17：30—18：30 吃晚饭	18：30—22：00 看电视 22：00 上床睡觉

表 4-7 陕西省汉中市S县C镇G小学四年级非留守儿童XL一周生活形态记录

星期	项目			
	上午	中午	下午	晚上
一	6：30—7：50 起床、洗漱、吃完早点去上学 8：00—11：30 上课	11：30—13：30 回家吃午饭，睡午觉 13：30—16：30 上课	16：30—17：30 放学回家，完成数学、语文作业 17：30—18：00 吃晚饭	18：00—20：00 和小伙伴玩游戏 20：00—21：00 看电视 21：00—21：30 洗漱，上床睡觉
二	同上	11：30—13：30 回家吃午饭，完成语文、数学作业 13：30—16：30 上课	16：30—18：00 放学回家，和小伙伴玩捉迷藏游戏 18：00—18：30 吃晚饭	18：30—19：30 听英语 19：30—21：00 看电视 21：30 上床睡觉
三	同上	11：30—13：30 回家吃午饭，睡午觉 13：30—16：30 上课	16：30—17：30 放学回家，写作业 17：30—18：30 吃晚饭	18：30—19：30 听英语 20：00—21：00 看电视 21：30 上床睡觉
四	同上	11：30—13：30 回家吃午饭，完成语文、数学作业 13：30—16：30 上课	16：30—18：00 放学回家，和小伙伴玩游戏 18：00—18：30 吃晚饭	18：30—19：30 练字 20：00—21：00 看电视 21：30 上床睡觉
五	同上	同上	16：30—18：00 放学回家，和小伙伴玩拍卡片游戏 18：00—18：30 吃晚饭	19：00—21：00 看电视 21：30 上床睡觉
六	6：30—7：50 起床、洗漱 8：00—10：00 上英语补习班 10：00—10：30 吃饭 10：30—12：30 和小伙伴玩游戏	12：30—13：30 睡午觉 14：00—16：00 上英语补习班	16：30—18：30 上完补习班回家，帮爸妈晒谷子 18：30—19：00 吃晚饭	19：00—21：30 看电视 22：00 上床睡觉
日	8：00 起床 10：00 吃饭 10：00—13：00 找小伙伴玩游戏	13：30—14：30 睡午觉	14：30—17：30 帮爸妈晒谷子 17：30—19：00 看动画片 19：00—19：30 吃晚饭	20：00—21：30 看电视 22：00 上床睡觉

研究者对陕西省汉中市S县C镇G小学的六年级留守儿童ZQ和四年级非留守儿童XL的一周生活形态进行了详细的观察记录（见表4-6、表4-7）。留守儿童ZQ家离学校比较远，上下学单程要走一个小时。她每天早上6点起床，扫完院子，不吃早点就要出发去学校。中午她一般到学校外面小吃摊上吃碗热米皮、菜豆腐（当地非常流行的小吃），吃完后在课桌上趴着午休。下午放学回家，她要先帮爷爷奶奶晒完谷子，然后才吃晚饭。非留守儿童XL每天早上6点半由妈妈叫起床，吃完妈妈准备的早点才出发去学校，中午回家吃饭、午休。下午放学回家，她主要是

和小伙伴们玩耍，双休日会帮爸爸妈妈晒谷子。

留守儿童ZQ平均每天收看2.6小时电视节目，非留守儿童XL则为1.7小时，即留守儿童ZQ比非留守儿童XL每天要多看54分钟电视节目。周一到周五，留守儿童ZQ的课余活动都以看电视为主，非留守儿童XL除了看电视，还要在爸爸妈妈的监督下练字和听英语。留守儿童ZQ双休日白天的主要活动是看电视、和小伙伴玩耍，而非留守儿童XL周六白天主要去上英语补习班。两名儿童双休日晚上的活动都以看电视为主。

留守儿童ZQ平日不吃早饭，C镇G小学没有食堂，其午饭都是在学校周围的小吃摊上解决。晚饭一般就是瞎凑合，因为爷爷奶奶回家一身疲惫，经常是做一大锅饭、炒一大锅菜，热一热吃好几天。ZQ承担的农活比较繁重，功课也没有人辅导，看电视是她课余最主要的活动。而非留守儿童XL的爸爸妈妈很重视XL的学习，特别是英语学习，虽然才上四年级，但XL已经开始上镇上的英语补习班了。XL的妈妈总是换着花样保证XL的三餐吃饱、吃好。

案例思考

在这项调研中，参与式观察法作为调研的主导方法，对得出调研结论起到了什么作用？

第五章
访谈法

学习目标

1. 了解焦点小组访谈法的概况
2. 掌握焦点小组访谈法如何执行
3. 了解深度访谈法的概况
4. 掌握深度访谈法如何执行

第一节　焦点小组访谈法

引　例

100 卡路里的零食攻势①

对目前美国食品消费的分析显示，美国人越来越关注自身健康。缩减腰围也意味着销售纳贝斯克（Nabisco）品牌的亿滋国际（Mondelēz International）这类食品公司的利润下降。这反过来迫使企业开展了一些营销调研以扭转不利局面。

公司进行了定性调研，旨在理解母亲的动机和购买零食的行为。纳贝斯克通过焦点小组访谈法来了解母亲对自己孩子的午餐及零食的感受。挑选焦点小组受访者的标准是：在家里一周至少要吃两次以上零食的年幼孩子的母亲。调研人员准备了详尽的主持人讨论提纲，来理解为孩子提供零食时母亲的动机和担忧。纳贝斯克实施了焦点小组访谈，每组 8～12 人。结果显示，家庭（特别是母亲）会努力减少孩子的零食以降低他们的卡路里摄入量。有研究发现，母亲尤其喜欢那些卡路里含量低的小份零食。同时，方便性也很重要。把零食分割成独立包装的快餐食品成为一种流行趋势。

调研结果也验证了上述研究发现，于是纳贝斯克推出了 100 卡路里零食包。包

① 马尔霍特拉．营销调研精要．张婧，译．北京：中国人民大学出版社，2016：81.

内包括纳贝斯克著名的奥利奥、趣多多、乐之饼干以及其他几种零食的低卡路里品种。结果取得了成功：在推出一年后，它们为纳贝斯克带来的收入突破1亿美元，而同期市场中能够取得这一业绩的食品公司不到1%。由于初次上市的巨大成功，纳贝斯克之后拓展了100卡路里零食的产品线。

启示

通过焦点小组访谈，纳贝斯克获得了对消费者潜在行为的丰富见解。现在，纳贝斯克将零食和100卡路里联系起来，产生了产品定位的新思路，并在市场中重新获得主动权。

焦点小组访谈法（focus group interview）是一种被全球接受的市场调研方法。市场调研公司、广告代理商和生产商都在高频率使用这种方法。

一、焦点小组访谈法的概念

焦点小组访谈法是指依托训练有素的主持人，由事先挑选的具有代表性的受访者聚集在一起就某个特定话题进行交互式的讨论，从而获得与特定主题相关信息的一种调研方法。

焦点小组访谈法的历史可以追溯到20世纪20年代，起源于精神病学中的群体疗法。该疗法是指充分发挥群体对个人心理的影响功能来治疗心理疾病。

第一个正式使用“焦点小组”这一称谓的人是哥伦比亚大学社会学教授、著名社会学家默顿，他被称为“焦点小组之父”。1946年，默顿和肯德尔（Kendall）在《美国社会学杂志》上发表了专文“The Focused Interview”，对焦点小组访谈法进行了系统论述，提出焦点小组访谈是要求参与者就特定问题发表看法的一种实地调研方法。1956年，默顿、菲斯克（Fiske）和肯德尔出版了第一本有关焦点小组访谈的专著《焦点小组访谈：问题和程序手册》，提出通过焦点小组访谈法，能够找到人们对某个特定事物所接纳的思想或行为的准确原因。传播学四大奠基人之一保罗·拉扎斯菲尔德领导的哥伦比亚大学应用社会研究所曾将焦点小组访谈法应用于广告受众研究。20世纪后期，焦点小组访谈法开始较广泛地被应用于市场调研领域。

二、焦点小组访谈法的作用与适用领域

焦点小组一般由8～12人组成，在一名主持人的引导下对某一主题进行深入讨论。

（一）关键点

焦点小组访谈法的关键点在于使受访者对主题进行充分和详尽的讨论。焦点小组访谈不是座谈会。座谈会与焦点小组访谈之间的本质区别是“群体访谈”与“群体动力”之间的区别。群体动力（group dynamics）所提供的互动作用是焦点小组访谈的核心。使用焦点小组访谈法的一个重要假设是，一个人的反应会成为对组内其他人的刺激，从而可以观察到受访者的相互作用，这种相互作用会产生比同样数量的人做单独陈述时更多维的信息。

在市场调研中应用群体动力的想法是受到了社会心理学的启发。社会心理学的研究发现，来自各种生活和各种职业的人们，尽管他们自己都没有察觉到，但是当鼓励他们主动地表现自己而不是被动地回答问题时，他们会对某一主题表达出更全面和更深入的看法。通常在群体动力中会避免直截了当的问题，而代之以间接的提问来激发受访者自发讨论，讨论所带来的极为丰富的信息，是通过直接面谈所不能得到的。

（二）作用

焦点小组访谈法可以深入了解受访者对某一种产品、观念或组织的看法，所调研的事物与受访者生活的契合程度，以及在感情上的融合程度。

焦点小组访谈法是帮助企业和咨询公司深入了解消费者内心想法的最有效的工具，其在这方面的作用是一般的问卷调查等方法所无法比拟的。企业想了解消费者对广告、新产品的包装、新产品的口味等方面的深度评价，靠泛泛的问卷调查是很难获取这方面的信息的。因此，很多企业常常借助焦点小组访谈法来收集消费者的意见和建议。

（三）在市场调研中的适用领域

焦点小组访谈法在市场调研中的适用领域非常广泛。在以下三个方面，焦点小组访谈法更是优选方法。

（1）其在品牌定位、产品测试、包装测试、广告作品评估、顾客满意度、用户购买行为等调研中得到了广泛应用。此外，其还是筛选新创意和概念的好方法。

（2）通过邀请相关专业人员或用户开展焦点小组访谈，来完善其后开展的问卷调查的内容并确定问卷问题的形式。比如，在开展游戏界面适用性问卷调查之前，先进行两场由游戏玩家参加的焦点小组访谈，帮助完善问卷问题和用语上的准确性与贴近性。

（3）当定量研究的结果有不明确或者无法解释的数据时，采用焦点小组访谈法能够对统计结果进行深入的解释。

表 5-1 概括了焦点小组访谈法的特点。

表 5-1 焦点小组访谈法的特点

特点构成	具体内容
访谈目的	将问题谈深谈透，主持人当场不予评判对错
小组人数	8～12 人
小组构成	预先筛选受访者
访谈环境	不受干扰的室内空间
时间长度	1～2 小时
记录	文字记录、录音、录像
观察	主持人、记录人员、控场人员全场悉心观察

业界之声

高露洁-棕榄公司（Colgate-Palmolive）调研与发展部的前任经理刘易斯·斯通（Lewis Stone）认为：如果没有开展焦点小组访谈，那么高露洁-棕榄公司也许永远都不知道有人会非常小心地挤出所需洗洁精的剂量。然而，也有人使用“纯粹”的洗洁精，也就是说，他们将洗洁精直接倒在海绵或洗碗布上，然后在水龙头下冲洗碗碟，直到没有泡沫。这样，他们就需要消耗更多的洗洁精。

斯通还解释了受访者在焦点小组访谈中所表现出来的肢体语言是如何帮助调研人员对产品进行洞察的，而这是问卷所不能获得的。焦点小组访谈法可以最有效地了解一种产品实际上是如何在家庭中被使用的。通过让小组成员详细描述他们从事某项活动的过程，你不仅可以了解大量潜在的供需差距，从而提供相应的新产品或改进产品，还可以了解一种新产品的受欢迎程度。

宝洁公司全球营销与消费者知识部副总裁罗伯特 L. 韦林（Robert L. Wehling）这样要求调研人员：“把握消费者心理你就拥有未来，从而影响消费者的个人偏好！去了解正在变化的消费者，针对每个个体而不是针对一般情况进行市场调研。”①

启示

我们可以设想，当产品经理与营销主管坐在单向镜的后面，不引人注目地组织整个焦点小组访谈过程，他们能得到有血有肉的消费者的最直接的感受。产品经理和其他营销人员可以亲眼观察消费者对各种观念的反应，亲耳听到消费者用他们自己的语言详尽地讨论生产商和竞争对手的产品，而不是阅读打印机打印出来的含有数不清的数字和报表的文件，或者是阅读某个顾问做的含有

① 麦克丹尼尔，盖茨．当代市场调研：第 10 版．李桂华，等译．北京：机械工业出版社，2017：90.

大量枯燥数字的报告。

这种亲身经历的方法为调研人员提供了一个面对有血有肉的消费者的机会。在厨房和超市中的实际情况与在大多数办公室内的情况有着戏剧性的不同。通过这种方法，调研人员能够感受产品使用过程中的情感背景。从某种意义上说，调研人员能够进入一个人的生活，与他一起重现产品被带回家后的所有满意、不满意、兴奋和沮丧。

三、焦点小组访谈法的主要构成要素

主持人、受访者与访谈环境是焦点小组访谈法的三个主要构成要素。

（一）主持人

一个优秀的主持人是决定焦点小组访谈成功的关键因素。

（二）受访者

受访者可通过不同的方法征集。在商业街上随机地拦住一些行人，是一种较为便捷的方法。一般市场调研人员会为受访者制定一些资格标准，然后去目标市场寻找合适的受访者，这种方法的针对性会更强。例如，早晨去公园寻找接触短视频的老年人、节假日去热门旅游景点寻找外地游客等。

（三）访谈环境

焦点小组访谈通常是在一个焦点小组测试室（focus group facility）中进行的。测试室房间是会议室风格的，一面墙上装有单向镜，天花板上安装了吊麦。单向镜后面是观察室，室内为观察者准备了工作台，观察室中还装有录音或录像设备，用来记录整个访谈过程。

四、焦点小组访谈法的实施流程

实施焦点小组访谈法包括明确目标、建立时间表、确定并邀请受访者、确定访谈具体问题、编制访谈提纲、确定主持人、选择场地、开展访谈、整理与分析、撰写报告等一系列流程。

（一）明确目标

目标越清晰，越容易设计焦点小组访谈流程的其他部分。我们可以从以下三个方面入手来明确目标：

（1）什么原因促使我们决定开展焦点小组访谈？

（2）我们想从焦点小组访谈中得到哪些信息？

（3）哪类信息对我们来说是最重要的？

（二）建立时间表

在正式访谈前，我们需要用不少于两周的时间设计时间表，时间表的内容包括确定受访者、设计并核查访谈问题、确定访谈地点、邀请受访者、收集访谈过程中可能需要的材料等。

（三）确定并邀请受访者

首先，确定实际需要的受访者数量以及拟邀请的受访者数量。其次，根据调研目标，制定受访者的关键特征列表。再次，通过关键特征列表，寻找同质和异质受访者，并确定受访者名单。最后，根据受访者名单及其联络方式，向每名受访者发出邀请。

招募受访者时还应该注意的一个问题是，尽量保证同一场访谈中的受访者彼此不相识，同时在社会背景上的差异不要太大，不然会给受访者带来一定的心理压力与拘束感。

（四）确定访谈具体问题

1. 尽量不要使用缩写以及过于专业的术语

除非参加焦点小组访谈的受访者都是本领域专业人员，否则尽量不要使用缩写以及过于专业的术语。比如，我们要组织一场关于观众对影视作品中的重要人物出场时的 BGM 的认知、记忆度与评价的焦点小组访谈，虽然年轻群体对于“BGM”的含义大多比较清楚，但是我们无法确保每一名受访者都知道 BGM 是 background music 的缩写，因此我们需要使用“背景音乐”这一中文全称表达。

2. 提问的问题用口语化语言表述

由于在焦点小组访谈过程中，大多数问题是由主持人口头提问的，因此应该避免文绉绉的书面化语言表达，以及容易产生歧义或不易理解的语句。

3. 问题应简短、明确

过长的问题会使受访者听得费力，经常听到问题后面的部分就忘了前面的内容，同时，不够清楚直接的问题也会让受访者无法领会主持人想要表达的真正含义。因此，问题应简短、明确。

4. 访谈问题的回答应该具有开放性

避免提问那些受访者只用简短的几个字就能回答的问题。访谈问题应具有话题性与讨论度，对其的回答应该是具有开放性的，是需要受访者进行解释、描述和说明的。

5. 关键词语保持一致性

对主持人来说，其提问中转换的某些词语具有同样的含义，但是对受访者来说含义可能就完全不一样了。例如，在一场关于大学生 App 使用情况的焦点小组访谈中，主持人在网络素养、数字素养、信息素养三者之间来回转换，受访者会觉得困惑不解。

6. 问题不宜过多过细

问题过多过细，会导致访谈呆板僵化，缺乏腾挪空间，妨碍访谈的深度和互动交流。问题适中，则受访者可以更有效地阐述他们的主张，支持人也能更松弛地引导，使访谈的节奏轻松、自然。

（五）编制访谈提纲

焦点小组访谈提纲一般包括三个部分：第一部分是主持人致欢迎词，介绍访谈目的和内容，向受访者解释访谈流程及注意事项。第二部分是具体问题。第三部分是结束语，包括感谢受访者，告知受访者这些访谈资料将作何用途。

我在调研现场

××大学周边开设转转小火锅可行性的焦点小组访谈提纲

受访者：××大学周边餐饮店老板，××大学学生、教师及家属，周边住宅区居民。

1. 热场：主持人自我介绍，说明焦点小组访谈的目的、简要的调查背景、保密承诺。(5 分钟)

2. 受访者之间互相介绍。(5 分钟)

3. 对外出就餐的总体消费态度与行为表现进行回答。(15 分钟)

4. 对××大学周边餐饮的就餐环境、价格、品质等进行评价。(20 分钟)

5. 对在××大学周边开设转转小火锅的可行性进行 SWOT 分析讨论。(40 分钟)

S (strengths) 优势

W (weaknesses) 劣势

O (opportunities) 机会

T (threats) 威胁

6. 致谢，说明访谈资料的最终用途，结束焦点小组访谈。

（六）确定主持人

焦点小组访谈中的主持人在很大程度上决定着访谈的质量，主持人的素养用一个词表达就是"kisallam"，即和善（kind）、公平（impartiality）、敏感（sensitivity）、宽容（allowance）、引导（lead）、求知（learn）、灵活（agility）、记忆力（memory）。

1. 和善

主持人应该具有同理心，善于换位思考，理解受访者的感受并能与之共情，表现出亲和力。

2. 公平

为了促成受访者之间的相互驱动，主持人不能偏向任一受访者。主持人不能一直关注活跃成员，而应鼓励沉默的受访者积极发言。

3. 敏感

主持人应该对每名受访者的反应足够敏感，及时捕捉每名受访者的情绪反应。

4. 宽容

主持人可以容许讨论过程中出现话题偏离主题的情况，但是要保持警醒，注意不要离题太远，时间过长。

5. 引导

主持人需要引导和推动受访者，而不是下具体指令让受访者怎么做。同时，主持人要能控制整个讨论的进程和方向。

6. 求知

主持人应鼓励受访者对自己的观点进行详细阐述，并耐心倾听。对于自己不熟悉的内容，应虚心求教。

7. 灵活

在讨论出现混乱的时候，主持人需要保持镇定，随机应变改动原有的计划。

8. 记忆力

主持人需要具备较强的记忆力。有的同学在考完全国大学英语四、六级后相当长的一段时间对大部分题还记得比较清楚，而有的同学对于昨天吃了什么都记忆困难，后者需要在培养记忆力方面有意识地加强。作为主持人，在正式开始焦点小组访谈前，需要反复熟悉访谈提纲与受访者的基本情况，最终达到脱稿。对前期准备资料的熟悉，会减轻我们现场记忆的压力。

（七）选择场地

虽然焦点小组访谈不一定需要配备单面镜的专业场所，但至少需要一个较为舒适、安静的环境，可以使受访者轻松地表达自己的意见。选择场地时要考虑以下问题：这样的场地传达了什么样的信息？环境是否鼓励交谈？环境会不会影响小组访谈音频收集？环境会不会对受访者造成心理压力？能否容纳 8 至 12 人？能否让每名受访者看到彼此？周围交通是否便利？是否方便残障人士进出？是否方便停车？例如，我们要开展一项关于“银发群体”文旅消费需求的调研，选择在某小区的老年活动中心进行焦点小组访谈。受访者因为经常去老年活动中心参加合唱排练、下象棋、看报纸，对环境比较熟悉，也比较自在，因而在访谈过程中更容易畅谈。

总之，我们应尽量选择一个让受访者感到轻松自然的场地，最好是他们平日里就较为熟悉、能够接触到的场所。

（八）开展访谈

这是主持人就“焦点”问题对受访者进行访谈的过程，是整个流程中最重要的部分。为此，我们应在会前准备好需要的材料，包括：记事本、铅笔、访谈提纲、受访者名单、标记贴纸、录音设备、姓名牌（如果受访者不愿出现全名，可以只出现姓氏）、饮料、小吃、水果。这些材料需要提前准备并确认摆放的位置。尤其需要注意：姓名牌不要出现错误，打印受访者姓名前需要一一确认。

做好准备之后就可以正式开展访谈了。访谈过程主要是按照访谈提纲进行的，但是不局限于访谈提纲上的内容，这需要主持人根据访谈进程灵活调整。访谈时长多为 90 分钟左右，有的也会持续两个小时甚至更长。

（九）整理与分析

正常语速下，我们每分钟大约说 150 个字。同学们可以估算一下，除去短时间的停顿与承接，一场焦点小组访谈 8～12 个人，最少持续一个半小时，会输出多少字词。我们在整理音频的过程中会发现，获得的信息又多又杂，就像在一个盘子里滴溜打转的散珠一样。这时候我们需要沉下心来，用一条链子把散珠串成项链。链子是什么？就是当初编制的访谈提纲，是我们所寻找的讨论的倾向，是那些出现频率较高的字词与语段，用它把信息像串珍珠一样串起来。还有一些是提纲串不起来的珠子，也就是意外结果，我们需要对其做进一步分析。如果是值得注意的独特角度、意想不到的评论等，那就是很有价值的遗珠，也要小心翼翼地串起来；如果是没有实际意义的散碎珠片，那就搁置一旁，弃之不用。

（十）撰写报告

报告可以采用多种形式进行呈现，但都应该包括焦点小组访谈的背景、目标、内容及结论。

此外，对于一个主题应该进行多少场焦点小组访谈，这个问题涉及很多方面的因素，比如经费预算是多少、受访者招募的难易程度等。一般比较公认的数目是不少于两场。这样可以较好地避免由于焦点小组访谈场数太少而遗漏掉一些关键信息。

五、焦点小组访谈法的优势与局限

焦点小组访谈法利用群体动力的杠杆作用激发新角度、新概念、新思想和新创意，这是一对一的深度访谈难以达到的。市场调研团队可以观察整个执行过程，帮助调研人员在每一个环节得到更多信息，让受访者有更多的参与感，进行广泛的交流。同时，焦点小组访谈法速度快、成本低、执行程序相对简单。

焦点小组访谈法最大的局限在于其形式本身。首先，主持人是整个互动过程的一部分，这就决定其不能有任何偏见，其个人风格的不同会使方向产生一定的偏差。其次，焦点小组访谈法的局限也与受访者有关。有的受访者较为内敛，不太适应当众表述观点，而有的受访者总是离题万里又滔滔不绝，这都会使得群体动力的作用受限。

六、焦点小组访谈法新的发展趋势

焦点小组访谈法作为市场调研领域使用非常频繁的调研方法，近年来也有了一些新的发展趋势。

（一）线上焦点小组访谈

线上焦点小组访谈已经成为一种显见的趋势。其优点在于可以征选到其他访谈方式难以接触到的目标人群，节约调研的交通与住宿成本。当然这种方式也存在一定问题，如：受网络空间所限，群体动力不足；无法获得非语言信息；受访者的注意力容易受到干扰；等等。对于线上焦点小组访谈，我们在第九章“网络调研”中会进行详细讲解。

（二）固定样本成员的焦点小组访谈

固定样本成员的焦点小组访谈是指一个 8～12 个受访者愿意参加的系列性焦点小组访谈。受访者一旦确定，将定期接受访谈。这样的话，不仅访谈的内容具有高度涵盖性与延续性，也节省了不同时期招募不同成员的相关招募费用。

（三）角色反转焦点小组访谈

角色反转焦点小组访谈（rotated opposed view，ROV）的目的是揭示和判断不同的观点并找到一种建立两者间桥梁的标准。受访者因其持有的观点被分成两个阵营。一个阵营在观察室中通过单向镜观看另一阵营的访谈过程，一个小时以后进行互换。分时段访谈后，两个阵营的受访者汇合，进行开放式讨论，探求他们的观点、态度的异同。角色反转焦点小组访谈可以提升受访者的参与热情与兴趣，无论是每个阵营的单独访谈，还是汇合后的开放式讨论，都能够为营销推广与策略的制定提供不同视角的一手资料。

我在调研现场

焦点小组访谈主题：父母应该给未成年子女购置手机吗？

A 组总体态度：不应该。连成人都很难控制使用手机的时间，容易沉溺其中，更何况孩子！给孩子买了手机，孩子每天都能接触到五光十色的各类信息，还有各种手游，很难静下心来投入相对枯燥、重复、单调的学习生活中。而且孩子有了手机以后，亲子之间也容易因为手机使用而产生矛盾。

B 组总体态度：应该。现代社会，手机已经成为获得外部信息的重要渠道，是孩子与同伴之间话题的主要来源之一。现在很多 App 还有网站上，学习资料既丰富又鲜活，可以大大提升孩子的学习兴趣。如果严格限制孩子使用手机，那么等以后孩子上了大学，很可能会因无人监管而放飞自我，结果更难以预想。

两组汇合后的开放式讨论：基本认同，一味禁止不如让孩子学会自我延迟满足。初中阶段，孩子年龄较小，自控能力相对较弱，这时最好不要给孩子配置手机，但可以允许孩子有限制地使用父母的手机，并且关注与掌握孩子接触的内容。高中阶段，如果孩子较初中阶段自律性加强、自驱力提升，则可以考虑给孩子配置手机，让他逐步进行手机使用的自我管理。

第二节 深度访谈法

引 例

在美国市场中，企业每年花在定性调研上的费用超过50亿美元。一家大型家用清洁剂生产商组织了一次大规模问卷调查，想了解为什么自己生产的浴室瓷砖清洁剂滞销。生产商确信自己产品中的有效去污成分比竞争对手的更有效力，但经过问卷调查并没有得到切中要害的回答。困惑的产品经理转而求助于深度访谈，很快就发现是因为包装上饱和度较低的颜色给人一种去污不彻底的感觉。通过深度访谈，产品经理还发现，很多消费者习惯用旧牙刷清洗浴室的瓷砖，于是将产品包装改为饱和度高的颜色，并在去污剂顶部固定了一个小刷子，这款浴室瓷砖清洁剂很快打开了销路。

启示

量化的问卷调查很难涉及包装上的色调饱和度这么细节化的问题，而深度访谈法不仅发现了这一点，还有意外发现，那就是很多消费者习惯用旧牙刷清洗浴室的瓷砖。那么干脆在去污剂顶部固定一个小刷子，这样既方便又卫生。可以说，深度访谈法对于这款浴室瓷砖清洁剂打开销路厥功至伟。

一、深度访谈法的概念

深度访谈法（in-depth interviewing）源于精神病学临床领域的谈话疗法。将深度访谈法作为心理测试与情绪管理的重要工具，这一趋势出现在第一次世界大战期间。第二次世界大战期间，人们对深度访谈法的使用更加频繁，不仅心理测验的发展有赖于它，对士兵精神及情感生活的记录也有赖于它。与此同时，深度访谈法被用于一些经典的人种志研究。到20世纪七八十年代，深度访谈法在社会科学研究中得到了普及。①

深度访谈法指的是专业访谈人员和受访者之间针对某一主题，以一对一的互动方式进行时间较长的（通常是30分钟）、直接的、个人的访问的一种方法，用以揭示对某一问题的动机、信念、态度和情感。

进行深度访谈时，一般会有一个访谈的提纲与范围，访谈人员和受访者将围绕某个主题进行相对自由的交谈。其主要作用是通过深入细致的访谈，获得丰富生动的定性资料，并通过调研人员的洞察性分析，从中归纳和概括

① 卡斯尔．研究访谈．武敏，译．上海：上海人民出版社，2018：2-3.

出某种观点与结论。作为定性调研方法之一的深度访谈法，在市场调研领域有着重要的地位，是市场调研中使用频率很高的一种调研方法。

二、深度访谈法的特点

深度访谈是一种目的性交谈，交谈双方通过谈话有意识地获得资料和信息。简而言之，深度访谈是“带有一定目的而进行的一种深度交流”。

深度访谈的特点在于向调研人员提供一种一对一探究受访者内心想法的方法，受访者的观点不会被他人“感染”。因此，通过深度访谈，调研人员可以得到受访者持某种观点的深层次原因。因此，基于深度访谈的市场调研更能够向客户提供策略层面的结论和建议，而不仅仅是对既有事实的描述和统计。

三、深度访谈的实施流程

深度访谈一旦失败，受访者很难接受重来一次。因此有效的深度访谈需要进行细致规划和准备才能获得预期的效果。

（一）确定访谈主题

深度访谈是运用有目的、有计划、有方法的口头交谈方式，向受访者了解事实的方法，而不是在闲散聊天的情况下进行信息搜集。因此首先需要确定访谈主题。

（二）编制访谈提纲

应根据调研目的编制访谈提纲，并将其具体化为访谈问题。访谈提纲是后期深度访谈分析的重要线索，其中蕴含了“是什么”“为什么”“怎么样”等有层次、有深度、信息增量明显的一系列问题，可以让访谈结果富有条理和逻辑。

需要特别指出的是，深度访谈提纲并不适宜列出非常细致而又繁多的问题，只需简要列出关键问题即可。在刚开始开展深度访谈时，同学们可能会因为害怕访谈的时候无话可说，而常常在提纲中把问题列得又多又细，有的甚至还把能想到的回答也在问题后面标注出来。这样表面看起来准备得十分细致充分，但是大大降低了深度访谈的质量，很容易陷入僵化的一问一答，从而失去受访者主动、鲜活的表达，得不偿失。

深度访谈提纲需要注意问题的重要性排序，并尽可能地精简问题。提纲的编制是一个不断修正的过程，并且这种修正是持续进行的。面对不同的受访者，并不需要把所有的问题都一模一样地来一遍。当你得到了某些问题的基本结果之后，对于其他的受访者就要省略这些问题，直击下一个问题的核心，这样能够避免大量的无效信息出现在访谈结果中。

（三）挑选访谈员

深度访谈对访谈员的专业水准的要求比问卷调查对访问员的要求高，一般需要其具有专业背景。如果是大型调研，调研人员需要招募辅助访谈员来协助完成整个访谈工作。选择辅助访谈员时应考虑两个条件：一是对基本工作素养的要求，如踏实认真、能够积极融入团队；二是根据调研主题需要考虑的一些特殊条件，如性别、年龄、受教育程度、民族等，这些可能会成为影响访谈能否进行下去的因素。

（四）招募受访者

凡是与调研主题相关的、有时间、有意愿参与访谈的人员，均可将其纳入受访者名单之中。

（五）执行访谈

1. 在正式访谈前需要做的准备工作

（1）对如何联系受访者，访谈地点、时间的安排，以及如何应对可能出现的突发状况，提前做好准备。访谈地点的选择要以受访者方便为原则，同时访谈环境要安静、舒适，方便访谈一些敏感的话题以及录音、做记录，不容易被旁人打扰到。还要考虑到一旦访谈被中断，应如何处理。

（2）对访谈的内容及访谈提纲要提前熟悉。

（3）对受访者的背景信息做初步的了解，如性别、年龄、职业、受教育程度、经历、专长，方便访谈过程中更好地与之交流。同时，还需了解受访者所处的社会环境。

（4）准备好访谈中需要的材料，如笔、纸、录音设备、照相机、录像机、调查说明书、调查机关所发的公文、介绍信、证件等。

2. 访谈的具体过程

（1）开场语。

目的是让受访者了解相关信息。例如深度访谈的主题、访谈目的，告知访谈过程中会录音或做笔记等，征得对方许可。

（2）正式访谈。

由访谈员与受访者围绕研究主题进行深入细致的交流。访谈过程中必须遵守知情参与和信息保密原则。访谈遵循“渐进式聚焦法”，从一般化的问题入手，逐渐过渡到核心问题，然后再集中展开。访谈过程不能被访谈提纲框死，访谈员需要针对不同的受访者，进行延伸与拓展。

A. 提问控制。

问题的转换可以使用功能过渡，如“您的工作真忙，回到家里可以轻松一下吧?”

追问问题可以使用以下技巧：一是复述问题。当受访者支支吾吾或看起来并不理解问题时，应复述问题。二是复述回答。访谈员若不能肯定自己理解了受访者的回答，则可复述一下受访者的回答，以确认是否完整把握了受访者的意愿，避免出现信息不等值的情况。为更准确地理解受访者的原意，需要适当地多问为什么。访谈员应认真倾听，可点头或微笑表示自己已听到回答，从而激发受访者继续谈下去。当受访者回答不完整时，可停顿不语，保持耐心，不要替受访者思考或回答问题，而是给予其充分思考和回答的时间。

需要注意的一些事项：

- 留意标志性事件。当受访者提到一些标志性事件时，需加以留意。因为这些标志性事件可能隐藏着丰富的信息，从而挖掘更多能够带给调研人员的相关信息。
- 保持中立态度，尽力避免倾向性，不允许诱导。
- 把握方向及主题焦点，尽量减少题外话，集中注意力讨论重要问题。
- 注意时间上的顺序，特别是当涉及变迁问题时。
- 提问以能达意为原则，不要用带有感情色彩的字眼。
- 根据受访者的特点，灵活掌握提问的问法与语气。

B. 表情与动作控制。

当受访者跑题时，可以让对方喝水，同时做三两句总结，尽快引出下一个问题。若想对受访者表示鼓励，则可以连连点头、低头记录。

礼貌、谦虚、诚恳与耐心是必需的。避免毫无表情，注意表情控制。及时做出回应也很重要。当受访者谈到自己的挫折与不幸时，应当即表示同情与惋惜。当受访者谈到不平的事时，访谈员应表现出义愤。当其谈到成就时，应表示高兴。如果受访者对某一问题不愿回答，则要表示理解。在人际交往中，人们更喜欢与能理解自己感受的人交流。在不带偏见的同时，保持对受访者的同理心，随机应变，侧重有效提问及互动。对话过程中，应尊重受访者的话语权，在其回答时不可随意打断，应认真耐心倾听并及时解释回应受访者的疑问。当问答涉及敏感、隐私话题时，可采用间接提问的方式代替直接提问，且随时观察受访者回答时的表情和情绪，如出现皱眉、抿嘴、声音降低，此提问就应点到为止。

总之要感同身受，耐心细致，不要端某种权威架子，不要采取忠告或训诫式的态度，不要和对方争论。

C. 访谈记录。

当场记录：边访谈边记录，须征得受访者的同意。优点是资料完整，不带偏见。缺点是可能忽略对方的表情、动作所表达的信息。解决方法可以是，如果受访者许可录音，则既可获得最完整、详细的资料，又可专注于访谈；或者由两名访谈员同时访问一人，一名访谈，一名进行记录。

事后记录：访谈结束后靠回忆进行记录。优点是不会破坏访谈员与受访者的互动。缺点是由于访谈员的个人偏好，其认为不重要的对话在凭记忆记录时可能会被忽略，从而失去许多有价值的信息。

（3）结束语。

在结束访谈之前，需要对本次访谈进行总结，并确认受访者的想法与描述是否一致，避免遗漏一些细节。最后送上小礼品表示感谢。访谈的结束应把握两个原则：一是适可而止，时间不宜过长，一般以 30 分钟为宜；二是要把握住结束谈话的时机。

（六）整理分析访谈资料

将深度访谈的内容进行归总，并进行全面分析，分析受访者表达的真正意图是什么，是需求没有得到满足还是产品体验不好等。此外，如果收到的反馈意见较多，是否需要全部采纳？如果不全部采纳的话，应该怎么根据优先级排序并进行取舍？这些都是需要思考和总结的。

（七）撰写调研报告

撰写深度访谈调研报告时，需注意纵向比较视角与横向比较视角的结合。纵向比较是指受访者心理与行为的发展变化；横向比较是指不同受访者间的相似与差异。

四、深度访谈法的优势与局限

（一）优势

深度访谈法的优势是鲜明的。

首先，相较于焦点小组访谈，深度访谈中的受访者不会受到群体压力，每名受访者可以说自己想说的话，而不必顾忌是否会被群体接受。受访者能够感受到自己是被关注的焦点，个人的感受与想法是重要的，是别人真正期望了解的。高敏感度话题更适合深度访谈法，受访者既不需要维持群体秩序，还可以表达独立的观点而不受其他人的影响。

其次，深度访谈法可以获取深层信息，揭示隐藏在受访者表面陈述下的感受和动机。一对一的近距离访谈，有利于全方位获得丰富资料，除了口头语言，还能捕捉到受访者的面部表情、肢体动作、语音语调等信息。

最后，深度访谈法对访谈场地的要求容易满足，不像焦点小组访谈那样需要单面镜等特定的设备。

（二）局限

深度访谈法的局限在于：第一，深度访谈占用时间与所花经费较多，不能大面积开展。第二，深度访谈是很消耗访谈员精力的，所以一名访谈员一天内所访谈的人数有限，大多不超过五人。第三，寻找与培训优秀的访谈员并不容易。

我在调研现场

优秀作业评析：关于校园消费扶贫的深度访谈提纲

调研目的：了解大学生对校园消费扶贫的认识、参与程度及参与感想。**（评析：从选题来看，“校园消费扶贫”这一选题有新意、有深度，切口也比较小。）**

同学你好，我是人文学院2019级广告学专业的一名学生。首先感谢你的参与。相信你也一定知道，2021年我国脱贫攻坚战取得了全面胜利，现行标准下农村贫困人口全部脱贫。在脱贫过程中，消费扶贫起到了重要作用。我校也在积极地推进校园消费扶贫措施，来帮助贫困地区。现在我想就你对校园消费扶贫的认识、参与程度以及参与感想深访一下你，以便为我的调查研究提供支持。请你放心，以下问题没有对错之分，请根据你的实际情况做出回答。深访内容只会作为学术研究的资料，不会另作他用。同时，我还会保护你的个人隐私。

1. 介绍一下你自己。

2. 请问你是通过什么途径接触到消费扶贫这个概念的呢？是你主动去查阅学习到的还是无意间浏览到的？

3. 请问你参与过哪些消费扶贫方式？

4. 你觉得生活费的多少是否会影响到一名大学生进行消费扶贫？

5. 请问你是否注意到了学校里现有的消费扶贫方式？

6. 我发现你在学校食堂的消费扶贫窗口进行了消费**（评析：使用了参与式观察法，先对在学校食堂的消费扶贫窗口进行消费的同学进行观察，这一点非**

常好），请问引发你进行消费的因素是什么？或者你消费较少的原因是什么？**（评析：消费较少这一点如何判定呢？）**

7. 你在进行这些扶贫消费时，体验如何？**（评析：好问题。）**

8. 你觉得校内的消费扶贫和社会上的消费扶贫相比，有什么不同？**（评析：好问题。）**

9. 请问你认为现有的校园消费扶贫有哪些可以改进的地方？

10. 请问你觉得校园消费扶贫提供的产品有哪些可以改进的地方？

（评析：9 和 10 这两个问题是否重复了，建议合并成一个问题。）

11. 请问你有关注过校园消费扶贫筹措到的资金的流动去向吗？**（评析：对于校园消费扶贫筹措到的资金的流动去向，受访者应答起来可能会比较困难。）**

12. 我发现目前校内消费扶贫售卖的产品大多停留在食品层面，你觉得怎样才能提高扶贫产品的质量呢？

13. 请问你关注过校园消费扶贫是否给帮扶地区带来了改变吗？**（评析：校园消费扶贫是否给帮扶地区带来了实际改变确实是很值得探讨的，但是对于这一点，作为受访者的大学生恐怕难以回答。这需要对学校相关主管部门的人员进行访谈。）**

14. 你认为怎样可以提高校园消费扶贫运营的透明度呢？**（评析：好问题。）**

15. 大学生作为一个没有固定收入来源的群体，你怎么看待消费扶贫进入校园这一措施呢？ **（评析：在这里强调指出"没有固定收入来源"，算不算诱导？）**

16. 请问你认为如何才能让校园消费扶贫保持初心，不沦为某些人从中牟取私利的工具？**（评析：不沦为某些人从中牟取私利的工具，这种情况并没有切实证据表明正在发生，算不算武断判定？）**

17. 你觉得政府或者学校需要制定哪些政策、规则来规范校园扶贫消费。

18. 在我们学校，可能有的同学本身就需要接受国家补助或者来自贫困地区，你怎么看待他们进行校园消费扶贫这一行为呢？这样会不会和校园消费扶贫的本意背道而驰呢？**（评析：如果学校强制同学们去食堂的消费扶贫窗口进行消费，则可以问这个问题，但学校并没有这么做，所以这个问题的出发点有失公正。）**

19. 校园消费扶贫具有公益性和营利性，你觉得如何权衡这两方面？

20. 你觉得有必要向校内师生公开校园消费扶贫项目的盈亏情况和账目吗？**（评析：好问题。相对于前面询问对校园消费扶贫筹措到的资金流向的关注，同学们对这个问题应该更有话说。）**

第三节 投射测试法

有一则关于苏东坡的故事是这样的：

某天，苏东坡和佛印禅师两人一起在庙里打坐。苏东坡突然心血来潮，问佛印："你看我像什么?"佛印说："像一尊佛"。苏东坡听后大笑着对佛印说："我看你像一堆牛粪。"佛印不开腔。

苏东坡回家后得意地向苏小妹讲了他挖苦佛印的事。苏小妹笑着说："你知道参禅的人最讲究的是什么？是见心见性，你心中有啥眼中就有啥。佛印说看你像尊佛，那说明他心中有尊佛；你说佛印像牛粪，自个儿想想你心中有什么?"苏小妹说的"见心见性，你心中有啥眼中就有啥"，指的是个体将自我的观念、态度与行为转移到别人身上，这就是"投射"。

一、投射测试法的概念

投射测试法（projection test）是指以非结构化的间接方式进行提问，通过观察、挖掘调研对象对测试的反应来揭示其真实的情感、态度、意图和动机，主要依靠来源于临床心理学的投射技术来实现。

需要特别强调是，投射测试法一般不独立使用，往往与焦点小组访谈法或深度访谈法结合使用。

市场调研中使用投射测试法的一个经典案例是，美国邮政服务公司（U. S. Postal Service，USPS）利用这一方法来探究为什么大多数 8～13 岁的男孩不把集邮作为他们的爱好。样本中的男孩被要求观看一张一个 10 岁的男孩把一枚邮票小心地粘贴在他的集邮册上的照片，然后描述刚才的情景并形容那个男孩的特征。大多数的调研对象认为照片中的男孩有点"娘娘腔"。之后，美国邮政服务公司发起了一项针对 8～13 岁男孩的广告活动，打消了他们认为集邮有"娘娘腔"之嫌的观念。广告中，一位非常著名的后卫在足球场上带领他的队伍取得了胜利，然后回到家里和他 10 岁的儿子一起在集邮册上粘贴邮票。①

① 马尔霍特拉．营销调研精要．张婧，译．北京：中国人民大学出版社，2016：97.

二、投射测试法的分类

市场调研中，最常使用的投射测试法有联想测试法、完成测试法与表达测试法。

（一）联想测试法

联想测试法（association tests）是指向调研对象提供一种刺激，要求其立即做出反应，并说出所引起的瞬间变化，不让心理防御机制有时间发挥作用。联想测试法可以让调研对象透露他们对有关主题的内在感受。个人的响应模式和具体回答可用来确定该调研对象对调研主题的潜在态度或感觉。

联想测试法包括自由联想测试法、文字联想测试法、图片联想测试法等。

1. 自由联想测试法

自由联想测试法在测试品牌认知、产品形态、产品包装、广告效果等方面的使用比较多。这种方法通常对调研对象不做任何暗示，要求其针对给定的测量材料，可能是文字、图片或作品，随意回答脑海里第一个想到的东西。

2. 文字联想测试法

文字联想测试法是指给调研对象提供一定的文字，然后让其写出根据提供的文字所联想到的事情。这种方法经常被用于广告文案测评。

3. 图片联想测试法

图片联想测试法是指给消费者一组关于品牌或产品的图片，来测试他们对该品牌或产品的感受。为维萨（VISA）信用卡所开展的图片联想测试发现，在消费者心目中，维萨卡的形象是健康、女性、稳定。于是该公司开展了名为“随心所欲”的针对高收入男性市场的宣传促销活动。

（二）完成测试法

完成测试法（completion tests）是指要求调研对象完成一个不完整的刺激情境，以此投射测试其本身的观点和态度。

1. 句子完成测试法

句子完成测试法是指给调研对象提供不完整的句子，让调研对象用自己的话将其完成，调研人员通过调研对象完成的句子进行产品或品牌推广策划的认知与理解测评。句子完成测试法可以给调研对象一个更加直接的刺激，能提供关于调研对象的感受的更多信息。

例如：__________让每个人平等地提升自我。（测试对广告语的认知与记忆。）

微信朋友圈对你来说，就是__________。（测试产品在消费者心中的定位。）

明天学校要举行建校 50 周年的庆祝活动，老师要求穿白鞋，可你没有，你打算去__________买一双。（测试急需物品的首选购物平台。）

2. 故事完成测试法

故事完成测试法是句子完成测试法的延伸版本，是指给调研对象一个剧情，让其将自己投射到剧情中假设的情境中。

例如：你 11 点半订了外卖，一般情况下 12 点就会送达，但现在 12 点 20 分了，你的外卖还显示正在配送中。今天也没有下雨或下雪，天气晴朗。你等得有些急了，直到 12 点半，外卖小哥才给你打电话。你有些不高兴，但是快递小哥说______________________________。你觉得原来是这样，那晚些就晚些吧。（测试在排除恶劣天气情况下，顾客对于外卖晚点达到半个小时以上，在什么情况下会予以理解。）

句子完成测试法和故事完成测试法被市场调研人员认为是所有投射测试法中最常用的两种方法。

（三）表达测试法

表达测试（expressive tests）是指给调研对象提供一个语言或视觉场景，要求其将场景与别人的感受联系起来。该方法的重点是从创作和构造某件事转变到构造方式上。

1. 角色扮演法

角色扮演法要求调研对象以另一个人的身份及其行为方式处事。可以要求角色扮演者向具有不同目的的消费者推销某种产品，通过观察这些角色扮演者如何试图克服各种障碍而采用的推销方式，了解他们的态度。

2. 第三者法

第三者法不是直接问一个人的感受，而是通过诸如“你的邻居”“你的同事”或“大多数医生”等第三人称来表述问题。调研对象在描述第三者的反应时，会将自己投射在该情形下并透露个人的信念与态度。个人以第三者身份做出反应可以减轻其给出社会期望的答案的压力。

例如，为了了解为什么有些人不乘坐飞机，某航空公司委托开展了一项调研。当询问调研对象“你害怕乘坐飞机吗?”时，经常乘坐其他交通工具的旅客很少会回答“害怕”。但是，调研人员怀疑这些回答在很大程度上受到了要给出社会期望的答案的影响。因此，在后续调研中再询问调研对象：“你认为你的邻居害怕乘坐飞机吗?”调研结果表明，那些经常乘坐其他交通工具的旅客多数认为“邻居”害怕乘坐飞机，主要原因是“费用高、不方便和恶劣天气会造成延误”。请注意，以第一人称方式提问（“你害怕乘坐飞机吗?”）没有引出真实的回答。用第三人称问同样的问题（“你认为你的邻居害怕乘坐飞机吗?”）弱化了调研对象的自我防御意识，产生了更加真实的答案。第三者法的一个很常见的例子是调研人员向调研对象出示购物清单，然后询问他们该购物者具有哪些特征。[①]

3. 消费者绘图法

消费者绘图法（consumer drawings）是指市场调研人员要求消费者画出他们的感受，或者他们对某个事物的感知。消费者绘图法可以揭示消费动机，表达消费者的理解。

三、投射测试法的优点与局限

投影测试法是一种无结构的、非直接的询问方式，可以绕过人们的心理防御机制来获取真实的信息，尤其适用于涉及隐私或者敏感性问题的调研。

投影测试法本身实施起来并不难，但是对后期分析的能力要求比较高，有时候还需要心理学专家参与对答案的分析工作，因此增加了调研成本。

第四节 访谈法的抽样

抽样不是定量调查独有的，访谈法也需遵循一定的抽样原则。

一、访谈法的抽样原则

在市场调研中，无法做到对所有的调研对象逐个进行研究，因此只能选择其中的一部分进行抽样研究。抽样可以分为两大类：概率抽样和非概率抽样。由于访谈法需要详细、深入的访谈资料，更注重访谈的代表性，而不是访谈的数量，加之调研成本高，因此很少采用概率抽样，而是会采用灵活机动的非概率抽样，选择那些能够为调研问题提供最大信息量的人作为样本。

---

① 马尔霍特拉．营销调研精要．张婧，译．北京：中国人民大学出版社，2016：107.

二、访谈法常用的抽样方法

访谈法常用的抽样方法是目的性抽样法、异质性抽样法与滚雪球抽样法。

（一）目的性抽样法

目的性抽样法（purposive sampling）是指调研人员根据调研目标和自己的分析来选择和确定受访者的方法。在访谈中重要的不是样本数量的多少，而是样本是否可以比较完整地、相对准确地回答访谈提纲设定的问题。由于访谈研究的样本比较小，因此一般采用目的性抽样法来确保访谈到那些能为主要调研问题提供最大信息量的受访者。

例如，某连锁乐器行想组织一场焦点小组访谈，目的是更好地推广乐器行的业务，那么可以考虑邀请家长、儿童、有意向学乐器的大学生、音乐老师等。

（二）异质性抽样法

由于访谈数量的有限性，因此除了目的性抽样法外，深度访谈还经常通过异质性抽样法（diversity sampling）来涵盖不同类型的受访者，以最大限度地覆盖、反映调研对象的差异。

例如，我们要对大学生群体对音乐剧的接受度进行深度访谈，可以在经常自费买票看音乐剧的学生群体，虽不会自费买票但如果学校分发赠票就会去看的学生群体，以及即便学校分发赠票也不会去看的学生群体中寻找受访者，分别进行深度访谈，其分析结果就可以探寻音乐剧对大学生群体的吸引力在哪里，如果不爱看，原因是什么。这样会给如何在大学生群体中推广音乐剧带来更全面、更客观的一手信息。

（三）滚雪球式抽样法

在通过目的性抽样法和异质性抽样法确定一些受访者之后，在访谈过程中，还可以根据需要，请求受访者推荐一些他们知道的符合访谈要求的受访者，以对某一类型的受访者进行深入、细致的追踪访问，直到收集到充足的访谈资料，这种抽样方法被称作滚雪球式抽样法（snow-ball sampling）。滚雪球式抽样法尤其适用于具有一些特性的小群体调研，例如，大学生高档手机消费调研、大学生理财情况调研等。

这一抽样方法由于受访者的同质性太强，因此最好作为目的性抽样法和异质性抽样法的补充，以取长补短，保证访谈样本的代表性、广泛性和深入性。

对调研人员来说，访谈多少受访者才是足够的呢？通常来说，访谈遵循

"信息饱和原则"，即当调研人员发现访谈中所获得的信息开始重复，不再有新的、重要的话语出现时，就可以认为信息已经饱和，不再需要继续进行访谈了。

本章小结

焦点小组访谈法与深度访谈法都是在市场调研中应用范围广泛、使用频率较高的定性调研方法。焦点小组访谈法的核心优势在于群体动力，深度访谈法的核心优势在于一对一地面对面深入交流。本章重点论述了焦点小组访谈法与深度访谈法的概念、特点、操作流程与实施步骤。访谈法的掌握不仅需要课堂学习，还需要课后扎实演练。投射测试法一般是与焦点小组访谈法与深度访谈法结合使用的一种辅助技术，形式灵活，是提升访谈效果的有力助攻手。

思考题

1. 在人工智能、大数据的社会背景下，访谈法的核心竞争力是什么？

2. 根据下述背景材料，查询相关二手资料，编制一个关于"银发群体"文旅消费需求调研的焦点小组访谈提纲或深度访谈提纲。

"'银发'群体对文旅消费有着旺盛的需求，已成为我国文旅市场的重要消费群体，需要供给侧给予充分重视。"2023年"两会"期间，全国政协委员、民建北京市委副主委安庭在接受中国旅游报社记者采访时建议，以充分开发针对"银发"群体文旅消费时段等方式，助力"银发"文旅经济健康有序发展。安庭在调研中发现，"银发"群体消费在文旅市场存在着不平衡、不充分等问题，如"重旅游消费、物质消费而轻文化消费""文旅供给侧在消费时段上，缺乏面向'银发'群体的针对性设计""文旅消费中的数字鸿沟在扩大"等。安庭建议，影剧院等城市文化消费单位，应在日间非传统黄金时段开设针对"银发"群体的营业时段。充分安排适宜老年人观看、娱乐的文化内容，并设计合理的价格。博物馆、图书馆、美术馆、文化馆、展览馆、体育场馆、商场、购物中心等，增设针对"银发"群体的早场消费时段。"建议营业性质的文旅单位保留相应的人工售票通道，方便'银发'群体线下即时现场消费。"安庭表示，相关部门应针对"银发"群体文旅消费时段，积极配合开发辅助的餐饮、医护、交通等保障设施。此外，建议社会化培训机构，依照"银发"群体的起居生活节奏，适当增设早课时段。通过增设针对性文旅消费时段，更为充分、平衡、精准地释放这一群体的消费需求，为当前"银发"经济稳增长贡献力量。[①]

---

① 徐晓．全国政协委员安庭：重视"银发"群体文旅消费需求．(2023-03-14)[2023-04-24]．https://www.mct.gov.cn/preview/special/2023lh/9685/202303/t20230314_940526.htm.

案例 5-1

案例介绍：调研人员想进行大众媒介对农村留守儿童社会性发展的影响研究，那么首先需要对留守儿童这一受众群体进行深入调研，除了对留守儿童本人及其父母进行参与式观察、问卷调查、深度访谈外，调研人员还想了解留守儿童在学校的各方面情况，比如课堂表现、学业成绩、同学交往、教师评价等，基于此，对农村教师进行焦点小组访谈。

农村小学教师关于留守儿童问题的焦点小组访谈①

调研人员通过对农村中、小学教师的问卷调查发现，46.7%的教师认为父母出去务工的学生和父母都在身边的学生差别很大，43.3%的教师认为有部分差别。

为了进一步了解二者的差别，调研人员对陕西省汉中市南郑区C镇G小学的部分教师进行了一场焦点小组访谈。以下是截取的访谈记录：

三年级任课教师 Z

父母两个都出去打工的男娃表现最差。三年级的ZY，爸妈都在外打工，爷婆（方言：爷爷奶奶）文化水平低，身体又不好。他学习没人辅导，自己又不自觉，好玩好耍，上课看漫画书，没收了一次，还和老师犟嘴。

四年级任课教师 L

现在读书无用论有所抬头。留守儿童一般都是爷婆经管（方言：照顾），爷婆们听说现在城市大学生多的是，照样找不到职业。高投入，无回报，读书有啥用？所以不少爷婆的想法是：学习差就差，不爱学就算。女娃更是没必要抓，到时候是要给（方言：嫁）出去的。孩子回到家，爷婆对学习情况很少过问。留守儿童，父母不在身边，爷婆文化水平低，没有办法给孩子辅导学习，吃饱穿暖不生病就不错了。你说这怎么能跟上班级学习进度呢？

四年级班主任 C

我们四年级的留守儿童FHW，文化课学习成绩差。性格也很蛮，不良行为比较多。上课坐不住，手脚停不住，一会儿站着，一会儿坐着，不是耍书包，就是耍文具盒。从来没有哪节课的作业是按时做完的，老师刚讲的内容他都记不住。听他爷爷说，他看起电视没个够，催好几次都不关，还犟嘴。一个家庭，对孩子的成长必须有高度的重视和严格的要求，不是把孩子放到学校就完事了。孩子的大部分时间是在家过的，孩子的性格和习惯主要是受家庭的熏陶。看电视、上网对学生的影响也挺大的，父母都出去打工的孩子，爷婆根本就管不了他们看电视、上网。

五年级班主任 Q

爸妈出去打工的学生和爸妈在家的学生课堂表现没啥大差别。我们班上的留守

---

① 杨靖．大众媒介对西北地区农村留守儿童社会性发展的影响研究．北京：中国社会科学出版社，2017：64-68.

儿童XYD和ZYZ的爸爸常年外出打工，可他们成绩一直都是班上前五名，关心同学，在学生中很有威信。还有几名留守儿童成绩也在中上。上课表现最差的反而是爸妈都在家的一个男生。这就说明要看一个家庭怎样教育孩子。有的孩子父母虽然都在身边，但只忙于做生意、挣钱，对孩子的教育不闻不问，这样的家庭环境对孩子的不利影响很大。有的孩子爸妈虽然都在外面打工，但经常给孩子打电话，寄各种最新的辅导书，督促学习。他们一样会学习好的，而且还特别知事（方言：懂事），知道爸妈在外面挣钱不容易，更要好好学习。

六年级班主任Y

留守儿童和非留守儿童课堂表现有明显差别。像我们班的WL，今年11岁，爸妈都去北京打工了，把他交给爷婆，爷婆年龄也大，根本就管不住他。他作业经常拖欠，上课坐不住，东张西望，玩东西。老师批评他，他也不听。老师表扬了谁，他还做鬼脸。个性蛮，拿个笤帚追着同学打，他说他拿的是周杰伦的双节棍。这个孩子其实挺聪明，如果他父母在身边，我想就不会这样差。

六年级任课教师X

现在的学生和前几年学生的思想状况很不一样。从劳动观念上来说，前几年学生的劳动观念是比较强的，老师的工作也好做。只要老师说今天要擦门窗，清除学校垃圾，学生都特别积极，争先恐后拿脸盆、拿抹布。干啥事根本不用老师操心。就说当值日生，也生怕轮不到自己。可现在的学生大不一样，在家里啥活不干，由父母代劳，连值日生都懒得当，还要老师天天擦黑板，打扫卫生也是敷衍了事。劳动观念在学生中已经很淡薄了，在学校都这样，在家里就更不用说了。这样的学生，将来走上社会恐怕也是适应不了的。我看倒是一些爸妈都在外面打工的孩子，特别是女娃，在家里帮着做饭、洗衣服、喂鸡、扫院子啥的，在学校也比较勤快，学习也自觉。

分析

哥特曼为了对社会地位进行界定以及阐明社会隔离的本质，对113名儿童进行了长期的深入研究，把儿童分为五种不同的类型（见表5-2）。

表5-2　哥特曼划分的五种儿童类型

类型	特征
明星式儿童	受到多数人的特别喜爱
交际家儿童	同伴交往较多，一些人喜欢，一些人不喜欢
教师否定性儿童	常与教师发生冲突，多数人不喜欢
受忽视儿童	置身事外；被忽视而不是被拒绝
受排斥儿童	很不被人喜欢，不是仅被忽视，而是在行为上被同伴排斥，其原因是具有过多的侵犯性（“侵犯性受排斥儿童”）或性格内向、社会适应能力差（“退缩性受排斥儿童”）

从教师的焦点小组访谈结果来看，留守女童的校园表现与学习成绩普遍要优于留守男童。五年级班主任Q提到的留守儿童XYD和ZYZ，还有留守男童LJY都属于“明星式儿童”，受到班里大多数同学的欢迎与喜爱，在学生群体中威信较高。明星式留守儿童的家庭特点多为父亲外出务工，母亲在家，母亲文化水平相对较高，父母两人均非常重视对孩子的教育。明星式留守儿童能够把父亲不在家的困境化为一种动力，促进自身成长。

相对来说，留守男童中有一部分属于“教师否定性儿童”“受忽视儿童”与“受排斥儿童”，而这一部分留守男童多为父母均外出务工，由祖辈监护。

案例 5-2

公益广告激发留守儿童亲社会行为调研①

亲社会行为，又称积极社会行为，泛指一切符合社会期望，对他人、群体或社会有益的行为。

调研人员通过问卷分析发现，53.1%的留守儿童“很喜欢”或“喜欢”公益广告，这远远高于喜欢商业广告的比例（8.5%）。

调研人员通过深度访谈发现，留守儿童对喜欢的公益广告，如《将爱心传递下去》（洗脚篇）、《迎奥运 讲文明 树新风》、“抗震救灾”公益广告、《公德比赛，今天起正式开赛》、《家》、《没有买卖就没有杀害》等记忆深刻，且均能够将画面、代言人和广告语清晰道来。这些公益广告中的场景、代言人和广告语存储于留守儿童的脑海里，当遇到近似的情境，就会激发留守儿童的助人、同情、分享、鼓励、保护、给予、安慰、合作、援救、鼓舞等亲社会行为的发生。

留守女童ZX，8岁

电视上演过一个给妈妈洗脚的公益广告。我觉得那个小男孩做得特别好，妈妈辛苦养我们，我们不能以为一切都是应该的。我暑假的时候，也接过一盆水，让妈妈洗脚。妈妈说我是她的小棉袄，我也很开心。

留守男童ZWH，12岁

以前我喜欢在院坝（方言：院子）里随地吐痰，我想又不是公家的地方，自家院坝没啥关系。看了电视上演的广告，知道随地吐痰会传播很多细菌，我就不吐了。还对爷婆（方言：爷爷奶奶）说，让他们也别随地吐痰了，可以吐到纸里，扔进垃圾筐，他们也都听我的。

留守男童XGH，10岁

我特别喜欢看公益广告。像是一个公共汽车上，坐了那么多人，大家都不给一

---

① 杨靖．大众媒介对西北地区农村留守儿童社会性发展的影响研究．北京：中国社会科学出版社，2017：213-218.

个背着口袋的老婆婆让座。我觉得老婆婆真可怜，自己要是在车上一定会让座的，少坐一会儿，也没个啥关系。我现在到大河坎去耍，在车上看到有老婆婆、老汉（方言：指年老的男子）家，都让座哩。

留守女童 ZR，11 岁

我最喜欢的一个公益广告是：人字的结构就是互相支撑。说得特别好，人和人就是要互相帮助。你帮了别人，不白帮的，别人下次肯定也会帮你，这都是相互的。一个人如果光顾自己，有了困难，也不会有人愿意帮你。

留守男童 ZZQ，14 岁

我喜欢带动画的广告，像是宣传奥运会的广告，奥运会那个标志可以动起来，感觉就很好。我也想以后成为一个设计家，可以设计许多好看的东西。我还喜欢看一个饮料罐子在地上踢来踢去的广告，没人捡起来，后来是一个跑步的学生捡起来丢到垃圾桶了。以前，我喝完饮料的瓶子在操场到处丢，现在也不了，都放到学校的垃圾桶里。

留守男童 LY 的母亲 HSR，37 岁

以前 LY 喜欢好吃的都一个人霸着，性子蛮，现在懂事多了。前几天，我在超市买了一斤桃酥，LY 取出来说，家里有爷婆、妈妈、姐姐和我，一共五个人，一人分一块，还多出两块，放起来，谁想吃了谁吃。我问他为啥不自己都吃完了，他说，电视上广告都说了，一家人要一起分享快乐，共同承担痛苦。你说要是电视台多放一些这样的片子就好了。

表 5－3 列举了一些公益广告对留守儿童亲社会行为的激发表现。

表 5－3 公益广告对留守儿童亲社会行为的激发表现

公益广告主题	公益广告对留守儿童亲社会行为的激发表现	亲社会行为指向
《公德比赛，今天起正式开赛》；《迎奥运 讲文明 树新风》	坐公交车给老人让座；不在自家院子随地吐痰；不乱扔垃圾；劝说爷爷奶奶要排队；不把擦鼻涕的纸留在桌洞里	同情，助人，合作，分享，自我控制
《将爱心传递下去》（洗脚篇）；《家》	给妈妈倒洗脚水；不和爷爷奶奶犟嘴；零花钱省着花；给过年回来的爸爸洗衣服；自己买的零食会给妹妹留一些	体谅，关怀，理解，珍惜，分享
《没有买卖就没有杀害》；《别让你的眼泪成为最后一滴水》	劝爷爷不要逮山上的果子狸；不让妈妈买集市上的山鸡；不掏鸟蛋；不去河里捉蝌蚪；不脚踩蚂蚁窝；不玩大水枪	珍爱，同情，保护，援助

分析

公益广告对留守儿童的自控行为、帮助行为、分享行为、合作行为、同情行为、安慰行为都具有引导作用。留守儿童在做出亲社会行为的过程中，也获得了满足感与自我肯定。这种积极的心理体验，会促使留守儿童再次发生亲社会行为。留守儿童监护人希冀孩子吃饱穿暖不生病，但对留守儿童日常良好生活习惯的培养不是非常关注。调研人员通过参与式观察发现，留守儿童监护人，特别是留守儿童的爷爷奶奶，对留守儿童吃饭时随意翻动、挑拣盘中菜肴，独占或藏起自己爱吃的食品，当众剔牙，无节制吃零食（喝饮料），随地吐痰，乱甩鼻涕，乱扔垃圾，购物加塞，踢打小动物，与同学打架，顶撞老师，朝自己大声叫嚷等行为并不认为不妥，更不用说加以纠正。有的爷爷奶奶甚至在留守儿童做出乘车让座、购物排队、与同伴分享零食、把捡到的物品交给老师等亲社会行为时，不但不加以鼓励，反而讥讽、嘲笑其"你这个瓜娃子（方言：傻瓜）""你是不是夯着呢（方言：愚蠢）""读书读呆了"。此外，农村中小学课堂教学主要重视学生学业成绩的提高，对其日常生活行为规范缺乏专门的教学单元。公益广告，因其生动鲜活的画面、娓娓道来的语言，使留守儿童在经年累月中受到了潜移默化的影响。公益广告重复播出率高，留守儿童反复收看含有亲社会行为场景与语句的公益广告内容，逐渐提高了他们亲社会行为发生的频率。

公益广告对留守儿童亲社会行为的影响不是对所接触的媒介内容引发的当下行为的简单重复，相反，其包括对所接触的公益广告内容的消化与吸收，以及进一步的二次分类与储存，这一分类与储存的过程是建立在详细评价"这则公益广告的内容对我意味着什么""我今后可以怎样做"的基础上的。留守儿童对这一过程的完成往往是自发的，随后在某些场合、环境因素下，把经过二次分类与储存的相关公益内容从头脑中调用出来，作为自己具体社会行为的指导。

案例 5-3

县域流动儿童网络素养现状调研

为集中教学资源，提升教学质量，实现规模效应，自 2000 年起全国各地陆续实施"撤点并校"。2000—2010 年，大规模的撤点并校后，全国农村中小学减少近 30 万所。平均每一天就会消失 63 所农村小学和 3 所农村初中。宁夏回族自治区教育厅统计数据显示，2006 年宁夏回族自治区偏远教学点共有 522 所，2010 年为 283 所，减少了 239 所。2012 年 9 月，国务院办公厅颁布了《关于规范农村义务教育学校布局调整的意见》，明确提出"坚决制止盲目撤并农村义务教育学校"，"在完成农村义务教育学校布局专项规划备案之前，暂停农村义务教育学校撤并"，正式叫停了"撤点并校"。以该文件为标志，中央政府对于农村教育的规划步入"后撤点并校时代"。

1. 县域流动儿童的特殊性——兼具流动与留守双重身份

撤点并校在调整农村中小学学校布局、优化农村教育资源方面起到了积极作用，但是撤点并校后农村中小学数量骤减，学生上学距离大幅增加，路途安全隐患出现，低龄寄宿问题渐显，家庭经济负担加重。农村中小学生父母或隔代监护人移居孩子学校所在县城居住，长期陪伴孩子学习，照顾孩子生活。有学者通过对宁夏回族自治区固原市彭阳县流动儿童的问卷调查发现，在孩子上小学阶段，县城周边地区去县城租房陪读现象比较普遍，陪读妈妈所占比例最高。

研究者通过在陕西省汉中市南郑区Z镇的调研发现：租住在W小学、C中学周边的儿童的家庭居住地距离学校最近的为10千米，远的达50千米。因为家庭所在地距离学校远，加之年龄小，因此长期移居县城求学，成为县域流动儿童。同时父亲或父母均外出务工，使得县域流动儿童兼具留守儿童的特性。因此县域流动儿童是在撤点并校政策持续影响下形成的一个兼具流动与留守双重身份的特殊儿童群体。

学界关于流动儿童的研究多集中于北京、上海、广州等大城市，对兼具流动与留守双重特性的县域流动儿童关注较少，以网络素养为切入点的研究更为鲜见。

2. 县域流动儿童网络素养的内涵界定

2020年5月13日，共青团中央维护青少年权益部、中国互联网络信息中心（CNNIC）联合发布了《2019年全国未成年人互联网使用情况研究报告》。报告显示，2019年我国未成年网民规模为1.75亿，未成年人互联网普及率达到93.1%。城乡未成年人的数字差距减小，城镇未成年人互联网普及率达到93.9%，农村未成年人达到90.3%，两群体的差异较2018年的5.4个百分点下降至3.6个百分点。[①]

在县域流动儿童社会性发展进程中，网络促使其能够获取丰富的信息资源，发展其对赖以成长的社会环境的认知、理解与适应能力。在未来生活中，由于县域流动儿童有了获取与评判适合自己发展的网络信息资源的能力，从而能获得更多平等、多样的发展机会，使其社会性发展更为全面、顺畅。

2.1 县域流动儿童网络素养是其对网络信息的获取、利用、评判、创造能力的集合

1997年，卜卫发表了中国（不包含港澳台地区）第一篇媒介素养论文——《论媒介教育的意义、内容和方法》，提出媒介素养包括四方面内容：了解媒介知识及如何使用媒介；判断媒介信息的意义和价值；创造和传播信息知识和技巧；有效利用媒介发展自己。其后学者在论述“儿童媒介素养”内涵时，基本上都是在卜卫对媒介素养四方面内容界定的方向上加以延展。

儿童网络素养的内涵应是儿童网络素养本质属性的总和，具有延展性与包容性。“00后”作为数字时代的原住民，其网络素养、信息素养、数字素养三者之间已经

① 《2019年全国未成年人互联网使用情况研究报告》发布．(2020-05-13)[2023-05-01]. https://www.cac.gov.cn/2020-05/13/c_1590919071365700.htm? eqid=cbd06f5a00028d720000000364566f7c.

很难进行剥离。研究者提出，县域流动儿童网络素养是其对网络信息的获取、利用、评判、创造能力的集合，这四种能力逐层递进，促使县域流动儿童平等获取信息，积极参与社会生活，自主、能动发展自己。

2.2 网络素养教育是推进县域内城乡义务教育一体化中“信息技术教育”的重要组成部分

2016年，国务院出台《关于统筹推进县域内城乡义务教育一体化改革发展的若干意见》，进一步明确了县域内城乡义务教育一体化发展的基本思路，对于促进教育公平和提高教育质量，促进农村教育的科学发展具有重要的指导意义。义务教育是教育工作的重中之重，是国家必须保障的公益性事业，是必须优先发展的基本公共事业，是脱贫攻坚的基础性事业。网络素养教育是推进县域内城乡义务教育一体化中“信息技术教育”的重要组成部分，对促进县域内城乡义务教育一体化改革发展具有推动作用。

3. 西北地区县域流动儿童网络素养现状分析——基于陕西省汉中市南郑区Z镇县域流动儿童及其陪读监护人的深度访谈

单一的量化方法，即通过问卷收集资料，对于把握县域流动儿童的基本概貌很有帮助，但在对县域流动儿童网络素养进行深入的探索与解释方面，一对一的深度访谈法具有独特优势。

陕西省汉中市南郑区下辖20个镇、286个村民委员会，村民小组3 091个。Z镇的W小学、C中学教学质量在全区名列前茅。2020年11月1日到12月30日，研究者对陕西省汉中市南郑区Z镇的15名流动儿童及其陪读监护人开展深度访谈，因为疫情，所以通过手机通话、微信语音、QQ语音等进行线上深度访谈。研究者发现，疫情期间开展线上深度访谈的拒访率很高，受到外部环境的干扰度强，很难一次顺利完成深度访谈提纲问题，因此研究者对儿童及其陪读监护人采取了两至三次深度访谈。深度访谈立足于县域流动儿童对网络信息的获取、利用、评判、创造能力四个维度进行。

15名县域流动儿童的年龄在6岁半到15岁之间，他们主要来自南郑区Z镇周边的Y村、G村、L村、C村。在Z镇租房生活最短的为三个月，最长的为七年半。所读年级在一年级到初二之间。由于南郑区Z镇的C中学要求初三学生周一到周五全部参加晚自习，因此一般会安排初三学生住宿。15名儿童中，8名是父亲外出务工，母亲陪读；5名是父母均外出务工，爷爷在家务农，奶奶陪读；2名是父母均外出务工，爷爷奶奶陪读。陪读监护人以妈妈或奶奶为主力，一般只租一间房，陪读妈妈或奶奶和孩子吃住都在同一个房间里，需与其他租客共用卫生间和厨房，月租金基本在200元左右。爷爷奶奶共同陪读的会租套间，月租金在400元左右。租房陪读的监护人高度集中在距离W小学、C中学较近且房租相对便宜的区域，形成了Z镇的“陪读圈”。

3.1　手机使用向低龄县域流动儿童渗透，成为“安全的手机保姆”

深度访谈对象 01 的陪读妈妈：28 岁，南郑区 G 村人，在 Z 镇 W 小学旁边租房四个月，女儿 6 岁半，在 W 小学上一年级。

研究者问及孩子多大开始接触手机，深度访谈对象 01 的陪读妈妈回答：“我女子（方言：女儿）从两三岁的时候就喜欢唱唱跳跳，我就让她看抖音上的小女孩怎么表演，《浪子闲话》就是在抖音上学的，像模像样的，幼儿园老师都夸她跳得好。”

深度访谈对象 02 的陪读妈妈：29 岁，南郑区 Y 村人，在 Z 镇 W 小学旁边租房三个多月，儿子 7 岁，在 W 小学上一年级。

研究者问及孩子多大开始接触手机，深度访谈对象 02 的陪读妈妈回答：“大概会走路以后吧。娃一直是我一个人带，孩子爸爸在外面打工，婆子妈（方言：婆婆）偶尔搭把手。有时候实在忙不过来，会用手机放动画片给他看，我去忙点别的，这样也安全一些。娃捣得很（方言：很顽皮），一不注意他就会爬窗台、上桌子动热水壶。”

研究者通过对县域流动儿童陪读监护人的深度访谈发现：手机对县域流动儿童低龄群体的渗透能力较强，基本学龄前就开始频繁接触。多是陪读监护人忙不过来或比较疲惫的时候，认为看手机可以使孩子安静，不用担心其攀爬窗台、触摸插线板或天然气开关、被开水烫伤，同时陪读监护人也能获得一定的精神放松。

3.2　手机成为县域流动儿童依赖的“独立空间”，娱乐功能凸显，对网络总体态度偏消极

深度访谈对象 01：女，6 岁半，W 小学一年级学生，爸爸在江苏务工，爷爷奶奶在家里务农，妈妈陪读，在 Z 镇 W 小学旁边租房四个月。

“我喜欢看抖音上的小女孩唱歌、跳舞、才艺比赛，爱玩微信里的《动物餐厅》《天天打木偶》《王牌水果切切切》。幼儿园大班有写字作业，算数作业少，上了一年级，算数作业多了，有时候我写着写着就想看看抖音，看着妈妈在我旁边‘切水果’，我心里就更急。”

深度访谈对象 06：男，9 岁，W 小学三年级学生，爸爸妈妈在西安务工，爷爷在家里务农，奶奶陪读，在 Z 镇 W 小学旁边租房两年多。

“刚开始我妈不让我用手机。后来老师让加班级 QQ 群，要布置作业，通知事情，我婆（方言：奶奶）又不会，我妈就把她的旧手机给我了。我每天放学回家先玩一会儿。”（研究者追问：一会儿是多长时间）“没看表，估计不到一个小时吧。不过玩手机确实时间过得快。在家里上网课的时候，有时候上着上着就想玩手机，特别是上数学课的时候，觉得不像语文课一样有意思。我喜欢刷抖音、快手，打《王者荣耀》《火线部队》。抖音上的游戏直播很有意思，像《火线部队》啥的，但抖音上《王者荣耀》一开直播，就会被踢掉，这个比较烦人。我觉得当个游戏主播挺好，不仅天天可以打游戏，还有好多人给他打赏，能挣很多钱。”

深度访谈对象 07：女，10 岁，W 小学四年级学生，爸爸妈妈在北京务工，爷爷在家里务农，奶奶陪读，在 Z 镇 W 小学旁边租房三年多。

“我喜欢在 QQ 音乐上搜歌，很方便。《天空中最亮的星》《少年》我都特别喜欢听。应用商店上什么都有，喜欢就可以安装。我手机上有几十个 App，有抖音、QQ 音乐、网易云音乐、七猫小说、爱奇艺、优酷。我爸妈都不在家，班里好多同学都有自己的房间，我现在和我婆租了一间屋，也说不到一起。有的时候挺烦的，在手机上听听音乐、看看小说，感觉好多了。”

深度访谈对象 10：女，12 岁，Z 镇 C 中学初一学生，爸爸妈妈在浙江务工，爷爷在家里务农，奶奶陪读，在 Z 镇 W 小学旁边租房六年，2020 年 9 月开始在 Z 镇 C 中学旁边租房。

“我喜欢刷抖音，上 B 站。”研究者问：“你上 B 站一般看什么？”深度访谈对象 10 回答：“就是首页推荐，看看不要钱的动漫。”研究者追问：“那你知道 B 站还有很多初中语数英学习资源吗？”深度访谈对象 10 给研究者发了一个表示惊奇的表情包，然后打了一句话：“B 站不就是看动漫的吗？”

有学者基于对北京、山东中学生的问卷调查和深度访谈发现，青少年移动阅读行为呈现出依赖倾向。阅读方式呈浅阅读、碎片化。阅读趣味更多受到媒介和同辈群体的影响。另有学者通过对成都市儿童的调查发现，网络使用目的排在第一的是获取信息，其后是娱乐、查找资料、人际交往等。儿童对网络素养知识的需求较高，学习态度积极。还有学者在 30 个省会城市进行问卷调查，对网瘾治疗师、网瘾青少年及其家长进行深度访谈，发现希望摆脱父母控制、追求交往自由是青少年网络成瘾的一个重要诱因。有研究发现，个性化信息满足、与同伴群体交往需求是儿童最重要的两个网络使用动机。儿童对网络有一定程度的依赖倾向，部分儿童因此产生了社会疏离，甚至陷入网瘾。有关网瘾成因的研究侧重于从儿童所处家庭层面进行分析，父母从孩子幼儿时期起缺乏对自律与延迟满足能力的培养，一味要求孩子服从，缺乏有效沟通。

研究者在深度访谈中发现：15 名县域流动儿童均表示，相比于疫情之前，他们在疫情期间使用手机的时间大大增加。这一方面是由于上网课的需要；另一方面，他们在上网课的过程中，有时候会忍不住玩手机。各年龄段的县域流动儿童对于手机均均有一定的依赖性，特别是在疫情期间，与上网课伴随使用的方式更易使县域流动儿童过度使用手机。县域流动儿童使用手机的娱乐功能凸显，基本用来观看短视频、打游戏、听歌、看小说等。县域流动儿童的父亲一般外出务工，自己和妈妈或奶奶租住在一间屋子里，中间用一道布帘隔开，缺乏个人空间。尤其是逐渐步入青春期的孩子，逼仄的居住环境导致其精神比较苦闷、压抑。在这种情况下，手机成为孩子们依赖的“独立空间”。县域流动儿童从学龄前就会使用微信与支付宝扫码购买物品，在小学中高年级时，开始频繁在应用商店下载喜欢的各类 App，但 App

的类型局限于短视频、游戏、歌曲、小说、聊天五大模块。虽然疫情期间普遍使用网络授课，但是在深度访谈中，没有一名县域流动儿童提出网络是进行自主学习的有力帮手，反而普遍认为上网对自己的学习造成了一定程度的不良影响。

3.3 网络信息评判能力不足，网络防范及自我保护意识薄弱，缺乏创造网络信息内容的主动性

深度访谈对象09：男，12岁，W小学六年级学生，爸爸妈妈在西安务工，爷爷在家里务农，奶奶陪读，在Z镇W小学旁边租房五年多，每天都要刷抖音。

研究者问："你都知道哪些抖音上比较火的话？"深度访谈对象09回答："我太南了、奥利给、神兽、带货、恰饭、干饭了干饭了，还有打工人打工魂、打工人都是人上人。"

深度访谈对象11：女，13岁，Z镇C中学初一学生，父亲在西安务工，爷爷奶奶在家里务农，妈妈陪读，从上小学一年级开始在Z镇租房，喜欢刷抖音、上B站。

研究者问："你看网上的信息时会关注信息来源吗？""不会，都是点到哪个看哪个。""你从什么时候开始喜欢B站？""小学吧，受我堂姐影响。她在西安上学，她喜欢上B站，还会剪辑动漫、画动漫，传到B站上，有不少粉丝。"研究者追问："那你有没有想过，像堂姐一样在B站发表自己的动漫作品？""我可没这个本事，而且觉得这很麻烦，别人剪辑好了自己看多省事。"

深度访谈对象13：女，14岁，Z镇C中学初二学生，父亲在外务工，爷爷奶奶在家里务农，妈妈陪读，从上小学一年级起一直在Z镇租房。

"我以前爱玩微信里的漂流瓶，想说的话都可以放心说，也不用担心别人笑话你，后来发现咋没有了，还挺失望的。现在我有时候玩摇一摇，感觉摇一摇要好些，都是附近的人。我妈整天说的都是中考要淘汰一半人，你还不抓紧。本来天天学习就很累，听得更烦心。除了学习，有些话吧和同学也不好说。我觉得摇一摇挺好，想说啥说啥，心里没负担。"

深度访谈对象14：男，15岁，Z镇C中学初二学生，父亲在西安务工，爷爷奶奶在家里务农，妈妈陪读，从上小学一年级起在Z镇租房，非常喜欢打《王者荣耀》。

研究者问："你打《王者荣耀》的时候一般是通过什么组队？""聊天大厅吧。""你感觉聊天大厅里的玩家怎么样？""还行吧，感觉有的人挺能的。有一个人，他说他帮别人代练冲段位，每个月能挣一万多。还有的能破解系统。""那你和组队的成员聊天的时候，会留下自己的一些个人信息吗？""刚开始不会，后来玩的多了，聊着聊着就会说些自己的事情。"

研究者通过深度访谈发现，县域流动儿童对所获得的网络信息的权威性、真实性、适宜性的自主判断与评价能力不足，对通过摇一摇、聊天大厅等结识的网友缺乏防范心理，对个人信息安全的自我保护意识不足。有自己微信号、QQ号的孩子们，其微信朋友圈与QQ空间多是转发一些自己感兴趣的网络内容，很少有自己原创的内容。他们对抖音的偏好度很高，但是对自己感兴趣的内容基本不发表评论，多是"随意刷刷而已"。陪读监护人对孩子可以参与网络信息制作的提法不以为意，多认为"小娃知道个啥""发那些有啥用"。当研究者问及为什么不在QQ空间多写点自己的东西时，孩子们回答"不知道写些啥""挺麻烦""没啥好写的""没有这个能力""转发别人写的省事"。他们不愿意自己创作网络信息内容并不是出于保护自身隐私的考虑，而是缺少创作网络信息内容的主动性。

3.4 家庭网络素养培育氛围中空

八名爸爸外出务工、由妈妈陪读的县域流动儿童均表示，妈妈能积极配合老师，监督自己认真完成当天的作业，但是在自己学习的过程中，妈妈或多或少会在旁边玩手机，基本没有阅读纸质书籍的行为。孩子们对妈妈一边催促自己学习，一边玩手机的行为均表达出程度不同的不满情绪。随着年龄增长，孩子们对妈妈陪读逐渐表现出不予认同的态度。研究者通过对陪读妈妈的深度访谈发现，丈夫外出务工，而陪读妈妈离开家庭居住地，长期租住别人房子生活，一切以孩子为中心，精神有时比较苦闷。身体疲惫或孩子哭闹的时候，会把手机交给孩子，让孩子随意玩，但看着孩子不停玩手机，又会陷入焦躁情绪，觉得自己没有起到监督作用。

县域流动儿童：

"写作业的时候看到我妈在旁边一直刷抖音、切水果，我就更想玩。感觉挺不公平的，凭啥大人可以玩手机，要我天天学习。"

"我妈说手机就是个害人精，可手机也有好的一方面吧，我妈光说坏的，我觉得这样也不对。"

"我妈比我舒服，送我上学后，就可以整天在家耍手机。我妈老说别耍手机了，快去学习，其实她比我还爱耍。"

"有一次我问我妈官渡之战是谁打谁，她说是诸葛亮打周瑜。我以为她说得对，因为她老玩三国的游戏。结果上课一说，老师、同学都笑我，我再也不想问她啥了。"

"我都上中学了，我的好朋友都住校了，我妈还陪着我，就是做个饭、刷抖音、刷快手、看些胡编乱造的小说，挺没意思的。"

县域流动儿童陪读监护人：

"没听过网络素养这个词。"

"不了解什么是网络素养。"

"网络素养是学校开的新课程吗？"

"要我说，网络游戏真害人。我孙娃最爱打游戏，打起来叫他吃饭，叫几回都不应。这个得国家来管，我们能有啥办法。"

“抖音上的视频有的就不适合小女娃看，乱七八糟的，政府得管管。”

“抖音青少年模式？是不是用这个模式，娃只能刷到和学习有关的东西？那这是个好东西哩。”

陪读监护人对网络的态度基本持负面态度，认为网络“耽误学习”“影响视力”“容易上瘾”“不适合孩子看的东西多”“骗小孩钱”，均不知晓抖音、快手、B站具有“青少年模式”，对于什么是“网络素养”也比较茫然。对过度使用手机、网络不良信息、游戏成瘾、网络诈骗等问题，陪读监护人认为政府相关部门应该加强管理，取缔网络游戏平台，而自己在孩子使用网络的过程中多感无能为力，往往听之任之。

4. 幼儿期、学龄前期、学龄期与青春期四期逐级上阶的县域流动儿童网络素养体系建构

根据发展心理学家罗伯特·费尔德曼（Robert Feldman）的观点，儿童社会性发展的时期序列分为婴儿期、幼儿期、学龄前期、学龄期与青春期五个阶段。新行为主义代表人物阿尔伯特·班杜拉（Albert Bandura）提出社会学习理论，并指出社会学习由直接性观察、抽象性学习与创造性仿效三阶段构成。

儿童网络素养的培养是伴随着儿童社会性发展推进的社会学习过程。基于罗伯特·费尔德曼的儿童社会性发展的时期序列与阿尔伯特·班杜拉的社会学习理论，通过对县域流动儿童及其陪读监护人的深度访谈分析，研究者提出了幼儿期、学龄前期、学龄期与青春期四期逐级上阶的县域流动儿童网络素养体系建构，整个体系特别强调的是“适宜性”。

幼儿期（1～3岁）：这一时期儿童能够独立行走，相较婴儿期活动区域增大，是信息启蒙黄金期。幼儿期网络素养培育的核心是通过直接性观察接受“信息启蒙”。县域流动儿童在3岁之前，一般是爸爸外出务工，妈妈还未外出务工，陪伴在幼儿身边。目前在西北农村地区，爷爷奶奶和已婚子辈同住现象较为普遍，农村耕地日益减少，农活工作量降低，除去农忙时节，其他时间一般由爷爷操持农活，奶奶做日常家务，妈妈负责带幼儿。这一时期对于县域流动儿童是非常宝贵的“妈妈密切陪伴期”。县域流动儿童妈妈多是“90后”，从小生活环境相较父辈有较大改善，普遍接受过初中或职高教育，一般生育一到两个孩子，对孩子教育的重视程度远高于父辈。在这一阶段，县域流动儿童妈妈从幼儿所接触信息的启蒙开始，带幼儿去集市活动、哼唱儿歌、朗读绘本，反复再现信息，全面调动幼儿通过全身感官接触信息，如反复聆听、不断环视、再三触摸、屡次品尝。正是这些高频再现的信息场景，促使幼儿感受各种信息，完成信息启蒙。

学龄前期（从幼儿期结束到上小学前，即4～6岁）：体格发育相较幼儿期渐缓，但智能发育增快。这一时期网络素养培育的核心是以参与式观察获得“信息探索”。在这一时期，部分县域流动儿童的爸爸妈妈均外出务工，也有一部分爸爸外出务工，妈妈在居住地周边打零工，孩子多被就近送入周边的民办幼儿园。学龄前期县域流动儿童“信息探索”培育特别需要警惕的是农村民办幼儿园“信息知识小学化教学”倾向，即用单纯室内的信息知识讲授代替儿童的涂鸦、阅读、朗诵、手工、歌唱、舞蹈、游戏等信息捕捉活动。这一时期最重要的信息探索渠道是幼儿园教师与处于学龄前期的县域流动儿童进行大量游戏嵌入式信息探索，因此应鼓励教师在儿童玩各种户外、室内游戏的过程中进行信息交替呈现与再现，激发学龄前期儿童对信息探寻保持足够的好奇心与热情。

学龄期（从上小学到青春期发育开始，一般指7～12岁）：除生殖器官外各器官外形均与成人接近，智能发育更加成熟。7岁以后，这些孩子离开家庭居住地开始租房求学生涯，成为真正意义上的县域流动儿童。学龄期县域流动儿童网络素养培育的核心是通过抽象性学习提升网络信息获取与利用能力。依托学校义务教育体系中的信息技术课程、各级公共图书馆两大主要平台，引导学龄期县域流动儿童正确面对文字符号信息、图形图像信息、声音视频信息，而非对其进行单一网络信息知识性灌输，以逐步加强其面对繁杂抽象信息的分类、搜寻、筛选与利用能力。

青春期（从第二性征出现到生殖功能基本成熟，一般指13～18岁）：体格生长再次加速，出现第二个高峰，生殖系统发育加速并趋于成熟。到此时，青春期县域流动儿童已成为青少年，离开家庭居住地达六年以上，只有寒暑假短期回去，与居住地情感日渐疏离。青春期网络素养培育的核心是通过创造性仿效获得对网络信息的评判与创造能力，这一能力是县域流动儿童网络素养体系中的最高一阶。县域流动儿童未来不但要成为网络信息的获取者，还要成为网络信息的生产者，同时能够利用各类网络信息平台创造符合自身身心特点的原创信息，提升适应社会变化、全面发展自我的能力。在这一阶段，可以通过移动互联网、社区图书馆搭建沟通桥梁，使青少年能为自己发声。

5. 县域流动儿童网络素养的提升路径

5.1 利用抖音等短视频平台，实现县域流动儿童网络素养亲子互动培育与代际信息反哺

县域流动儿童网络素养的提升不能仅仅着眼于儿童群体，其父母也需要接受网络素养教育。在海量信息扑面而来的网络时代，子代获得了前所未有的“信息反哺能力”。父母引导孩子辨别与使用网络信息，孩子同时向父母教授前沿热点。今日的儿童如果在未来成为父母时，依然延续与孩子共同学习，便可不断改善网络素养面貌，从而使整个社会形成良好的网络素养培育循环系统。县域流动儿童父母的网络素养水平、对子女网络信息获取行为的指导和参与情况对县域流动儿童的网络使用、信息评判与信息创作均有着深远影响。

研究者通过深度访谈发现了一件令人鼓舞的事情，那就是当被问及“您认为培养孩子如何更好地理解网络所传播的各类信息，如何更加有效地利用这些信息是否必要”时，陪读监护人都认为“非常有必要”和“有必要”，包括六七十岁的爷爷奶

奶。在对孩子进行网络素养培育的重要性与必要性方面，陪读监护人的态度是积极的、正面的。

2021年1月5日，抖音发布《2020抖音数据报告》。报告显示，截至2020年12月，抖音日均视频搜索量突破4亿，国内日活跃用户数突破6亿。研究者通过深度访谈发现，八名陪读妈妈的手机全部装有抖音App。利用抖音平台实现县域流动儿童陪读妈妈与孩子共同接受网络素养培育是可行的。县域流动儿童父母，尤其是陪读妈妈对网络信息的态度，对孩子使用网络信息的引导能力，陪伴孩子接触信息渠道的时间，都直接影响着县域流动儿童对网络信息的认知、理解、辨识与参与能力的培养。家庭是县域流动儿童网络素养提升的起点。研究者结合自己多年对儿童参与式观察及深度访谈的一手资料，建议抖音平台及媒体工作者可以制作一些针对性的短视频，引导县域流动儿童陪读妈妈在孩子幼儿时期开始培养其良好的信息接触习惯，从控制孩子使用网络信息渠道的时长，到关注孩子接触的网络信息内容，到陪伴孩子共同使用网络信息渠道，再到和孩子探讨与分析网络信息内容，逐层深入进行亲子之间的网络素养互动培育。同时在这一过程中，县域流动儿童也可就网络热点和前沿信息对数字时代迁徙民的父母进行信息反哺，带领父母驶上信息高速公路。

5.2 基于国家中小学网络云平台实现农村中小学信息技术课程转向网络素养教育课程体系

基于陕西省汉中市南郑区Z镇的调研发现，对于三年级以上学生，学校能够保证每星期有一节信息技术课，但是人多电脑少，电脑较为陈旧，且多无法上网，学生多以打字和画图打发时间。信息技术课程教师人员不固定，存在谁有时间谁上的问题。《2019年全国未成年人互联网使用情况研究报告》显示，65.6%的未成年网民主要通过自己摸索来学习上网技能，通过学校学习获得上网技能的仅为25.7%。

国家中小学网络云平台作为保障“停课不停学”的“国家队”，在疫情期间经受住了考验，为1.8亿中小学生的在线学习提供了重要支撑。截至2020年12月，云平台浏览次数24.60亿，访问人次20.22亿，用户覆盖包括港澳台地区在内的全国所有省（区、市）及全球174个国家和地区。2021年，云平台把服务广大农村学生、提高农村教育质量、缩小城乡教育差距、促进教育公平作为重点工作。西北地区农村中小学依托国家中小学网络云平台，将信息技术课程转为网络素养教育课程，从重网络操作技能发展到网络素养能力培养。云平台上推出15～20分钟的网络素养微课，通过组织开展专题交流、专家在线答疑等多种方式，帮助西北地区农村中小学师生深化资源应用，保障网络素养学习效果。

同时，稳定目前农村中小学信息技术课程教师队伍，鼓励教师根据当地实际情况与学生特点总结授课经验，汇编成网络素养教育小册子。在实际教学中，增强师生之间的交流与互动，创建网络素养学习小组，鼓励学生以组为单位开展网络素养实地调查活动，从确定调查选题，设计、分发与回收问卷，组织深度访谈与焦点小组访谈，数据输入与统计分析，撰写调查报告，到呈现最终调查结果，均由小组成员共同协作完成，小组成员之间互相评判打分。

5.3 扶持县域流动儿童陪读妈妈建立“院坝图书馆”，内设儿童网络素养工作坊

2019年2月，中央宣传部、中央文明办、教育部、财政部、农业农村部、文化和旅游部、国家广播电视总局、共青团中央、全国妇联、中国残联十部门联合印发《农家书屋深化改革创新 提升服务效能实施方案》，推动农家书屋提质增效，助力乡村振兴战略实施。方案强调，各地各部门要健全体制机制，强化农家书屋工作保障，加强组织领导，推动创新示范工作，完善政策保障和投入机制，严格考核监督。

研究者在新疆昌吉回族自治州玛纳斯县北五岔镇X村调研时，结识了女童ZMG的父亲ZJZ。ZJZ申请了“新疆农家书屋家庭图书馆”（见图5-1），联络村子里的孩子们到他家看书，孩子们把这里当成了闲暇时间畅所欲言、结伴阅读的好去处。

图5-1 新疆昌吉回族自治州玛纳斯县北五岔镇X村村民ZJZ的“农家书屋家庭图书馆”

西北农村及县城地区的堂屋前都有一块空地——“院坝”，这是全家人聊天、孩子们玩游戏的重要场所。县域流动儿童多由妈妈或奶奶随迁性陪读，陪读监护人长期离乡，以孩子学习、生活为中心。研究者通过深度访谈发现：县域流动儿童陪读监护人，不论自己的文化程度如何，都会要求家里的孩子多读纸质书籍。能选择放弃外出打工，长期随迁陪伴孩子读书的陪读妈妈，对孩子受教育的重视程度普遍高于农村其他人群。陪读妈妈对自己有时候控制不住使用手机也很懊悔、自责，对研究者提出的“院坝图书馆”非常感兴趣。陪读妈妈们表示，只要政府免费提供图书，她们愿意日常组织孩子们读书和登记借阅、维护管理书籍。

扶持县域流动儿童陪读妈妈建立院坝图书馆，不仅可以调动群众自我管理、自我服务的积极性、主动性，也在创新农家书屋的组织形式。孩子上学以后，县域流

动儿童陪读妈妈多是在出租屋里做些手头活计，或是在小饭馆、理发店、小超市、菜市场打短期零工，时间较为灵活，她们有意愿管理院坝图书馆。在院坝图书馆内可以设立“儿童网络素养工作坊”，并到所属省市的各大高校招募志愿者。由于教育部目前正在缩减高校课堂教学学时量，积极倡导大学生参加各类社会实践活动，所以各高校也有组织学生参加社会实践的迫切需求。工作坊最早出现于教育学与心理学领域中，是一种体验式、参与式、互动式的深度学习模式。高校在读大学生群体一般也是豆瓣、B站用户群体，他们年龄小、平均文化水平较高、网络使用熟练、具有创新意识和共情能力，可以协助县域流动儿童陪读妈妈在院坝图书馆内设立“儿童网络素养工作坊”。在工作坊内，志愿者可以首先划分出“浩瀚海洋——网络信息来源与分类”“赶海拾贝——网络信息搜寻与辨别”“沙上筑堡——网络信息参与和创造”“礁石避险——网络信息安全与防护”四个网络素养讨论单元，然后将县域流动儿童分为不同的小组，各组成员互相交流意见、激发头脑风暴，最后使用PPT进行意见呈现，凝聚观点。

案例思考

在案例5-3中，相较于问卷调查，对县域留守儿童进行深度访谈的优势在哪里？

第六章
实验法

本章学习要点

1. 了解实验法的概念及要素
2. 理解实验法的实施程序
3. 掌握市场调研中实验法的应用

引　例

2020 年 5 月，全球知名婴幼儿玩具品牌费雪（FISHER-PRICE）迎来了创建 90 周年。1961 年，费雪建立了玩具实验室。在这里，费雪的设计师、工程师和孩子们一起游戏，孩子们在充满趣味并有专人看护的环境中体验费雪的玩具。工作人员通过观察游戏中的孩子，来了解他们如何思考与选择，了解他们的喜好和期待，和孩子们一起设计玩具。费雪实验室每年迎接大约 3 500 名儿童。这个实验室被设计得像幼儿园的教室。在玻璃的另一边是一间铺有地毯的狭窄的房间，房间里大约有 10 张椅子，两架摄像机。在产品开发的过程中，几乎所有的费雪玩具都要先拿到这个实验室中进行测试。①

启示

实验法是站在孩子的视角研发和设计玩具的有效方法。

市场调研中的实验法是指将自然科学中的实验求证理论移植到市场调研中来，在设定的条件下，对市场经济活动中的某些内容及其变化加以实际验证，从而获得第一手资料。

第一节　实验法的概念与特点

市场调研中的实验法应用范围较广，改变商品口味、变换产品包装、置

① 麦克丹尼尔，盖茨．当代市场调研：第 10 版．李桂华，等译．北京：机械工业出版社，2017：164.

换商品陈列、调整商品价格、推出新产品、变动广告形式内容、更换媒介投放平台等，都适宜采用实验法测试其效果。通过实验进行对比，还可以比较清楚地分析因果关系，这是观察法、访谈法所不具备的。

一、实验法的概念及要素

实验法通常又称为因果法，具备一些特有的要素。

（一）实验法的概念

实验法是指经过精心设计，并在高度控制的条件下，通过操纵某些因素，证明一种变量的变化能否引起另一种变量产生一些预见性变化的方法。

市场调研中的实验法是指在既定条件下，通过实验对比，对市场现象中某些变量之间的因果关系及其发展变化过程加以分析的一种调研方法。

（二）市场调研中实验法的特点

市场调研中的实验是指调研人员选择某一特定市场，控制一个或数个营销自变量，探究其与其他营销因变量的因果关系。在探索因果关系方面，实验法是首选的市场调研方法。实验法的最大特点是把调研对象置于实验测试的状态下开展市场调研，即在既定条件下，通过实验对比，对市场现象中某些变量之间的因果关系及其发展变化过程加以观察分析，取得市场情况第一手资料。

（三）实验法的实施要素

实验法的实施需要具备以下基本要素。

1. 变量

变量（variable）是指性质或数量上可以变化的事物的特征。变量具有两个基本特点：变化性和可观测性。

2. 自变量与因变量

自变量（independent variable）是调研人员在实验中要操纵和改变，假定会影响被试心理或行为的因素。因变量（dependent variable）是被试的某种行为反应的特征，假定它会随自变量的变化而变化。

自变量的水平选取一般是在前人已有的研究基础上，结合自己的调研目的来确定的。如果没有既有资料，则应该通过预实验来确定。

3. 控制变量

控制变量（control variable）是指那些能够影响因变量的变化，但调研人员不感兴趣的因素。必须使这些因素得到控制，否则就不能清晰地确定自变量和因变量之间的因果关系。

4. 前测与后测

前测（pretest）是指开始某项实验处理前对被试实施的测试，旨在为后测提供一个比较的基准，以说明实验的效应。后测（posttest）是指完成某项实验处理后，对被试实施的测试。

5. 实验组与控制组

实验组（experiment group，EG）指接受实验处理的被试组。控制组（control group，CG）是不接受实验处理的被试组，也可称为对照组。

二、实验法的基本分析逻辑

实验法的基本分析逻辑为：建立假设；证明因果关系。

（一）建立假设

假设两个变量 x 与 y 存在因果关系。

（二）证明因果关系

首先，观察 y 的变化情况，即先测量在没有受到 x 的影响之前，y 的情况如何。然后，通过操控某些条件，引入被看作自变量的实验刺激，即引入 x。接着再对引入 x 以后 y 的情况进行测量，并比较前后两次测量的结果。如果 y 前后两次的情况发生变化，则可以初步认为 x 是导致 y 变化的原因。

三、实验实现的必备条件

实验实现需要必备一些条件。首先，自变量能被孤立，且是可以改变的、易操控的；其次，实验可重复进行，这样能提高结果的确定性；最后，必须具有高度的控制条件和能力。

第二节　实验法的类型与实施

实验法适用于调研人员在有意改变或设计的社会过程中了解调研对象的

外显行为，其有不同的类型。

一、实验法的类型

实验是一项复杂的社会性设计，根据其特点，可以从不同的角度把实验法分成不同的类型。

（一）实验室实验法与实地实验法

1. 实验室实验法

实验室实验法通常指在实验室内，借助各种实验仪器设备，严格控制实验条件，主动创造条件，用给定的刺激，引起一定行为反应，在这种条件下探究实验对象行为的成因、特点和规律的方法。如关于消费者对购物环境颜色所产生的心理反应的研究就可以通过实验室实验进行，精确的设备可以准确记录下被试的一系列生理反应，结论比较科学。

下面是市场调研中常见的几种实验室实验法：

（1）瞳孔计测试。

瞳孔计测试通过测量消费者眼睛中瞳孔的扩张情况来判断其对所呈现在他们面前的不同元素的注意力集中和感兴趣的程度。

（2）皮肤电反应测试。

皮肤电反应（galvanic skin response，GSR）也叫皮电反应，指以曲线波纹形式记录的与反应相联系的皮肤电阻的变化。其机理是：人在情绪状态时，皮肤内血管的舒张和收缩以及汗腺分泌等变化，能引起皮肤电阻的变化。皮肤电反应仪就是以此来测定神经系统的情绪反应的。一小股连续的电流通过附在手指内侧的电极棒传送到皮肤上，观察到的两个电极之间电压的变化表明了刺激的水平。皮肤电反应测试通过测量人手心发汗的程度而直接反映出人心理紧张状态的变化，反应幅度大，灵敏度高，是国际上应用最早、最广泛并得到普遍承认的心理测试指标。

评估消费者偏好是营销的一个关键因素。GSR 测试可以跟踪对消费者情绪唤醒高的产品。然而，消费者对性能和质量的兴趣可能是微妙的。例如，消费者对化妆品的偏好和购买决定主要基于情感和潜意识。GSR 测试正好可以记录情感过程，以帮助厂商更详细地检查产品以增强产品性能，评估细分市场或确定目标消费者。在媒体研究中，使用电视等宣传材料显示广告、预告片和完整的节目，此时通过 GSR 可以对个人参与者或体验小组的情绪唤起进行测量，识别刺激中的关键帧。此外，GSR 还可被用于软件用户体验测试。使用软件应该是一种愉快的体验，因此，沮丧和困惑的程度应该要保持尽可能低。在这类测试中，监测 GSR 可以提供未经过滤的压力水平的数据。用户在与新网站内容互动时，使用用户界面和填写在线表单时感受如何，是否满意，网页导航是否人性化，这些都可以被反映在 GSR 数据中。每当访客遇到困难，或在复杂的子菜单中迷路时，你可能会看到其压力水平增加。①

（3）视线追踪法。

随着视线追踪设备越来越成熟，视线追踪法在市场调研中掀起了一阵应用热潮。视线追踪法用来测量人们在看什么。光线进入视网膜并反射回照相机，瞳孔中心和角膜反射之间的矢量被测量，便可发现关注点。人们可以佩戴视线追踪仪自由走动，在店铺中四处浏览、尝试一个新产品或观看一则广告。视线追踪仪可以记录人们能否从混乱的货架上、巨大店铺的陈列中看到或注意到产品包装，或是在令人眼花缭乱的网页上看到产品链接，以及户外广告是会吸引消费者的注意力，还是会被他们忽视，有利于确定哪一种具体元素或信息能吸引人们注意并且一直被注视，哪一种经常被忽视。

业界之声

老年是个什么样子？②

通常，很多行业都忽略了 65 岁及 65 岁以上人群的市场，而更关注年轻人的需求。但是俄勒冈健康与科学大学、麻省理工学院、斯坦福大学老年实验室近年来一直致力于为老年群体提供有利于健康、自主性和社交的产品和服务。

上述组织正在采用创新的方法做调研，并对工作进行测试。例如，老年实验室就发明了立即“变老”系统（Age Gain Now Empathy System，AGNES），它能帮助佩戴它的老年人更好地理解和适应日常生活中的基本变化。可延伸线从盆腔延伸到胳膊、腿及头上的头盔，能控制四肢、脖子、脊柱和关节的活动。鞋子的鞋底也是破坏了平衡、不均匀的。非常紧窄的手套限制了动手能力。另外，还有黄色的有色眼镜。老年实验室使用诸如 AGNES 的工具来了解老年人的需求并进行新产品测试，以更好地适应目标市场。

老年实验室最大的发现之一就是老年人并不喜欢被以他们老了的方式对待。比如，大键盘手机就是在宣告：“你老了！”所以，我们不能做过头了。老年实验室的目标是制造能满足更多老年人需要的产品。例如，老年实验室为

① 皮肤电应急反馈原理概述．(2019-02-28)[2022-12-30]. https://www.sichiray.com/blog/02b7a9e910a.

② 迈克丹尼尔，盖兹．市场调研精要：第 8 版．范秀成，杜建刚，译．3 版．北京：电子工业出版社，2015：157.

福特汽车设计的自动停车系统，就能使脖子比较僵硬的老龄司机看到后面，当然这也能吸引所有喜爱智能技术的司机。

调研人员和测试者正在努力开发能让老年人更健康、独立、便于社交的产品。地产开发商太平洋退休服务公司和俄勒冈州高龄者相关科技中心已经在合作开发“米拉贝拉”，这是俄勒冈州波特兰南海滨区价值 1.3 亿美元资产的新型适老社区，可能会成为国家的环保豪华退休社区。它们鼓励居民参与生活实验室项目。无线移动探测器传感器会追踪居民活动并将数据反馈到高龄者相关科技中心。由于高龄者相关科技中心的研究者正在寻求如何有效监控居民的即时健康状况及对诸如摔倒和社交退缩问题快速反应的方法，因此高龄者相关科技中心的检测系统也在进行着自我监控。米拉贝拉还为其他在高龄者相关科技中心研发的产品提供真实的生活场景测试，如针对老年人的电子药盒和社交网络项目。尽管现在看来前景一片光明，但开发中所应用的许多方法还有待证明其有效性。当然了，随着 65 岁及以上人口还在增加，我们能确定的是，如果想挖掘这个市场的潜力，研究者必须对产品和测试技术都进行创新。米拉贝拉，这个新型适老社区所使用的检测系统目前使用成本较高，居民人均测试成本是 1 000 美元，每年还要为技术和研究支持人均花费 2 600 美元。

2. 实地实验法

实地实验法是指在自然条件下或在真实生活的环境中进行实验的一种方法。使用该方法需在情境允许的条件下尽可能地控制和操纵变量。实地实验法与实验室实验法的差别在于变量可控制的程度。这一方法适用于研究许多复杂的社会和心理影响的过程及变化。

经典回顾

罗森塔尔效应实验

1968 年，美国心理学家罗森塔尔（Rosenthal）和吉布森（Jacoboson）等人做了一个著名实验。他们在一所小学的一至六年级各选三个班的学生进行所谓“预测未来发展的测验”，然后通知教师说：“这些儿童将来大有发展前途。”实际上这些学生是随机抽取的。

八个月后，对这些学生进行智能测验，发现名单上的学生成绩确实进步了，教师也给了他们好的品行评语，实验取得了奇迹般的效应。

罗森塔尔认为这个结果是因为教师接受了“权威谎言的暗示”，对名单上学生的态度发生了变化，产生了偏爱心理和情感，从而对学生的心理与行为产生了直接影响，并促进了预期效果的达成。

启示

童年时期受到父母、教师更多具体、明确的正向鼓励，而非言之泛泛、空洞无物的表扬，例如“你今天把自己的玩具整理得很有条理”，而不是言之无物的“嗯，今天你真棒”，会对一个人的毕生发展，如职业发展、婚姻状况、抚育子女等产生积极影响。

人际关系的相似性因素实验

美国心理学家纽科姆（Newcomb）曾在密歇根州立大学做过一项实验，实验对象是17名大学生。

实验者为他们免费提供住宿四个月，交换条件是要求他们定期接受谈话和测验。在被试进入宿舍前，先测定他们关于政治、经济、审美、社会福利等方面的态度和价值观以及他们的人格特征，然后将那些态度、价值观和人格特征相似以及不相似的学生混合安排在几个房间里一起生活四个月。四个月后，定期测量他们对上述问题的看法和态度，让他们相互评定室内人，选出喜欢谁、不喜欢谁。实验结果表明，在相处的初期，空间距离的邻近性决定了人与人之间的吸引；但到了后期，人与人之间的相互吸引发生了变化，彼此间的态度和价值观越相似的人，相互间的吸引力越强。

心理学家的进一步研究还发现，只要对方和自己的态度相似，哪怕对方在其他方面有缺陷，同样也会对自己产生很大的吸引力。

启示

网络上的集群性行为是不是也印证了人际关系的相似性因素实验呢？

（二）更为严格的实验法——双盲实验法

双盲实验法是指实验对象和实施观察的人员都不了解实验分组情况的实验方法，即参与实验的双方（指实验对象和实验人员）都不知道究竟是实验组还是控制组被给予了实验刺激。实验刺激是由实验对象和实验人员以外的实验设计者任意分派和给定的，实验设计者全程安排和控制实验。双盲实验法的优点是可以避免因实验对象或实验人员的主观偏向而影响实验结果的情况。通常，双盲实验得出的结果会更为严谨。

业界之声

百事挑战

百事可乐曾在市场调研中采用了双盲实验法，名为“百事挑战”。

1972年，对北美洲软饮料的调查显示，只喝可口可乐的人占18%，只喝百事可乐的人占4%。但到了20世纪80年代初期，比例变了，喝可口可乐的人占12%，喝百事可乐的人占11%。于是，百事公司做了一项测试，名叫“百事挑战”。这项挑战是以一种口味测试的形式进行的。在卖场、购物中心和其他公共场所，百事工作人员搭了一张桌子，摆好两个没有标签的杯子，一杯装的是百事可乐，另一杯装的是可口可乐。购物者被邀请品尝两杯可乐，然后选择喜欢哪一杯。接着，工作人员会告诉被试哪杯是百事，哪杯是可口可乐，这样就可以知道他们更喜欢哪个。结果，57%的人选百事，43%选可口可乐。盲测的结果显示人们更喜欢百事可乐的口味，但为什么前文调查中选择可口可乐的人多过选择百事可乐的人呢？

20年后，神经学家里德·蒙塔古（Read Montague）仍然在思考这个问题——如果人们更喜欢百事可乐的口味，为何它在市场并不占主导地位。因此，在2003年夏天，里德·蒙塔古进行了一项神经学的“百事挑战”，他运用功能性核磁共振造影（functional magnetic resonance imaging，FMRI）机器观察人大脑的活动，追踪血液在大脑各个部位的流向。在味道盲测时，一半人的大脑血液流向表明其更喜欢百事可乐。但当明测其（告诉被试哪杯是可口可乐，哪杯是百事可乐）时，四分之三的人的大脑血液流向表明其更喜欢可口可乐，“可口可乐”这四个字其令大脑内侧前额叶皮质区域（大脑控制高等思维的部分）的神经元产生了极活跃的情形。由此可见，影响消费者选择的最重要的因素并不是味道，而是神经元对某个品牌的反应程度。当消费者听到或看到可口可乐的品牌时，大脑会通过广告回忆起品牌形象和概念，而这时品牌的影响就超越了产品实际的品质。

我在调研现场

某品牌乳饮料新口味双盲实验

样本：招募60名实验对象，按年龄列表排序，间隔一个抽取30个为A组，其他30个为B组。

提供两组相同包装的乳饮料产品，分别编号为产品1、产品2。其中一组产品为测试的新口味乳饮料产品，另一组为原有口味乳饮料产品。包装上除了产品编号，没有其他任何信息，并且两组产品从外观上看完全一样。

把产品1分发给A组实验对象，产品2分发给B组实验对象。待其饮用后，了解他们对乳饮料的评价。调研人员根据实验对象的评价，分析产品1和产品2各自的特点，以及实验对象对这些特点的感受，形成调研报告。注意，调研人员并不知道产品1和产品2哪个是新口味乳饮料产品。

二、实验法的实施程序与关键点

实验法有严格的实施程序，在实施中有两个关键点也需要特别注意。

（一）实验法的实施程序

实验法的实施程序包括：

（1）假设两个变量之间存在因果关系，如图 6－1 所示。

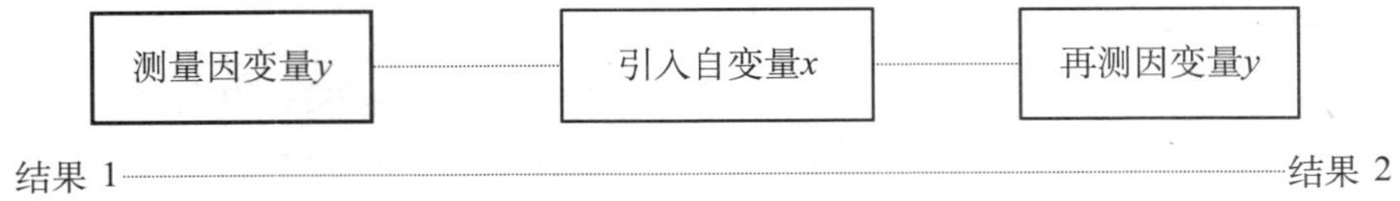

图 6－1　实验法的实施程序

（2）根据实际条件决定一种合适的实验设计用来检验假设。决定如何引入实验刺激或如何创造一种引入自变量的背景。

（3）制造一种有效的和可信的因变量测量以建立实验背景，并对实验刺激和因变量测量进行预实验，选取合适的实验对象或个案。

（4）随机指派实验对象到不同的组，并对他们进行详细指导，对所有组中的个案进行因变量的前测，对实验组进行实验刺激。

（5）对所有组中的个案进行因变量的后测。告诉实验对象有关实验的真实目的和原因，询问他们的实际感受，尤其是当实验对象在某些方面被欺骗时，这种说明就更为重要。

（6）考察所收集的资料，进行不同组之间的比较，并运用统计方法分析假设是否被证实。

我在调研现场

用实验法检验“新的教学方法”与“学生成绩提高”存在因果关系的实施程序如图 6－2 所示。

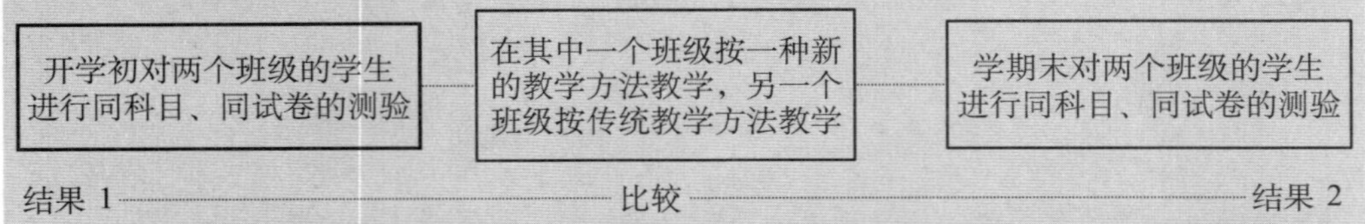

图 6－2　“新的教学方法”与“学生成绩提高”间因果关系实验法实施程序

我在调研现场

一家图书连锁店想了解儿童绘本新的陈列方式对销售额的影响。在三家书店（实验组）采用新的儿童绘本陈列方式，而在另外三家书店（控制组）采用原来的陈列方式。然后将两组的销售额进行比较，数据如表 6-1 所示。

表 6-1 实验前后的销售额

组别	实验前一个月内销售额（元）	实验后一个月内销售额（元）	变动 Δ
实验组	$x_1=100\ 000$	$x_2=100\ 000$	6 000
控制组	$y_1=100\ 000$	$y_2=100\ 000$	2 000

实验效果$=\Delta x-\Delta y=6\ 000-2\ 000=4\ 000$（元）。

（二）关键点

实验法在实施中有两个关键点需要注意：

1. 随机分配实验组和控制组

匹配指的是依据各种标准或特征，找出两组完全相同或几乎完全相同的实验对象进行配对，并将其中一组对象分到实验组，而将另一组分到控制组的方法。

匹配的方法是难以彻底贯彻的。因为我们的目标是使两组对象在所有方面都相同，然而，在实际生活中我们无法做到这一点，所以一般通过随机分配（random assignment）来实现。随机分配包括将实验对象随机分配到实验组和控制组，是控制外生变量对因变量影响的最常用技术之一。随机分配的目的在于，通过把实验对象均等地放入实验组和控制组，最大限度地弱化外生变量，如年龄、文化程度、收入等的影响。

在实际操作中，可以按单双号来决定每一名实验对象是去实验组还是控制组，也可以按照排列的顺序或实际抽取实验对象时的先后顺序来决定。

2. 对自变量的操纵

当调研人员能够决定他的实验对象将经历什么，或将接受什么样的处理和安排时，我们就说他能够操纵自变量。这里的“操纵”词义是中性的。

经典回顾

社会助长现象实验

心理学家特里普利特（M. Triplett）通过实验发现，别人在场或群体性活动会明显提高人们的行为效率。

特里普利特让被试在三种自然情境下骑自行车完成25英里[①]路程。第一种是单独骑行计时，结果表明，被试在这种情境下的平均时速为24英里；第二种为有人跑步陪同，平均时速为31英里；第三种为与其他骑车人同时骑行，平均时速为32.5英里。

特里普利特在实验室条件下，让被试完成计数和跳跃等工作，也发现了同样的社会助长现象。

启示

为什么我们会经常在校园内部网，甚至社交平台上，看到考研二战的同学寻找研友？

三、实验法的影响因素与规避

从实践来看，通过实验法，可以取得市场情况的第一手资料，对预测未来市场还是有很大帮助的。

市场调研中的实验不可能像自然科学中的实验一样准确。这是因为：市场上的实验对象，会受到多种不可控制因素的影响。例如实验期间，社会再生产过程中生产、分配、交换、消费等任何因素的变化，都会被不同程度地反映到市场上来，从而影响实验的效果。此外，在实验期间，社会不可能形成排除非主要因素的纯净环境，因此其他因素也会影响实验的准确性。

我们可以从以下方面入手，规避风险：

第一，寻找科学的实验场所。市场调研不能像自然科学一样在实验室里处理各种现象，而要在社会中寻找实验市场。但这个市场的实验条件与实验结果应尽可能符合市场总体的特征。

第二，实验中要正确控制无关因素的影响，减少干扰，使实验接近真实状态。否则，实验结果将失去可信度。

第三节　市场调研中的实验法应用

市场调研中的实验法应用具有一定的灵活性。

---

① 1英里约合1.6千米。

一、事前事后对比实验

事前事后对比实验操作比较简便。其方法是：在同一个市场内，实验前在正常的情况下进行测量，收集必要的数据；然后进行现场实验，经过一定的实验时间以后，再测量收集实验过程中（或事后）的资料数据；从而进行事前事后对比，通过对比观察，了解实验变数的效果。

二、控制组同实验组对比实验

双组前后测模式，如表 6－2 所示，是最标准、最理想的实验设计。

表 6－2 双组前后测模式

实验对象	前测	刺激	后测
实验组	y_1	x	y_2
控制组	y_3	—	y_4

采用双组前后测模式，需随机指派实验对象到实验组和控制组。先对两个组的实验对象同时进行第一次测量，即前测。然后对实验组给予实验刺激，但不对控制组实施这种刺激。再对两个组的实验对象同时进行第二次测量，即后测。最后比较和分析两个组前后两次测量结果之间的差别，得出实验刺激的影响。

$$\text{实验刺激的影响} = \text{实验组的差分} - \text{控制组的差分}$$
$$= (y_2 - y_1) - (y_4 - y_3)$$

在市场调研中，控制组往往指的是非实验单位，它是与实验组做对照比较的，又称对照组；实验组，系实验单位。控制组同实验组对比实验，以实验单位的实验结果同非实验单位的情况进行比较而获取市场信息。其优点在于实验组与控制组在同一时间内进行现场销售对比，不需要按时间顺序分为事前事后，这样可以排除由于实验时间不同而可能出现的外来变数影响。

我在调研现场

看《四大名助》“老人沉迷保健品 女儿求助孟非”这一期
促使大学生减少对老年人的偏见

从学校随机选取若干名大学生，并分成两组。在保证无特殊事件会影响到这两组学生的两周内实施实验，用涉及对老年人态度的量表对两组学生同时进行一次态度测验，得到前测态度得分。

一周后，为实验组的学生播放《四大名助》“老人沉迷保健品 女儿求助孟非”这一期，控制组的学生不看。

两组大学生在前测中将老年人群体的特征总体描述为：接送孙子、孙女上学，做饭，非常忙碌；对跳广场舞乐此不疲；喜欢去超市买打折商品；积极买各种保健品和药品；热衷询问年轻一辈的收入、婚恋、生育等个人隐私问题。

孟非主持的《四大名助》是一档旨在帮助那些有苦恼的人解决烦恼的综艺节目。在“老人沉迷保健品 女儿求助孟非”这一期中，一个来自上海的女强人讲道：自己在外面绝对是说一不二的人，但是在自己的母亲家里是没法过的。她的母亲已经72岁高龄了，在两年前迷上了保健品，家里堆满了保健品，这些保健品的价值达到20多万元。不仅如此，她的母亲还成了各大药商的高级会员，经常参加药商的讲座，200元的保健品卖到母亲这里居然达到4 980元的高价。她的母亲还认了一个保健品推销员做自己干儿子。她实在是太苦恼了，没办法才来参加《四大名助》。

母亲也开始控诉女儿，二人为了这件事惊动了居委会、110等，弄得大家都知道了这件事，母亲认为很丢人。母亲说她爱参加各类保健品讲座，是因为在会场可以找到人和她说说话。讲到干儿子这件事，母亲也很无奈：“我女儿呢，工作不在我身边，我和80岁的老头独自生活，生病的时候女儿也没办法来看我。她口中的‘药贩子’知道我病了，不仅打电话关心我，还常常来看我。人家也说‘阿姨，这些保健品你也不能全信’。我觉得小伙子对我挺好，挺真诚的。”

又一周后，再次对两组学生进行第二次量表测验，得到后测态度得分。

比较和分析两组数据。

如表6-3所示，观看这期节目所产生的影响＝（65－87）－（83－85）＝－20，结果表明观看这期节目后，大学生对老年人的态度趋向积极变化，所持的负面认知有所降低。

表6-3 大学生对老年人态度实验结果

实验对象	前测	刺激	后测
实验组	87	x	65
控制组	85	—	83

三、有控制组的事前事后对比实验

有控制组的事前事后对比实验，是指将控制组事前事后实验结果同实验组事前事后实验结果进行对比的一种实验调查方法。这种方法既不同于单纯在同一个市场的事前事后对比实验，也不同于在同一时间的控制组同实验组的单纯的事后对比实验。

采用这一实验方法，需在同一时间周期内，在不同的企业、单位之间，选取控制组和实验组，并且对实验结果分别进行事前测量和事后测量，再进行事前事后对比。这一实验方法的变数多，有利于消除实验期间外来因素的影响，从而可以大大提高实验变数的准确性。

四、随机对比实验

随机对比实验，是指按随机抽样法选定实验单位所进行的实验调查。

尽管事前事后对比实验、控制组同实验组对比实验、有控制组的事前事后对比实验三种方法的特点不同，但是在选择实验单位上有一个共同点，即都是按照判断分析法选择实验单位的。在对调查对象的情况比较熟悉、实验单位数目不多的条件下，采取判断分析法选定实验单位简便易行，也能够获得较好的调查效果。但是，当实验单位很多、市场情况十分复杂时，按主观的判断分析选定实验单位就比较困难。这时可以采用随机对比实验法，即采用随机抽样法选定实验单位，使众多的实验单位都有被选中的可能性，从而保证实验结果的准确性。

随机对比实验有多种形式，如单纯随机抽样、分层随机抽样、分群随机抽样等，其操作方法与随机抽样相似。采用何种形式选定实验单位、进行对比实验，必须从实际出发，根据具体条件、具体情况而定，并以能够获得准确的实验效果为原则。

除了上述几种常用的实验方法外，在开发新产品，选定产品的规格、款式、型号时，还经常可以使用一种小规模市场实验的方法。通过小规模市场实验、试销，听取销售客户和使用对象的意见，了解其需求，收集市场信息资料。具体做法是：

第一，选定一个小规模的实验市场，它的条件、特性要与准备进入的市场有较强的相似性。

第二，选定新产品或新设计的产品规格、款式、型号，在这个小规模市场中试销。

第三，进行销售结果分析。根据结果决定是投产扩大规模，还是放弃新产品，选定另一种款式。

这种方法有助于提高决策的科学性，明确生产经营方向。

业界之声

购买点购买①

美国来德爱（Rite Aid）制药公司进行了一项实验，目的是检验为促进购买点（point-of-purchase，POP）购买而播放的店内广播广告的有效性。根据商店大小、地理位置、交通流量和经营年限，该公司选择了20个在统计上具有可比性的商店。这些商店中有一半被随机地选为实验商店，另一半则充当对照商店。实验商店播放广播广告，而对照商店不播放广播广告。调研人员收集了在实验之前的七天、实验进行过程中的四周和实验之后的七天内产品销售量和销售额跟踪数据。受监控的产品各种各样，从廉价的物品到小型厨房设备。结果表明，在实验商店内播放广播广告的产品的销售额至少翻了一番。根据这一结果，来德爱制药公司认为店内广播广告在促进购买点购买方面非常有效，因而决定继续采用这一做法。

安海斯-布希（Anheuser-Busch）、百事、辉瑞（Pfizer）、宝洁和罗尔斯顿-普瑞纳（Ralston-Purina）赞助了该项调研。这些公司销售的所有产品都可以从购买点广告中获益。根据调研结果，这些公司准备增加其购买点促销预算。

我在调研现场

某洗衣凝珠广告作品测试

测试目的：鉴定三个版本广告作品的优劣。

实验内容：三个广告作品。

A作品：15秒，7个画面，明星介绍洗衣凝珠洗涤效果。

B作品：30秒，16个画面，卡通人物介绍洗衣凝珠洗涤效果。

C作品：15秒，9个画面，通过故事情节表现洗衣凝珠洗涤效果。

招募60名愿意参加该测试的人员，随机分为三组，每组20人。

第一组按ABC的播放顺序收看，第二组按BCA的播放顺序收看，第三组按CAB的播放顺序收看，收看完毕后填写广告作品测试表进行打分。对三组打分结果进行汇总比较，筛选出得分最高的作品。

① 马尔霍特拉．营销调研精要．张婧，译．北京：中国人民大学出版社，2016：150.

我在调研现场

广告文案测试

对于同一个项目，广告创意设计人员可能完成了几个备选的广告文案。例如下面两则 Martex 品牌床上用品的广告方案①：

A：难怪爸爸妈妈在这儿待那么久。Martex，你不可缺少的床上用品。请享用柔软而舒适的成人床上用品。100%纯棉，事先经过洗涤，面料更加柔软，让您得到婴儿般的享受。

B：嘿！10 点了，没想到晚一会儿起床有这么多的享受。Martex，你不可缺少的床上用品。这是 100%纯棉面料、事先经过洗涤做成的床上用品，更加柔软舒适。“看来，你不能只怪人们起床晚。”

我们可以通过测试的方式研究目标消费者对不同文案建立的偏爱度的差别，以确定哪种文案更适合目标消费者。通常的做法是邀请目标消费者参加测试，将几组广告表现不同，但是商品完全相同的广告文案提供给被测试的目标消费者看，同时让接受测试的目标消费者回答一系列问题。

五、实验法的优势与局限

实验法的优势是鲜明的，局限主要是实施过程中的要求造成的。

实验法可以有控制地分析、观察某些市场现象之间是否存在因果关系，以及相互影响的程度。通过实验取得的数据比较客观，具有一定的可信度。

实验法的运用有一定的局限性。首先，实验法只适用于对当前市场现象的影响分析，对历史情况和未来变化的影响则不适用。其次，实验法所需的时间较长，又因为实验中需要实际销售、使用商品，因而费用也较高。最后，实验中影响经济现象的因素有很多，可能由于非实验因素不可控制，而在一定程度上影响实验效果。

本章小结

市场调研中的实验法是指在既定条件下，通过实验对比，对市场现象中某些变量之间的因果关系及其发展变化过程加以观察分析的一种调研方法。在探索因果关

① 王晓华．广告效果．北京：高等教育出版社，2012：193.

系方面，实验法是首选的市场调研方法。实验调查法的应用范围较广，一般来讲，改变商品品质、变换商品包装、调整商品价格、推出新产品、变动广告形式内容、置换商品陈列变动等，都可以采用实验法调查测试其效果。通过实验进行对比，还可以比较清楚地分析事物的因果关系，这是访谈法和观察法所不具备的。市场调研中对实验法的应用具有一定的灵活性，事前事后对比实验、控制组同实验组对比实验、有控制组的事前事后对比实验、随机对比实验均可作为选项。

思考题

1. 在市场调研中，实验法的使用集中于哪些方面？
2. 实验室实验法和实地实验法的区别在哪里？它们各自的优缺点是什么？

延伸阅读

1963 年，心理学家米尔格拉姆（S. Milgram）所做的服从实验，是一项非常经典的实验研究。实验的被试是通过广告招聘来的 40 名职业不同的男性，每次实验获得 4.5 美元报酬。实验者告诉被试，实验是为了研究惩罚对学生学习的影响。

实验时，两人一组，一人当学生，另一人当教师，师生角色由抽签决定。教师的任务是朗读配对的关联词让学生记忆，然后当教师呈现某个词时，学生需在四个备选中选择其中之一。如果选错，教师就按电钮向学生施以电击作为惩罚。电击强度从 15 伏到 450 伏，分 30 个按钮。电钮下方对应标明“弱电击”“中等电击”“强电击”“剧烈电击”“极剧烈电击”“危险电击”，最后两个用“××”标记。

由于事先的安排，实际上每组中只有一个是真被试，另一个是实验者的助手，即假被试。抽签结果总是真被试当教师，假被试当学生。另外，这些电击也是假的。但为了使作为教师的真被试深信不疑，实验前，首先让其接受一次强度为 45 伏的真电击，作为惩罚学生的体验。结果教师虽然感觉 45 伏的电击微弱，但已感到难受。

实验开始，教师和学生分别在两个房间，被墙隔开，相互看不见，但可以用电讯传声的方式联系。学生的胳膊上被绑上了电极，这是为了在学生选择错误时，可由教师对其施以电击惩罚。而且，实验者用带子把学生捆在椅子上，向教师解释说是为防止他逃走。在实验开始时，学生故意出错，教师给予电击。

当学生多次出错，教师电击的电压升到 75 伏时，有人开始呻吟。随着学生错误不断，教师电击的电压值不断升高，学生则叫喊怒骂，哀求讨饶，踢打墙壁，最后停止叫喊，似乎已昏厥。这些声音只是放录音而已，但教师并不清楚。

作为被试的教师不忍心继续做下去，问主试怎么办。实验主试严厉督促教师坚持做下去，并表示一切后果由实验者承担，与教师无关。这时，充当教师的被试既要执行实验主试的惩罚命令，又要承受被惩罚者学生反抗的压力，内心冲突很严重，出现了出汗、颤抖等现象。但即使如此，仍有65%的被试服从了命令，直到给予答错的学生的电击高达450伏。另有35%的被试做了种种反抗，拒绝执行命令，他们认为这样做太伤天害理。

实验结束后，实验主试公开了真实情况和实验目的，以消除被试教师的紧张、焦虑和内疚心理。

案例6-1

市场调研中实验法的技术发展①

尼尔森NeuroFocus发明了一种便携的无线脑电波（EEG）设备，该设备可以直接发送数据到远程遥控的笔记本电脑或iPad上，消费者在看电视、观看广告或产品原型、看电影，或是在商店购物时佩戴，EEG设备便可以实时虚拟测量其脑电活动；相比之下，用磁共振成像（MRI）设备记录大脑里的血流变化则会导致读取上的5秒延迟。MRI设备虽然能够提供清晰、高分辨度的画质，但在速度上不如EEG设备。例如，想象你要想一个关于球的动作。在200毫秒内，你的大脑已经接收到了信号。脉冲移动到运动皮质层，使你的语言系统回应，你可能想说“扔”。这个过程发生的速度太快，以至于IMR设备无法记录。但是，一台EEG设备可以捕捉由“球”这个词产生的每个虚拟神经脉冲。支持者认为，这就是神经营销学的存在之处——在一个无意识的想法产生的最初，在大脑收到刺激和潜意识反应之间的一瞬间。因此，数据都是没有被你的意识过滤和处理过的，也没有机会对字眼或手势做出有结构的回答。

NeuroFocus仅仅为其合作者测试了24个项目。据称，尽管男性和女性、小孩和成年人的大脑构造之间有所不同，但是人类大脑的大部分是相似的。NeuroFocus收集了大量的数据，在一个神经测试项目中记录和分析了上亿的数据点。

英特尔雇用了NeuroFocus帮助其了解人们对于英特尔品牌的印象。前期的调研发现，大部分人知道英特尔这个品牌并且喜欢该品牌，但是当谈到技术先导时，英特尔的排名比较靠后。因此，英特尔的经理想要更深入地了解消费者对该品牌的评价。

NeuroFocus为英特尔设计了测试，使用了神经科学中一种最主要的技术——诱发反应电位。被试获得一定报酬以后来到NeuroFocus的实验室，戴上一顶有64个传感器的帽子，这些传感器可以测量大脑活动。因为美国和中国是英特尔两个非常重要的市场，所以NeuroFocus测试了来自美国加利福尼亚州伯克利市和中国四川省一个中等城市的24名消费者（一半为男性，一半为女性）。

---

① 麦克丹尼尔，盖茨．当代市场调研：第10版．李桂华，等译．北京：机械工业出版社，2017：165－166．本案例有所修改。

在一个安静的房间内，每一名被试会看到这些词语：成就、可能性、探索、机会、潜能、鉴别、发现和解决问题。每个词在电视屏幕上停留半秒。NeuroFocus 要求被试，当看到标红点强调的字母时，则按下一个按钮。在几分钟的词语激发测试之后，被试会看到一些英特尔的广告。接着，上述词语会再次出现在屏幕上，但是没有红点。

这一测试有两个作用：首先，红点会集中被试的注意力；其次，因为被试每次看到红点时，他的大脑就会自动出现一个“点击”按钮，一个所谓茅塞顿开的时刻，这就给了 NeuroFocus 一个测量大脑反应的基准。

当 NeuroFocus 后期分析脑电图时，便会寻找被试在观看英特尔广告期间同样茅塞顿开的时刻。最能激发这种时刻的词语是“成就”和“机会”。美国和中国的女性在观看广告后几乎有同样的反应，就像美国男性和中国男性一样，区别仅在于性别。在两个国家，男性和女性拥有截然不同的反应，“成就”在女性中诱发了最强烈的反应，而男性则被“机会”吸引。这一结果最终促使英特尔改变了其促销策略。

尽管 NeuroFocus 成功了，但是身为美国最大的市场调研公司之一华通明略消费者神经科学部门执行副总裁的格雷厄姆-佩奇（Graham Page）建议，调研人员应谨慎。佩奇说道：“仍然有很大的实践障碍存在。该技术并不是在任何地方都适用，脑波测量或大脑扫描的逻辑是很重要的。测试获取参与者稳定的数据是很昂贵的，或者更糟的是无法完成。我们的很多委托人相信他们在该领域的工作有产生巨大竞争优势的潜能，所以不愿意公开太多的信息。很多市场人员迅速意识到孤立的神经科学方法很难解释问题和发挥突出作用。”佩奇补充道：“最后一点很关键。在最近六年的时间里，我们检验了该领域的所有主流技术，并将其和我们做的现存的定性调研和定量调研项目对比，以确保从现实的角度上决定什么是科学可以表达的，以及什么是科学不能表达的。我们已经看到了一些神经科学方法的巨大价值，但是这些神经科学方法只有和现有的方法一起使用，而不是直接替代现有的方法才有效，且需要该领域专业人士的解读。以神经科学为基础的方法并不揭示内在真相，它们提供消费者对于品牌或者市场反应的额外视角，这种额外视角需要其他信息的辅助解释。把两者综合使用的方法比只用传统调研法或神经科学方法能获取更多的信息。”

案例 6－2

赠品和鉴定书能提升购买意愿吗？①

台湾政治大学郭贞教授主持的一项关于电视购物销售策略效果的研究，采用实

① 黄京华．广告调查．北京：高等教育出版社，2015：188－190．本案例略有修改。

验法对四城市（台北、北京、上海、哈尔滨）的消费者针对赠品和鉴定书这两项电视购物节目中常用的销售策略进行了测试，试图比较两岸城市居民对于电视购物不同销售策略的反应。实验数据结果显示：提供赠品对上海居民有吸引力，销售珠宝时附上鉴定书则对两岸的居民都有提升商品好感度与购买意愿的功效。作为案例，这里概述这项研究的实验操作方法。

设定自变量

在检视过众多电视购物节目之后，研究者选择了两种经常在电视购物节目中出现的品类——家电（果蔬料理机）和珠宝（翡翠项链）作为实验标的。同时，在考量了品类特性之后，选择“赠品”与“鉴定书”作为实验操作的自变量。

制作实验材料

研究者先挑出两支实际播出的节目影片，然后根据实验变量操纵的设计需求，进行后期制作剪辑，最后将家电商品节目影片剪辑成两个大约七分钟的版本：有酸奶机赠品（实验组）和无赠品（对照组）。同时将珠宝节目影片剪辑成两个大约八分钟的版本：有国家级鉴定书（实验组）和无鉴定书（对照组）。将这四个版本的影片两两搭配，分成以下四组：

（1）家电有赠品十珠宝有鉴定书；

（2）家电有赠品十珠宝无鉴定书；

（3）家电无赠品十珠宝有鉴定书；

（4）家电无赠品十珠宝无鉴定书。

实验前测

在正式实验测试之前，研究者先进行了操纵检验（manipulation check）。共有40人分为四组参与前测，每组受测者观看两支影片，家电用品和珠宝各一，然后在问卷中勾选他们在影片中看到的各种销售手法，并且选出印象最深刻者。进行前测的目的是检视操纵变量“赠品”和“鉴定书”是否被受测者看到并且留下印象。从前测结果可以认定，实验中的操纵变量都已达到了显著的可辨识度。

中介变量

研究者在建构研究框架时，同时纳入了先前在两岸三个城市（台北、北京、上海）所进行的焦点小组访谈的结果。当时三地受访者共同指出，吸引他们电视购物的因素包括购物的便利性与产品展示手法。另外，价格优惠及赠品也是三地受访者都提到的重要影响因素。三个城市的受访者普遍认为，节目中产品的功能解说及效果示范，是吸引购买的主要因素。同时，在购买冲动方面，三个城市的受访者则多表示曾经有过这样的经验。根据以上结果，研究者除设定上述的操纵变量之外，也纳入了消费者个人差异以及他们对影片中各种内容的评量作为中介变量。

因变量

这项研究的因变量有三个，分别是对影片的态度、对商品的态度和购买意愿，它们均为单选题。

招募实验受测者

筛选实验受测者的必要条件为：他本人必须在过去一年中进行过至少一次电视购物交易。同时，为了增加受测者的多元性，在招募过程中依照性别和年龄层进行比例分配，每组尽量满足男女比为三比七或四比六，年龄层以35岁为分割点，35岁以下占六成或七成。年龄最小者必须年满18岁，以就读大学一年级为下限。

实验执行

在每个城市分别进行实验。受测者先齐聚一堂填写第一份问卷，问卷中有个人基本资料以及个人的消费倾向、习惯以及电视购物经验等。然后，受测者依序观看两支大约七、八分钟长的电视购物影片，影片中售卖的商品是果蔬料理机（家电商品）和翡翠项链（珠宝饰品）。受测者先观看第一支家电商品影片，看完后立即填写第二份问卷。该问卷要求针对影片内容，例如各种销售手法、主持人表现等做出评价，选择对影片、商品的态度和购买意愿，以及想购买的原因。填完此问卷后，受测者再观看第二支珠宝饰品影片，看过之后再填写第三份针对该影片内容所设计的问卷。由于研究者在受测者观看完影片之后才发放问卷，受测者无法预先知道问卷内容，因此不会在他们观看影片时，产生被引导关注焦点的问题。

案例思考

1. 上述两个案例中所调研的问题，能否用其他调研方法解决？若可以，能够解决到什么程度？

2. 将案例6-2中的实验操作方法写成调研提纲，并进一步思考在执行环节会有什么困难。

第七章

抽样调查

本章学习要点

1. 理解抽样调查的基本概念与程序
2. 掌握概率抽样方法的使用
3. 掌握非概率抽样方法的使用

第一节　抽样调查的基本概念与程序

抽样（sampling）是指从总体中的样本获得信息的过程，市场调研人员使用从样本中得到的结论，对较大的总体的特征进行估计。抽样设计是所有调查都会涉及的环节。只不过在观察法、焦点小组访谈法、深度访谈法与实验法中，由于这些调查的小样本特性，因此抽样设计的工作量相对较少。而在以问卷调查法为代表的定量调查中，抽样设计则是调查实施过程中的重要环节。抽样设计的好坏直接关系到调查能否顺利进行和调查所得数据的质量高低。

一、抽样调查的基本概念

抽样调查是一种非全面调查，是从全部调研对象中，抽选一部分单位进行调查，并据以对全部调研对象做出估计和推断的一种调查方法。

抽样调查并不是一个单一的概念，而是由一些要素共同构成。

（一）总体和抽样总体

总体是指调研对象的全体，分为有限总体和无限总体。有限总体是指总体范围明确和总体中包含的单位数量是有限的。无限总体是指总体范围不明确和总体单位数目无限。

抽样总体是指从总体中抽取出所要直接观察的全部单位，又被称为样本量。每一个被抽到的个体或单位就是一个样本。一个相对较小但精心选择的抽样总体能准确地反映出所抽取的总体的特征。抽样总体是总体所有成员的一个子集。从总体的一个子集获得的有关信息，可以用来估计总体的特征。理想的情况是，子集能够代表总体的各个部分。

（二）总体指标与样本指标

总体指标也称总体参数，是唯一的但往往未知。样本指标也称样本统计量，是可知的但非唯一。

（三）抽样单元与抽样框

为了便于实现抽样，通常将总体划分为有限个互不重叠的部分，每一个部分都叫作一个抽样单元。抽样单元可分为不同的层级，如在关于西安市老年人网络支付使用状况的抽样调查中，可以设置西安市为一级抽样单元，各区为二级抽样单元，街道为三级抽样单元，家庭户为四级抽样单元。

抽样框就是所有总体单位的集合，是总体的数据目录或全部总体单位的名单，如人员名单、电话号码簿、企业名录等。理想的抽样框应具备两个条件：一是包含尽可能多的样本单位；二是样本单位是清晰的，易确定的。所有样本单位出现在这一集合中的概率相等。

（四）抽样误差和非抽样误差

样本是总体的一部分，虽具有代表性，但毕竟不是总体。因此用样本得出的统计结果去推断和估计总体会产生一定误差，这种由抽样引起的误差称为抽样误差。抽样误差是客观存在的，但是抽样误差的大小与抽取的样本能否代表总体有密切的关系。为了使抽样误差减小，应尽可能地使样本结构与总体结构相一致。抽样误差可以通过一定的统计方法进行测量并加以控制。

非抽样误差是指在抽样调查中由人为因素造成的误差。这种误差是由市场调研人员和调查对象共同造成的。非抽样误差是无法测量的。

二、抽样调查的程序

如图 7－1 所示，抽样调查有一系列程序：定义总体；编制抽样框；选择抽样方法；确定样本容量；制定抽取样本操作方案；进入抽样调查阶段。

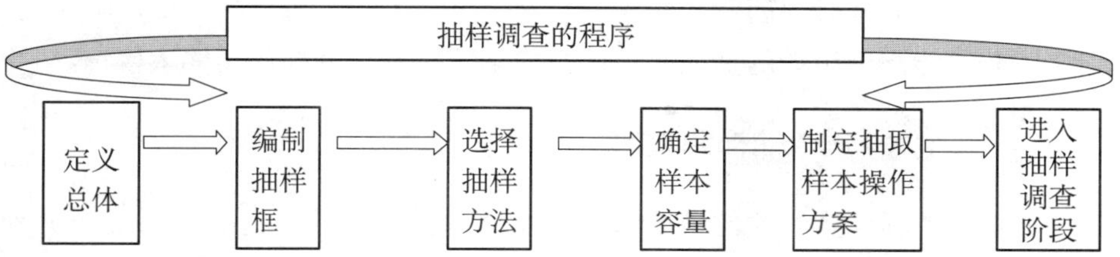

图 7-1　抽样调查的程序

（一）定义总体

为了满足调研目的的需要，必须详细说明可提供信息或与所需信息有关的个体或实体所具有的特性。可以从以下几个方面定义总体：地域因素、人口统计因素、产品或服务使用情况等。

（二）编制抽样框

理想的抽样框应是完整、不重复的。常见的抽样框有：学生花名册、城市黄页中的电话列表、工商企业名录、街道派出所里的居民户籍册、意向购房人信息册等。在没有现成名单的情况下，调查人员可自己编制抽样框。需要注意的是，在利用现成名单作为抽样框时，应先对该名单进行检查，避免有重复、遗漏的情况发生，以提高样本对总体的代表性。

（三）选择抽样方法

抽样方法可以分为两大类：概率抽样（随机抽样）和非概率抽样（非随机抽样）。概率抽样方法主要有：简单随机抽样、系统抽样、分层抽样、整群抽样与多阶段抽样等。经常使用的非概率抽样方法主要有：便利抽样、判断抽样、配额抽样、滚雪球抽样等。具体选择哪种抽样方法取决于调研目的、经费预算、时间限制、调查问题的性质等。

（四）确定样本容量

一旦选定抽样方法，下一步就要确定合适的样本容量。对于概率抽样，我们需要在允许误差的目标水平（抽样结果和总体指标的差异）和置信水平（置信区间涵盖总体真值的概率，置信区间是样本结果加减允许误差）下，计算样本容量。对于非概率抽样，我们通常依据经费预算、抽选规则、分析需求来决定样本容量。

（五）制定抽取样本操作方案

无论使用概率抽样方法还是非概率抽样方法，在一个项目的数据收集阶段，我们都必须制定和明确抽取样本操作方案。这个方案必须详细、清晰。若不能制定合适的抽取样本操作方案，则整个抽样都会陷入困境。

（六）进入抽样调查阶段

抽样调查程序的最后一步是抽样调查的实施。这一步需要充分地检查以确定前面的过程都被严谨执行了。

抽样调查的优点是比较突出的：质量可控，可信度高，时间短，收效快。缺点是：方案设计比较复杂，对设计人员要求较高。

第二节　抽样方法

抽样可分为概率抽样（probability sampling）和非概率抽样（non-probability sampling）两种方式。概率抽样是指总体中的每一个个体都具有同等的被抽选的可能性的抽样方法。非概率抽样是指在不遵循随机原则的情况下，从总体中选择特定调查个体的抽样方法。

一、概率抽样的方法

根据调研对象的性质和调研目的的不同，概率抽样的方法主要有：简单随机抽样、系统抽样、分层抽样、整群抽样与多阶段抽样等。

（一）简单随机抽样

简单随机抽样（simple random sampling）是最完全的概率抽样，总体中的每一个单位在抽取时都有相同的被抽中的机会。其概率公式为：

抽样概率（P）＝样本单位数（n）/总体单位数（N）

简单随机抽样可采用抽签法或随机数法。

1. 抽签法

首先给总体中的 N 个个体编号，把号码写在号签上，然后将号签放在一个容器中，搅拌均匀后，每次从中抽取一个号签，连续抽取 n 次，就能得到一个容量为 n 的样本，这样的抽样方法叫作抽签法。抽签法的优点是简单易行，缺点是当总体的容量非常大时，比较费时费力。如果号签搅拌得不均匀，则会导致抽样不公平。

2. 随机数法

随机数法是指利用随机数表抽取样本的方法。随机数表又称乱数表，是将 0 到 9 这 10 个自然数，按编码位数的要求，利用特制的摇码器或计算机，自动地逐个摇出或由计算机生成一定数目的号码编成的表。利用这个表抽取样本，可以大大简化抽样的烦琐程序。

随机数表（见图 7－2）由统计工作者用计算机生成的随机数组成，表中每个位置上出现哪一个数字是等概率的。利用随机数表抽取样本，可以保证每个个体被抽中的概率相等。

分节符(连续)				
39 65 76 45 45	19 90 69 64 61	20 26 36 31 62	58 24 97 14 97	95 06 70 99 00
73 71 23 70 90	65 97 60 12 11	31 56 34 19 19	47 83 75 51 33	30 62 38 20 46
72 20 47 33 84	51 67 47 97 19	98 40 07 17 66	23 05 09 51 80	59 78 11 52 49
75 17 25 69 17	17 95 21 78 58	24 33 45 77 48	69 81 84 09 29	93 22 70 45 80
37 48 79 88 74	63 52 06 34 30	01 31 60 10 27	35 07 79 71 53	28 99 52 01 41
分节符(连续)				
02 89 09 16 94	85 53 83 29 95	56 27 09 24 43	21 78 55 09 82	72 61 88 73 61
87 18 15 70 07	37 79 49 12 38	48 13 93 55 96	41 92 45 71 51	09 18 25 58 94
98 83 71 70 15	89 09 39 59 24	00 06 41 41 20	14 36 59 25 47	54 45 17 24 89
10 08 58 07 04	76 62 16 48 68	58 76 17 14 86	59 53 11 52 21	66 04 18 72 87
47 90 56 37 31	71 82 13 50 41	27 55 10 24 92	28 04 67 53 44	95 23 00 84 47
分节符(连续)				
93 05 31 03 07	34 18 04 52 35	74 13 39 35 22	68 95 23 92 35	36 63 70 35 33
21 89 11 47 99	11 20 99 45 18	76 51 94 84 86	13 79 93 37 55	98 16 04 41 67
95 18 94 06 97	27 37 83 28 71	79 57 95 13 91	09 61 87 25 21	56 20 11 32 44
97 08 31 55 73	10 65 81 92 59	77 31 61 95 46	20 44 90 32 64	26 99 76 75 63
69 26 88 86 13	59 71 74 17 32	48 38 75 93 29	73 37 32 04 05	60 82 29 20 25
分节符(连续)				
41 47 10 25 03	87 63 93 95 17	81 83 83 04 49	77 45 85 50 51	79 88 01 97 30
91 94 14 63 62	08 61 74 51 69	92 79 43 89 79	29 18 94 51 23	14 85 11 47 23
80 06 54 18 47	08 52 85 08 40	48 40 35 94 22	72 65 71 08 86	50 03 42 99 36
67 72 77 63 99	89 85 84 46 06	64 71 06 21 66	89 37 20 70 01	61 65 70 22 12
59 40 24 13 75	42 29 72 23 19	06 94 76 10 08	81 30 15 39 14	81 83 17 16 33

图 7－2 随机数表（局部）

目前最为便捷的方法，就是使用随机数生成器。比如要在 1 到 100 之间随机抽取 10 个数，而且是不放回地抽取，则可以进行如图 7－3 所示操作。

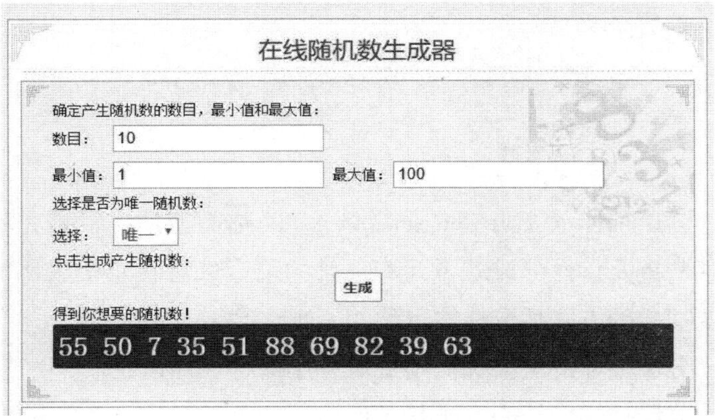

图 7－3 随机数生成器示例

（二）系统抽样

系统抽样（systematic sampling）也叫等距抽样或机械抽样，是指先将总体的每个单元编号，并按照一定顺序排列，然后按一定的距离（间隔）选取样本的抽样方法。系统抽样经常被作为简单随机抽样的替代方法使用。

抽样距离＝总体单位数÷样本单位数

系统抽样最主要的优势是经济性，而且比简单随机抽样更为简单，时间和费用成本都相对较低。

需要特别注意的是，系统抽样的最大缺陷在于总体单位的排列一旦出现问题，例如包含隐蔽的形态，就可能会抽出不合适的样本，因此应避免使用会使入样单位有相同特性的间隔数。

实操与思考

《申报》原名《申江新报》，1872 年 4 月 30 日（清同治十一年三月二十三日）在上海创刊，1949 年 5 月 27 日停刊，是近代中国发行时间最久、具有广泛社会影响的报纸，是中国现代报纸开端的标志。它前后总计经营了 78 年，历经晚清、北洋政府、国民政府三个时代，共出版上海版、汉口版、香港版约 42 万版，总计 27 534 期，其中上海版 26 847 期、汉口版 489 期、香港版 198 期。其出版时间之长，影响之广泛，为同时期其他报纸难以企及，在中国新闻史、广告史与社会史的研究上都占有重要地位，被人称为研究中国近现代史的“百科全书”。

我们现在要开展一项选题为“《申报》上的舞台剧广告研究”的调研。如果等距抽取星期一、三、五，会导致什么样的结果？

《申报》上的舞台剧广告主要刊登于星期六、星期日，其出现频率显著大于星期一至星期五的，所以等距抽取星期一、三、五，会导致分析结果出现很大误差，错漏很多有价值的分析单元。

（三）分层抽样

分层抽样（stratified sampling）又称类型抽样，是先将总体的所有单位按某些重要特性分成若干互不重叠的层，然后在层中采用简单随机抽样或者系统抽样的方式抽取样本单位。

分层抽样的最大优点是可对各层的特性加以比较。

分层抽样的核心原则是：层内部的差异要小，而层与层之间的差异要大。不然，分层抽样就失去了意义。

我在调研现场

我们手头有这样一个市场调研选题：大学生网络游戏“氪金”状况调查。对于这个选题，我们应如何进行分层抽样呢？

第一种方案：按照高校学科范围进行分层抽样，将高校分为理工类院校、师范类院校、农林类院校、语言类院校、体育类院校、医药类院校、财经类院校、政法类院校、艺术类院校、民族类院校、综合性院校。

第二种方案：按照高校总体办学水平层次进行分层抽样，将高校分为985工程院校、211工程院校、省重点建设高校、省属一般性高校、独立学院和民办高校。

分层抽样方案不是唯一的，上面两种分层抽样方案都是可行的。最终选取哪种分层抽样方案，取决于调研的目的与主要假设。

（四）整群抽样

整群抽取（cluster sampling）是指先将总体划分为若干互不重叠的群，然后在所有的群中随机地抽取若干个群，对抽中的这些群内的所有个体或单元进行调查的抽样方法。

整群抽样的优点是实施方便，缺点是误差较大。整群抽样的核心原则是：群内部的差异要大，而群与群之间的差异要小。

我在调研现场

某同学的市场调研作业选题为“大学生对吃播网红的态度调查”，该同学考虑以学院为整群抽样的“群”。其所调研的大学共设有以下学院：

公路学院、汽车学院、工程机械学院、经济与管理学院、电子与控制工程学院、信息工程学院、地质工程与测绘学院、地球科学与资源学院、建筑工程学院、水利与环境学院、建筑学院、材料科学与工程学院、运输工程学院、土地工程学院、马克思主义学院、人文学院、理学院、外国语学院。

如果我们开展的是大学生外卖消费调查，那么随机抽取几个学院的学生作为整群抽样的样本群体没有问题，但是我们的选题是大学生对吃播网红的态度调查，根据既往调研可知，对吃播感兴趣的女生比例显著高于男生。如果我们通过整群抽样抽到的是公路学院、汽车学院、运输工程学院这样女生较少的学院，调研结果就会产生较大的偏差。

（五）多阶段抽样

多阶段抽样（multistage sampling）是指在抽取样本的时候，按照抽样个体的隶属关系或层次关系，将其分为两个或两个以上的阶段来抽取样本的一种抽样方式。其具体操作过程是：第一阶段，将总体划分为若干个一级抽样单位，从中抽选一定数目的一级抽样单位入样；第二阶段，将入样的每个一级单位分成若干个二级抽样单位，从中抽选一定数目的二级抽样单位入样。依次分成若干阶段逐步地进行。在市场调研中，当总体的规模特别大，或者总体分布的范围特别广时，调研人员一般会采取多阶段抽样的方法来抽取样本。

二、非概率抽样的基本方法

有些市场调研难以得到抽样框，或者调研预算很有限，这时就需要使用非概率抽样的方法来选取样本。非概率抽样的基本方法主要有：便利抽样、判断抽样、配额抽样、滚雪球抽样等。

（一）便利抽样

便利抽样（convenient sampling）又称偶遇抽样，是指在调查过程中，由调研人员依据方便的原则，自行确定入抽样本的单位。便利抽样是所有抽样技术中所花费经费和时间最少的。例如，调研人员在校园、街头、公园、超市等公共场所进行拦截调查，厂家在出售产品的展台前对路过的顾客进行调查，等等。这种方法能及时获得数据，不仅省时省力，还能为探索性调研提供良好的数据源。对同质性较高的群体，如大学生群体等，更适合采用这一方法。

（二）判断抽样

判断抽样（judgment sampling）又称目的抽样，是指调研人员凭借判断力、经验与知识储备，依据对调查总体相关特征的了解，从总体中抽取有典型性的样本的抽样方法，也称选择性抽样。当调研人员对自己的调研领域十分熟悉，对调查总体比较了解时，采用这种抽样方法可获得代表性较高的样本。

实操与思考

若对“十一”黄金周西安旅游市场开展调查，可以选择哪些景点进行便利抽样呢？

秦始皇兵马俑博物馆、陕西历史博物馆、大雁塔、大唐不夜城步行街、回民街等，这些景点是绕不过去的。

（三）配额抽样

配额抽样（quota sampling）又称定额抽样，是非概率抽样中运用最为普遍的一种方法。使用这种方法需根据预先确定的总体特征来选择样本。跟概率抽样中的分层抽样类似，它也需要先将总体按照一定的特性分成不同类别，然后在每个类别里选取样本。例如，根据所调研总体人口的性别、年龄构成来确定不同性别、年龄的调查人数，即配额。配额保证了在这些特征上样本的组成与总体的组成是一致的。这种抽样方法的目的是使样本对总体具有更好的代表性。

（四）滚雪球抽样

滚雪球抽样（snowball sampling）指的是以类似“滚雪球”的方式，先接触少量样本，再逐步通过这些少量样本获取大量样本，即通过初始受访者的推荐来选取更多受访者的抽样方法。它要求总体中的各单位之间有一定的关联性，这样才会产生滚雪球的可能。比如在开展有关二胎妈妈育儿消费的相关调查时，调查人员可先找到自己认识的二胎妈妈，然后通过她们继续寻找她们认识的二胎妈妈。当抽样框架难以识别时，这种抽样方法是有效的。

实操与思考

大学生日常理财现状调查；大学生高端手机使用情况调查；嘻哈音乐大学生受众分析；Livehouse 大学生受众调查。

对于以上四个选题，同学们觉得适合采用滚雪球抽样吗？为什么？

本章小结

抽样调查是一种非全面调查，是从全部调研对象中，抽选一部分单位进行调查，并据此对全部调研对象做出估计和推断的一种调查方法。抽样调查的程序分为：定义总体；编制抽样框；选择抽样方法；确定样本容量；制定抽取样本操作方案；进入抽样调查阶段。抽样调查可以分为概率抽样调查和非概率抽样调查两类。根据调研对象的性质和调研目的的不同，概率抽样的方法主要有：简单随机抽样、系统抽样、分层抽样、整群抽样与多阶段抽样等。有些市场调研难以得到抽样框，或者调研预算有限，这时就需要使用非概率抽样的方法来选取样本。非概率抽样的基本方法主要有：便利抽样、判断抽样、配额抽样、滚雪球抽样等。

思考题

1. 为什么通常选择抽样调查而不选择普查?

2. 概率抽样和非概率抽样各有哪些利弊? 为什么在市场调研中，非概率抽样的使用非常普遍?

3. 区分等距抽样、分层抽样与整群抽样，并各举一例。

4. 分层抽样和配额抽样有哪些不同? 配额抽样为什么会成为非概率抽样中运用最为普遍的一种方式?

5. 什么是滚雪球抽样? 举例说明这种抽样方法的适用情况。

案例 7-1

《中国互联网络发展状况统计报告》的抽样方式及我国互联网络发展状况

1997 年，国家主管部门研究决定由中国互联网络信息中心（CNNIC）牵头组织开展中国互联网络发展状况统计调查，形成了每年年初和年中定期发布《中国互联网络发展状况统计报告》（以下简称《报告》）的惯例，至今已持续发布 50 多次。《报告》力图通过核心数据反映我国制造强国和网络强国建设历程，成为我国政府部门、国内外行业机构、专家学者和广大人民群众了解中国互联网发展状况的重要参考。

一、抽样方法

CNNIC 为最大限度地覆盖网民群体，采用双重抽样框方式进行调研。采用的第一个抽样框是固定住宅电话名单，调查子总体 A。采用的第二个抽样框是移动电话名单，调查子总体 B。

1. 调查总体

我国有住宅固定电话（家庭电话、宿舍电话）或者手机的 6 周岁及以上居民。

2. 样本规模

调查总体样本 30 000 个，覆盖中国内地（大陆）地区 31 个省（区、市），不含香港、澳门、台湾地区。

3. 调查总体细分

如图 7-4 所示，CNNIC 将调查总体划分为 A、B、C 三个子总体。

子总体 A：固话覆盖人群，包括住宅固定电话覆盖的居民、学生宿舍电话覆盖用户、其他宿舍电话覆盖用户。

子总体 B：手机覆盖人群。

子总体 C：固话和手机共同覆盖人群（固话覆盖人群和手机覆盖人群有重合，

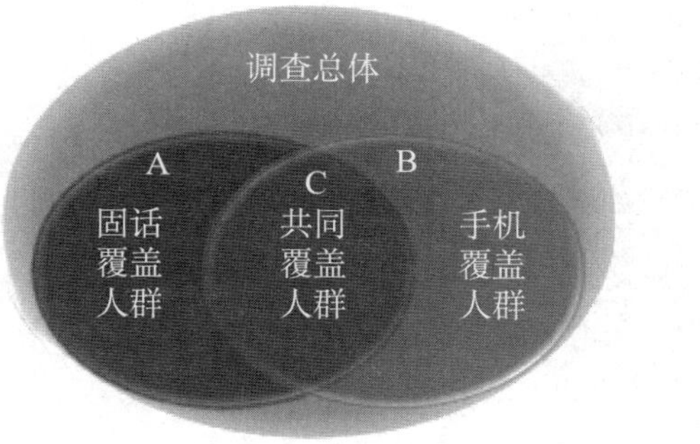

图 7-4　调查总体细分

重合处为子总体 C)，C＝A∩B。

对于固话覆盖人群，采用分层二阶段抽样方式。为保证所抽取的样本具有足够的代表性，将中国内地（大陆）地区按省、自治区和直辖市分为 31 层，各层独立抽取样本。省内采取样本自加权的抽样方式。各地市州（包括所辖区、县）样本量根据该城市住宅固定电话覆盖的 6 周岁及以上人口数占全省总覆盖人口数的比例分配。

对于手机覆盖人群，抽样方式与固话覆盖人群的类似，也将中国内地（大陆）地区按省、自治区和直辖市分为 31 层，各层独立抽取样本。省内按照各地市居民人口所占比例分配样本，使省内样本分配符合自加权。

为了保证每个地市州内的电话号码被抽中的机会近似相同，使电话多的局号被抽中的机会多，同时也考虑到了访问实施工作的操作性，在各地市州内电话号码的抽取按以下步骤进行：

手机覆盖人群的调研方式是在每个地市州中，抽取全部手机局号；结合每个地市州的有效样本量，生成一定数量的四位随机数，与每个地市州的手机局号相结合，构成号码库（局号＋4 位随机数）；对所生成的号码库进行随机排序；拨打访问随机排序后的号码库。固话覆盖人群的调研方式与手机覆盖人群的相似，同样是生成随机数与局号组成电话号码，拨打访问这些电话号码。但为了不重复抽样，此处只访问住宅固定电话。

网民规模根据各省统计局最新公布的人口属性结构，通过多变量联合加权的方法进行统计推算。

二、我国互联网络发展状况

根据 CNNIC 发布的第 45～50 次《报告》，我们梳理一下进入 2000 年以后，我国互联网络的发展状况。

1. 第 45 次《报告》

2020 年 4 月 28 日，CNNIC 发布第 45 次《报告》。报告显示，截至 2020 年 3 月，中国网民规模为 9.04 亿，互联网普及率达 64.5%；手机网民规模为 8.97 亿，网民中使用手机上网的比例达 99.3%；农村网民规模为 2.55 亿，占整体的 28.2%，较2018年年底增长幅度仍落后于城镇网民 。

2. 第46次《报告》

2020年9月29日，CNNIC发布第46次《报告》。《报告》围绕互联网基础建设、网民规模及结构、互联网应用发展、互联网政务发展和互联网安全等五个方面，力求通过多角度、全方位的数据展现，综合反映2020年上半年我国互联网发展状况。

《报告》显示，截至2020年6月，我国网民规模达9.40亿，较2020年3月增长3 625万，互联网普及率达67.0%，较2020年3月提升2.5个百分点。CNNIC党委书记、副主任吴铁男指出，在疫情期间，我国互联网产业展现出巨大的发展活力和韧性，不仅为精准有效防控疫情发挥了关键作用，还在数字基建、数字经济、数字惠民和数字治理等方面取得了显著进展，成为我国应对新挑战、建设新经济的重要力量。

CNNIC副主任张晓对这次《报告》进行了解读，从八个方面总结了2020年上半年中国互联网发展亮点：

一是“网”汇力量，“新业态”助抗疫稳大局。上半年，在线教育、在线医疗、远程办公等应用服务在维持社会经济正常运转、稳住民生基本所需方面发挥了巨大作用。截至2020年6月，在线教育用户规模达3.81亿，占网民整体的40.5%；在线医疗用户规模达2.76亿，占网民整体的29.4%；远程办公用户规模达1.99亿，占网民整体的21.2%。

二是“网”罗科技，“新基建”注活力扩增量。上半年，中央密集部署加快“新基建”进度，多个重要领域取得积极进展。截至2020年6月底，5G终端连接数已超过6 600万，三家基础电信企业已开通5G基站超40万个。工业互联网领域已培育形成超过500个特色鲜明、能力多样的工业互联网平台。截至2020年7月，我国已分配IPv6地址用户数达14.42亿，IPv6活跃用户数达3.62亿，排名前100位的商用网站及应用已经全部支持IPv6访问。

三是“网”促发展，“新经济”扩内需助转型。截至2020年6月，我国电商直播、短视频及网络购物用户规模较3月增长均超过5%，电商直播用户规模达3.09亿，较2020年3月增长4 430万，规模增速达16.7%，成为上半年增长最快的个人互联网应用，为促进传统产业转型、带动农产品上行提供了积极助力。网络零售用户规模达7.49亿，占网民整体的79.7%，市场连续七年保持全球第一，为形成新发展格局提供了重要支撑。

四是“网”有温度，“新惠民”利普惠助脱贫。截至2020年6月，我国网民规模已经达到9.40亿，相当于全球网民的五分之一。互联网普及率为67.0%，约高于全球平均水平5个百分点。城乡数字鸿沟显著缩小，城乡地区互联网普及率差异为24.1%，2017年以来首次缩小到30%以内，网络扶贫作为扶贫攻坚的重要手段，已越来越多地被网民所了解和参与。

五是“网”来文化，“新传播”讲故事树新风。截至2020年6月，我国网络视频（含短视频）用户规模达8.88亿，占网民整体的94.5%，其中短视频已成为新闻报道新选择、电商平台新标配。网络新闻用户规模为7.25亿，占网民整体的77.1%，网络新闻借助社交、短视频等平台，通过可视化的方式提升传播效能，助力抗疫宣传报道。

六是“网”知天下，“新工具”零距离看世界。截至2020年6月，我国网络支付用户规模达8.05亿，较2020年3月增长4.8%，占网民整体的85.7%，移动支付市场规模连续三年全球第一，在疫情期间发挥了重要惠民作用，拓展了更多“+支付”的应用场景；即时通信成为疫情期间发展最快的应用之一，用户规模达9.31亿，较2020年3月增长3 466万。

七是“网”填需求，“新服务”保运力补供给。受疫情影响，线上化渠道为服务业提供了新的发展窗口。网上外卖、在线教育、网约车、在线医疗等数字服务蓬勃发展，用户规模分别达4.09亿、3.81亿、3.40亿和2.76亿，占网民整体的比例分别为43.5%、40.5%、36.2%和29.4%，在满足网民需求的同时也为服务业的数字化发展提供了助力。

八是“网”谈治理，“新治理”推立法谋创新。截至2020年6月，我国在线政务服务用户规模达7.73亿，占网民整体的82.2%。上半年政府治理体系不断完善、治理能力不断提升。《中华人民共和国民法典》《中华人民共和国数据安全法（草案）》逐步推动数字治理有法可依；围绕政府、平台、社会的多元协同治理体系正在加速形成；在线政务服务日趋成熟，国家政务服务平台建设成效凸显。

3. 第47次《报告》

2021年2月3日，CNNIC发布的第47次《报告》勾勒出了我国网络“自画像”：截至2020年12月，我国网民规模达9.89亿，手机网民规模达9.86亿，互联网普及率达70.4%。其中，40岁以下网民超过50%，学生网民最多，占比为21.0%。

通过此次《报告》可看出中国互联网发展趋势的八大特点：

第一，“健康码”助9亿人通畅出行，互联网为抗疫赋能赋智。

2020年，面对突如其来的疫情，互联网显示出强大力量，对打赢疫情防控阻击战起到关键作用。

疫情期间，全国一体化政务服务平台推出“防疫健康码”，累计申领近9亿人，使用次数超过400亿人次，支撑全国绝大部分地区实现“一码通行”，大数据在疫情防控和复工复产中作用凸显。

第二，网民规模接近10亿，网络扶贫成效显著。

截至2020年12月，我国网民规模为9.89亿，互联网普及率达70.4%，较

2020 年 3 月提升 5.9 个百分点。其中，农村网民规模为 3.09 亿，较 2020 年 3 月增长 5 471 万；农村地区互联网普及率为 55.9%，较 2020 年 3 月提升 9.7 个百分点。

第三，网络零售连续八年全球第一，有力推动消费“双循环”。

自 2013 年起，我国已连续八年成为全球最大的网络零售市场。2020 年，我国网上零售额达 11.76 万亿元，较 2019 年增长 10.9%。其中，实物商品网上零售额 9.76 万亿元，占社会消费品零售总额的 24.9%。截至 2020 年 12 月，我国网络购物用户规模达 7.82 亿，较 2020 年 3 月增长 7 215 万，占网民整体的 79.1%。

第四，网络支付使用率近九成，数字货币试点进程全球领先。

截至 2020 年 12 月，我国网络支付用户规模达 8.54 亿，较 2020 年 3 月增长 8 636 万，占网民整体的 86.4%。2020 年，央行数字货币已在深圳、苏州等多个试点城市开展数字人民币红包测试，取得阶段性成果。未来，数字货币将进一步优化功能，覆盖更多消费场景，为网民提供更多数字化生活便利。

第五，短视频用户规模增长超 1 亿，节目质量飞跃提升。

截至 2020 年 12 月，我国网络视频用户规模达 9.27 亿，较 2020 年 3 月增长 7 633 万，占网民整体的 93.7%。其中短视频用户规模为 8.73 亿，较 2020 年 3 月增长 1.00 亿，占网民整体的 88.3%。

第六，高新技术不断突破，释放行业发展动能。

2020 年，我国在量子科技、区块链、人工智能等前沿技术领域不断取得突破，应用成果丰硕。量子科技政策布局和配套扶持力度不断加大，技术标准化研究快速发展，研发与应用逐渐深入。在区块链领域，政策支撑不断强化，技术研发不断创新，产业规模与企业数量快速增长，实践应用取得实际进展。在人工智能领域，多样化应用推动技术层产业步入快速增长期，产业智能化升级带动应用层产业发展势头强劲。

第七，上市企业市值再创新高，集群化发展态势明显。

截至 2020 年 12 月，我国互联网上市企业在境内外的总市值达 16.80 万亿人民币，较 2019 年底增长 51.2%，再创历史新高。我国网信独角兽企业总数为 207 家，较 2019 年年底增加 20 家。互联网企业集群化发展态势初步形成。

第八，数字政府建设扎实推进，在线服务水平全球领先。

2020 年，党中央、国务院大力推进数字政府建设，切实提升群众与企业的满意度、幸福感和获得感，为扎实做好“六稳”工作，全面落实“六保”任务提供服务支撑。截至 2020 年 12 月，我国互联网政务服务用户规模达 8.43 亿，较 2020 年 3 月增长 1.50 亿，占网民整体的 85.3%。

4. 第 48 次《报告》

2021 年 8 月 27 日，CNNIC 在京发布第 48 次《报告》。《报告》显示，截至 2021 年 6 月，我国网民规模达 10.11 亿，较 2020 年 12 月增长 2 175 万，互联网普及率达71.6%。十亿用户接入互联网，形成了全球最为庞大、生机勃勃的数字社会。

庞大的网民规模为推动我国经济高质量发展提供了强大内生动力。一是互联网基础资源加速建设，为网民增长夯实基础。截至2021年6月，我国IPv6地址数量达62 023块/32，较2020年年底增长7.6%。移动电话基站总数达948万个，较2020年12月净增17万个。二是数字应用基础服务日益丰富，带动更多网民使用。互联网及科技企业不断向四五线城市及乡村下沉，带动农村地区物流和数字服务设施不断改善，推动消费流通、生活服务、文娱内容、医疗教育等领域的数字应用基础服务愈加丰富，为用户带来数字化便利。三是政务服务水平不断提升，用户习惯加速形成。全国一体化政务服务平台在疫情期间推出返岗就业、在线招聘、网上办税等高频办事服务700余项，加大政务信息化建设统筹力度，不断增进人民福祉。

5. 第49次《报告》

2022年2月25日，CNNIC在京发布第49次《报告》。《报告》显示，截至2021年12月，中国网民规模达10.32亿，较2020年12月增长4 296万，互联网普及率达73.0%。

《报告》围绕互联网基础设施建设、网民规模及结构、互联网应用、工业互联网、互联网政务服务和互联网安全状况等六个方面，力求通过多角度、全方位的数据展现，综合反映2021年我国互联网发展总体情况。

6. 第50次《报告》

2022年上半年，疫情和乌克兰危机导致风险挑战增多，我国经济发展环境的复杂性、严峻性、不确定性上升，稳增长、稳就业、稳物价面临新的挑战。面对复杂严峻环境和诸多风险挑战，全国工业和信息化系统全力以赴保通保畅、助企纾困、扩大内需、稳定预期，为保持经济运行在合理区间做出了积极努力。在各方的共同努力下，我国网上零售对市场销售增长贡献率持续提升，信息服务消费、高技术制造业投资保持较快增长，数字经济已成为稳增长、促转型、保民生的重要支柱。

作为制造强国和网络强国的忠实记录者，CNNIC持续跟进我国互联网发展进程，不断扩大研究范围，深化研究领域。2022年8月31日，CNNIC在京发布第50次《报告》。《报告》围绕互联网基础建设、网民规模、互联网应用、工业互联网、互联网安全等五个方面，力求通过多角度、全方位的数据展现，综合反映2022年上半年我国互联网发展状况。

《报告》显示，截至2022年6月，我国网民规模为10.51亿，互联网普及率达74.4%。通过这次《报告》可以看出2022年上半年我国互联网发展状况有以下特点：

第一，互联网基础建设全面覆盖，用户规模稳步增加。

《报告》显示，在网络基础资源方面，截至2022年6月，我国域名总数为3 380

万个，“.cn”域名数为1 786万个，IPv6地址数量为63 079块/32，较2021年12月增长0.04%。在信息基础设施建设方面，截至2022年6月，我国千兆光网具备覆盖超过4亿户家庭的能力，已累计建成开通5G基站185.4万个，实现“县县通5G、村村通宽带”。三家基础电信企业的固定互联网宽带接入用户总数达5.63亿户，比上年末净增2 705万户；其中100Mbps及以上接入速率的固定互联网宽带接入用户达5.27亿户，占总用户数的93.7%。三家基础电信企业发展蜂窝物联网终端用户16.39亿户。

第二，网民规模持续提升，网络接入环境更加多元。

《报告》显示，在网民规模方面，我国网民规模持续稳定增长，较2021年12月新增网民1 919万，互联网普及率较2021年12月提升1.4个百分点。农村地区互联网基础设施建设全面强化，我国现有行政村已实现“村村通宽带”，推动农村地区互联网普及率较2021年12月提升1.2个百分点，达58.8%。在网络接入环境方面，网民人均每周上网时长为29.5个小时，较2021年12月提升1.0个小时。网民使用手机上网的比例达99.6%；使用台式电脑、笔记本电脑、电视和平板电脑上网的比例分别为33.3%、32.6%、26.7%和27.6%。

第三，互联网应用持续发展，短视频增长最为明显。

《报告》显示，截至2022年6月，我国短视频的用户规模增长最为明显，达9.62亿，较2021年12月增长2 805万，占网民整体的91.5%。即时通信用户规模达10.27亿，较2021年12月增长2 042万，占网民整体的97.7%。网络新闻用户规模达7.88亿，较2021年12月增长1 698万，占网民整体的75.0%。网络直播用户规模达7.16亿，较2021年12月增长1 290万，占网民整体的68.1%。在线医疗用户规模达3.00亿，较2021年12月增长196万，占网民整体的28.5%。

《中国互联网络发展状况统计报告》调查数据应用广泛，除被纳入中国政府统计年度报告外，还被联合国、国际电信联盟等国际组织普遍采纳。未来，CNNIC将以更开放的方式与社会各界深入开展数据研究合作，共同见证互联网推动我国经济、社会、文化快速发展的机遇与挑战。

案例思考

CNNIC出品的《中国互联网络发展状况统计报告》的调查数据使用的是哪种抽样方法？是如何实施的？

第八章
问卷调查

本章学习要点

1. 理解问卷调查的概念与分类
2. 掌握问卷调查的方式
3. 掌握如何进行问卷设计

第一节　问卷调查的概念与分类

在我们的日常生活中，问卷调查使用非常广泛，同学们可能最近就填写过一份关于自己的行为、态度的问卷。

一、问卷调查的概念

问卷调查的历史可追溯到 19 世纪末。“你的工作场所使用的是煤气灯、煤油灯还是其他照明设备?”“机器是专门雇工人来擦拭的，还是由使用机器的工人在工作日内无报酬地擦拭的?”“开不开夜工?”“加班是不是补发工资?”这是 1880 年 4 月，马克思为调查法国工人工作、生活情况而制作的《工人调查表》中的问题，一项一项非常具体，涉及工作、生活、开支等方面，共有 99 个相关问题。由于马克思十分熟悉调查对象的工作和生活的实际情况，调查表中使用的语言都非常通俗易懂，列出的各种问题简明扼要、一目了然，所以调查表一经问世，就受到了工人的普遍欢迎，广泛流传，仅单行本就在法国发行了 25 000 册之多。《工人调查表》在当时的法国引发了广泛关注，被称为揭露资本家剥削工人的“武器”，号召工人起来进行革命的“号角”。[①]

① 佟秋月．马克思设计的这份调查表，何以成为“武器”和“号角”．(2023 - 05 - 22)[2023 - 05 - 30]. https：//www.cnxxpl.com/content/646749/66/12680389.html.

20 世纪以来，结构式问卷越来越多地被用于定量研究，与抽样调查相结合，已成为调查研究的主要方式之一。

问卷调查是指利用结构式问卷，依据标准化的程序收集数据，然后对这些数据进行整理和分析，从而对调研项目进行描述、解释与预测。问卷调查是市场调研中使用频率最高的定量调研方法，其核心是资料的量化特征。

二、问卷调查的分类

根据所覆盖的调查对象的规模和代表性的角度，可将问卷调查分为普查和抽样调查。

（一）普查

普查是指为特定目的而专门组织的一次性全面调查，需要对总体中的每一个个体进行调查，一般是一个国家或者一个地区为详细调查某项重要的国情、国力而专门组织的大规模一次性全面调查，其涉及面广，指标多，工作量大，时间性强。为了取得准确的统计资料，普查对集中领导和统一行动的要求很高。虽然相对于抽样调查，普查的结果更为准确，但其非常耗时耗力，组织工作庞杂，执行难度很大，适用性远低于抽样调查。目前，我国重大国情、国力普查项目包括全国人口普查、全国农业普查和全国经济普查三项。全国人口普查每 10 年进行一次，在尾数逢 0 的年份实施，标准时点为普查年度的 11 月 1 日零时。全国农业普查每 10 年进行一次，在尾数逢 6 的年份实施，标准时点为普查年度的 12 月 31 日 24 时。全国经济普查每 5 年进行一次，在尾数逢 3 和 8 的年份实施，标准时点为普查年度的 12 月 31 日。

（二）抽样调查

与普查相对的是抽样调查，抽样调查是指按照一定的程序，从所调研的总体中抽出部分个体进行调查。在一定的条件下，对于抽样调查所得到的数据资料，可以运用数理统计的原理和方法，对总体的数量特征进行估计和推断。

我在调研现场

第七次全国人口普查[①]

人口普查是当今世界各国广泛采用的搜集人口资料的一种最基本的科学方

① 第七次全国人口普查公报解读.(2021-05-12)[2023-06-01]. http://www.stats.gov.cn/sj/sjjd/202302/t20230202_1896484.html.

法，是全国人口基本数据的主要来源。通过人口普查，不仅可以查清全国人口的数量、结构和分布等基本情况，还可以查清人口的社会特征、家庭特征、教育特征、经济特征、居住状况以及普查标准时点前一年人口的出生死亡状况等。新中国成立以来，我国已经分别在1953年、1964年、1982年、1990年、2000年、2010年与2020年成功进行了全国人口普查。

下面以第七次全国人口普查为例，对人口普查方法与流程做简单介绍。

一、人口普查的标准时点、对象、登记原则、方式和内容

1. 人口普查的标准时点是2020年11月1日零时。

2. 人口普查对象是指普查标准时点在中华人民共和国境内的自然人以及在中华人民共和国境外但未定居的中国公民，不包括在中华人民共和国境内短期停留的境外人员。

3. 人口普查采用按现住地登记的原则，每个人必须在现住地进行登记。普查对象不在户口登记地居住的，户口登记地要登记相应信息。人口普查以户为单位进行登记，户分为家庭户和集体户。

4. 人口普查登记采用普查员入户询问、使用电子采集设备（iPad或智能手机）当场填报，或由普查对象通过互联网自主填报等方式进行。

5. 人口普查登记的主要内容包括：姓名、居民身份证号码、性别、年龄、民族、受教育程度、行业、职业、迁移流动、婚姻生育、死亡、住房情况等。

二、人口普查表

根据普查对象的不同，第七次全国人口普查表可分为四种，分别是《第七次全国人口普查短表》《第七次全国人口普查长表》《第七次全国人口普查港澳台居民和外籍人员普查表》《第七次全国人口普查死亡人口调查表》。不同的普查表，普查内容有所不同。

三、人口普查主要数据

2021年5月11日，第七次全国人口普查结果公布，主要数据如下：

（1）人口总量。普查登记的31个省、自治区、直辖市和现役军人的人口（不包括居住在31个省、自治区、直辖市的港澳台居民和外籍人员）共1 411 778 724人，与2010年的1 339 724 852人相比，增加72 053 872人，增长5.38%；年平均增长率为0.53%，比2000年到2010年的年平均增长率0.57%下降0.04个百分点（见图8-1）。数据表明，我国人口10年来继续保持低速增长态势。

（2）性别构成。男性人口为72 334万人，占51.24%；女性人口为68 844万人，占48.76%。总人口性别比（以女性为100，男性对女性的比例）为105.07，与2010年基本持平，略有降低。出生人口性别比为111.3，较2010年下降6.8。数据表明，我国人口的性别结构持续改善。

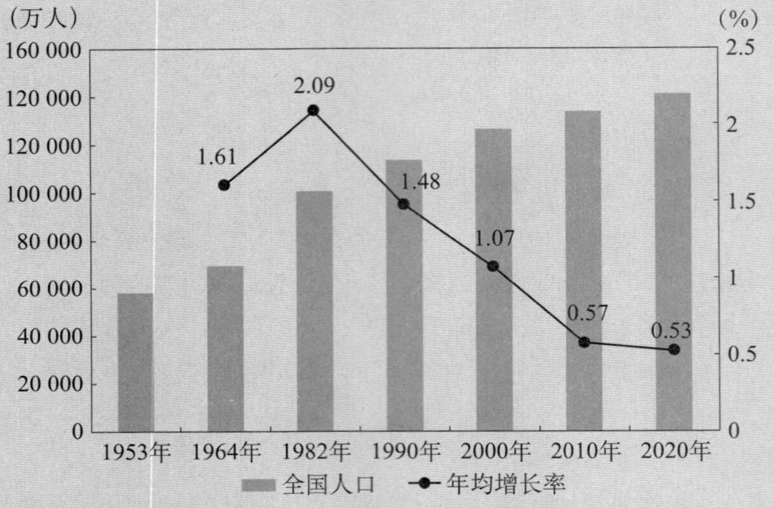

图 8-1　1953—2020 年人口普查全国人口及年均增长率

注：全国人口是指大陆 31 个省、自治区、直辖市和现役军人的人口，不包括居住在 31 个省、自治区、直辖市的港澳台居民和外籍人员。

资料来源：第七次全国人口普查公报（第二号）：全国人口情况 .（2021-05-11）[2023-06-01]. https://www.stats.gov.cn/sj/tjgb/rkpcgb/qgrkpcgb/202302/t20230206_1902002.html.

（3）年龄构成。0～14 岁人口为 25 338 万人，占 17.95%；15～59 岁人口为 89 438 万人，占 63.35%；60 岁及以上人口为 26 402 万人，占 18.70%（其中，65 岁及以上人口为 19 064 万人，占 13.50%）。与 2010 年相比，0～14 岁、15～59 岁、60 岁及以上人口的比重分别上升 1.35 个百分点、下降 6.79 个百分点、上升 5.44 个百分点。数据表明，我国少儿人口比重回升，生育政策调整取得了积极成效。同时，人口老龄化程度进一步加深，未来一段时期将持续面临人口长期均衡发展的压力。

（4）受教育程度。具有大学文化程度的人口为 21 836 万人。与 2010 年相比，每 10 万人中具有大学文化程度的由 8 930 人上升为 15 467 人，15 岁及以上人口的平均受教育年限由 9.08 年提高至 9.91 年，文盲率由 4.08%下降为 2.67%。受教育状况的持续改善反映了 10 年来我国大力发展高等教育以及扫除青壮年文盲等措施取得了积极成效，人口素质不断提高。

（5）城乡人口。居住在城镇的人口为90 199万人，占 63.89%；居住在乡村的人口为 50 979 万人，占 36.11%。与 2010 年相比，城镇人口增加 23 642 万人，乡村人口减少 16 436 万人，城镇人口比重上升 14.21 个百分点。随着我国新型工业化、信息化和农业现代化的深入发展和农业转移人口市民化政策落实落地，10 年来我国新型城镇化进程稳步推进，城镇化建设取得了历史性成就。

（6）人口地区分布。东部地区人口占 39.93%，中部地区占 25.83%，西部地区占 27.12%，东北地区占 6.98%。与 2010 年相比，东部地区人口所占比重上升 2.15 个百分点，中部地区下降 0.79 个百分点，西部地区上升 0.22 个百分点，东北地区下降 1.20 个百分点。人口向经济发达区域、城市群进一步集聚。

启示

第七次全国人口普查是在中国特色社会主义进入新时代所开展的一项重大国情国力调查，旨在全面查清我国人口数量、结构、分布、城乡住房等方面情况，为完善人口发展战略和政策体系、促进人口长期均衡发展、科学制定国民经济和社会发展规划、推动经济高质量发展、开启全面建设社会主义现代化国家新征程、向第二个百年奋斗目标进军提供科学准确的统计信息支持。

第二节　问卷调查的方式

问卷调查的方式主要分为面访法、电话调查法、邮寄调查法与网络调查法。调研目的、调研预算、精度要求都决定着我们选择什么样的问卷调查方式。

一、面访法

面访法是指现场调查中调查员与调查对象面对面进行问卷调查的方式，包括入户调查、拦截调查、留置式问卷调查三种。

（一）入户调查

我们常常把“入户调查”（door-to-door-interview）理解为“住户调查”，但这两者还是有区别的。住户调查是以家庭为对象，使用抽样调查方法，为搜集社会经济统计资料而组织的各种调查的总称。而入户调查的“入户”并非仅指在调查对象家里，在调查对象宿舍或工作单位进行问卷调查，也属于入户调查。这种调查方式虽然传统，但依然具有生命力。特别是涉及具有明显特征和较强指向性的调查群体时，如“银色群体保健品消费调查”，如果能入户，经对方许可，则可以对调查对象居家场所中保健品的种类、数量、使用情况等进行现场观察。再如“移动互联网对城市流动儿童社会融合的影响调查”，流动儿童的居住场所也是体现其融入城市程度的一个重要衡量点。又如“大学生恋爱消费调查”“大学生防脱发产品消费调查”“大学生助睡眠产品消费调查”，这三个调研项目对调查对象有一定的客观条件要求，且个人化程度较高，更适合在宿舍等封闭空间进行问卷作答，调查对象在自己熟悉的环境中也容易卸下心理防御。还有电视收视率调查，目前国内外基本上采取的是入户安装收视测量仪与住户每日填写日记卡相结合的方法。

入户调查中需要注意两点：一是不要轻易放弃。对调研人员来说，开展任何市场调研活动，都需要具备良好的心理承受能力。作为调研人员，遭遇拒访是家常便饭，是职业生涯中自始至终都会面对的问题。二是除了对问卷做出必要解释外，调研人员不得进行其他诱导式交谈。

入户调查的优势在于：调查员可以直接接触到调查对象的居住环境或工作环境，在对方许可的情况下，进行现场观察；调查对象能处在一个熟悉、舒适的环境中，对于敏感问题，也较容易进行询问与作答；适合结构复杂、问题较多、多次跳答的问卷；可以减少有意漏答、误跳误填、随意作答的情况；问卷回收率高，废卷少。但是其局限性也很明显：一是成本较高，调查员的交通食宿费等都需要纳入调研费用中；二是如果没有熟人介绍，调查员对调查对象来说就是陌生人，因此拒访率比较高。

业界之声

特殊的入户调查——经理访谈①

市场调研人员将“经理访谈”（executive interviews）作为专业性入户调查，在商务人士办公室对他们进行有关产品或服务的问卷调查与访谈。例如，惠普公司想获得用户在打印机功能偏好方面的信息，就需要对打印机的购买决策者进行调查，找到这些人并在他们的办公室里询问他们，这样惠普公司下一批新型办公打印机就可以提供用户偏好的功能。

这类调查费用很高。首先，必须识别并找到我们正在谈论的产品的购买决策者。通过多种途径来获得购买决策者名单，通常需要通过电话来识别真正的购买决策者。一个公司里的确有我们正在寻找的这类人，但是在一个大型组织里面找到他们是耗时且昂贵的。一旦找到真正的购买决策者，下一步就是让其答应接受调查，并为调查安排时间。这并不像我们想得那么困难，因为多数专业人士一般乐意谈论与他们工作相关的话题。

最后，调研人员必须在约定的时间到达指定地点。长时间的等待是常有的事，突然取消的情况也时有发生。这类调查需要技术精湛的调研人员，因为他们面对的不是普通消费者，而是职业经理人。实质上，经理访谈具有与入户调查相同的缺点与优点。目前，在线经理访谈变得越来越多。

① 麦克丹尼尔，盖茨．当代市场调研：第10版．李桂华，等译．北京：机械工业出版社，2017：118.

（二）拦截调查

拦截调查是一种比较流行的问卷调查方式，即在客流量较大的公共场所，对消费者进行问卷调查的方法。这种方法执行灵活，可分为流动拦截访问和定点拦截访问两种形式。

拦截调查中需注意的问题有：提前规划好调查时间、地点与路线，尽量避开饭点、上下班高峰期、午休时间等。考虑不同年龄群体的活跃时间，比如对老年人消费群体进行调查，可以早上去公园、广场、菜市场门口、超市门口拦截；对大学生群体进行调查，可以在晚饭后的校园林荫道、宿舍楼前、操场、便利店门口拦截。合理分配不同层次调查对象在不同时间、区域的采集量。针对调查对象群体的特点，提前做好各种准备，如适合年轻人群体的电子问卷二维码，适合老年人的大字体、宽行距的纸质问卷，等等。考虑到调查对象有可能是在行进的过程中填答问卷，应备好足够的中性笔和小垫板。专有名词的解释要熟记于心，并能以口语化的方式做出解释说明。拦截调查时，应第一时间出示工作证或学生证，并强调调查对象的参与价值，及时打消其疑问顾虑。同时，选择相对安静、安全的空间开展调查。出现漏填、跳答错误、开放题答非所问等情况时，及时提醒调查对象进行更正。在调查对象作答完毕后，第一时间快速浏览问卷，确定无误后完成本份问卷。问卷不宜过长，同时应加强现场控制，特别是注意排除调查对象的同伴对调查对象的干扰与影响。拦截地点的选取不要存在明显的样本分布失衡问题，例如在靠近男生或女生宿舍楼的食堂门口进行拦访是不合适的，应选择距离男生或女生宿舍距离差不多的地点进行拦访。

拦截调查的优点是：成本低，因为调查对象会主动出现在调研人员面前，不需要调研人员四处奔波寻找，也不像入户调查那样有大量支出。调研人员可以集中精力于问卷本身。调查对象可以当场试用测试产品，特别是可以当场食用的产品，如新的饮品、薯片、方便食品等。拦截调查的局限性在于：样本分布可能过于集中，假设某超市开展五一促销传单的促购效果调查，在早上的超市门口进行拦截调查，那么样本可能集中于老年人。消费者在匆忙行进的过程中很可能会拒绝调查，因此拒访率会比较高。访问环境较为嘈杂，可能会影响调查结果的准确性。

（三）留置式问卷调查

留置式问卷调查是指调查员按照面访调查方式找到调查对象，说明调查目的和填写要求后，将问卷留置于调查对象处，约定时间后登门取回填好的问卷。如收视率调查中的日记卡法调查一般是一周后取回日记卡；某面膜使用效果调查，可以在面膜连续使用四周后进行。

留置式问卷调查中需要注意：问卷中的每一道题都需注明答题方式，选择题需注明选项数量要求，开放题需注明填写要求，并在留置前向调查对象做出详细说明，避免出现漏选、多选等影响调查质量的情况。取回问卷时，应当场检查一下问卷填写是否完整与规范。

留置式问卷调查的优势在于：可以给予调查对象相对更加宽裕的时间作答，因此问卷篇幅可以较长，并且便于调查对象深入思考；可以避免调查对象受到调查员的倾向性意见的影响；可以降低调查对象的抵触与畏难情绪，使其容易配合。其局限性是调查对象可能会忘记回收问卷的时间，甚至遗失问卷。

二、电话调查法

电话调查法是指访员利用自动电话拨号软件，采用随机抽取的方式抽选出样本，再打电话进行问卷访问的一种调查方式。

（一）电话调查法的分类

电话调查法根据其使用的形式，可分为传统的电话调查与计算机辅助电话调查。

1. 传统的电话调查

传统的电话调查更有可能获得已使用某产品的消费群体的样本。这种方式常被用于商家进行产品用户回访，以及商家和各级政府部门的满意度调查，比如必胜客、肯德基、麦当劳的外卖满意度调查，教育培训机构的授课满意度调查，等等。

我在调研现场

西安市开启 12340 公众满意度电话调查

12340 究竟是什么电话？这是公众满意度电话调查热线。2022 年 11 月 14 日，西安市正式启动 12340 全市公众及“两代表一委员”满意度电话调查工作（见图 8－2）。

这次公众满意度电话调查重点围绕教育工作、环境保护、食药安全、社会治安、就业增收、干部作风、医疗服务和疫情防控、乡村振兴等群众普遍关注的热点工作开展，邀请广大市民群众对各区县、开发区以上工作进行打分评价。

图 8-2　12340 公众满意度电话调查宣传画

为获得群众配合，西安市呼吁广大市民群众在调查期间接到 12340 来电时千万不要挂断，请耐心接听，客观公正地对区县、开发区一年来有关工作的成效进行评价打分。

公众满意度电话调查方便民众直接表达意见和诉求，政府有关部门也能借此了解来自最基层的民意，是一项于民众和政府各职能部门都有利的举措。

2. 计算机辅助电话调查

CATI 系统即计算机辅助电话调查（computer-assisted telephone interviewing）系统，是利用计算机辅助电话调查而开发的调查访问作业系统。该系统通常的工作方式是：经过培训的访员戴上耳机，坐在装有 CATI 系统的计算机前，面对屏幕上的问卷，向电话对面的受访者读出问题，并将调查对象的回答结果录入计算机中；督导在另一台计算机前对整个访问工作进行现场监控。CATI 系统省略了数据录入环节，统计工作可随时开展，调研人员能够以更短的时间、更少的费用，得到更加优质的访问数据，所得数据还可被各种统计软件直接使用。基于以上优势，CATI 系统在我国得到了较为广泛的应用，专业市场调研机构、大型企业、高等院校、科研院所、政府机关、卫生机构、呼叫中心等都出现了 CATI 系统的身影。每年“春晚”在实时播出过程中，也是采用这种方式进行观众满意度调查的。

业界之声

首届“春晚”中的电话互动①

1983 年，中央电视台首届春节联欢晚会亮相，开创了中国电视“春晚”的先河。这届“春晚”没有华丽的舞台、没有炫目的灯光，最大的创新是第一次采用直播的方式进行，还加入了观众电话连线点播节目的互动形式（见图 8-3）。

① 春晚四十年！从四部电话到沉浸式体验，看创新科技如何为春晚添彩.（2022-02-07）[2023-06-10]. https://www.kepuchina.cn/article/articleinfo?business_type=100&classify=0&ar_id=90321.

图 8-3 1983 年“春晚”视频截图

这届“春晚”的现场共设置了四部电话，观众可以打电话点播喜爱的节目。一开始，点播的观众仅限于首都观众，但之后就有了来自全国各地的长途电话点播。当时“春晚”的工作人员没想到全国人民的热情如此之高，四部电话全程超负荷运转，其间还因为超负荷运作而温度极高，最后找来了消防队降温，才避免了一场“春晚”后台的火灾。这也是一个让人想不到的小插曲。此后，直播和电话互动的形式开始一直被沿用。

2011 年“春晚”电视直播满意度同步电话调查①

2011 年 2 月 2 日，在中央电视台春节联欢晚会播出的同时，央视市场研究股份有限公司（简称 CTR）对春节联欢晚会的电视直播与网络直播同时进行了满意度调查。电视直播满意度同步电话调查结果如下：

CTR 自 20：30 分起对全国 406 个区县进行了观众收看春节联欢晚会的电话调查，调查连续进行了 3 个小时 20 分钟。

截至 2011 年 2 月 2 日 23 时 45 分，CTR 共访问成功 2 098 个家庭，其中 1 969 个家庭收看了春节联欢晚会，经数据加权后推算出，除夕夜在全国收看电视的家庭中，有 93.88%的家庭收看了中央电视台春节联欢晚会。

在收看过晚会节目的家庭中，有 81.92%的受访者认为今年“春晚”办得好（其中表示很好的为 49.90%，表示比较好的为 32.02%。）

3. 全自动电话访问

全自动电话访问（CATS）是指使用内置声音技术，利用专业调研人员的录音来代替访员逐字逐句地念出问题及答案。调查对象可以通过电话上的拨号盘键入封闭式问题的答案，对开放式问题的答案则被逐一录在磁带上。比

① 调查称 81.92%的观众认为春节联欢晚会办得好 .(2011-02-03)[2023-04-24]. http://www.sina.com.cn.

如，消费者安装网络宽带后，过两天接到电话，会听到提前录好的声音询问："请问您对网络安装是否满意？网络使用是否畅通？您还有什么需要咨询的问题？"

（二）电话调查法的适用范围

电话调查法适用于以下调查：

（1）媒介或特定节目传播效果调查，如庆祝中华人民共和国成立70周年大会、阅兵式、群众游行收视调查，2022年北京冬奥会开幕式收视调查，等等。

（2）广告效果调查，如"春晚"整点报时植入广告记忆度调查。

（3）市场突发事件或者热点消费话题的快速调查，如五一假期旅游调查。

（4）政府各级部门开展的某项工作的群众满意度调查。

三、邮寄调查法

邮寄调查法是指调查机构把设计好的调查问卷有选择性地邮发给调查对象，请调查对象准确如实回答调查问卷中的提问，并清楚地填写答案，再将填写好的调查问卷邮回调查机构，由调查机构进行统计和分析的一种调查方法。传统的邮寄调查是通过快递公司发出邮件，目前主要是通过电子邮件进行。

与其他方法相比，邮寄调查法非常方便、成本也低；调查空间范围大，不受调查对象所在地域的限制，没有访员偏差。其局限性是问卷回收率低，回收期较长，填答质量难以控制。

电子邮件问卷调查有两种形式：单程电子邮件问卷调查与电子邮件小组调查。

单程电子邮件问卷调查是指市场调研人员通过样本库，将问卷以电子邮件的形式发给调查对象。一般没有提前联系，且一个项目的样本只用一次。

电子邮件小组调查是指市场调研人员通过电子邮件提前联系样本组成员，并在初次联系中指明他们即将参加的调研的目的，以及通常会获得一定的报酬。作为初次联系的一部分，样本组成员需要填写一份背景资料问卷，其中包括家庭人口、年龄、受教育程度、收入、汽车类型及使用年限、家用电器种类等。在初次联系后，样本组成员会定期收到问卷。电子邮件小组调查是一种纵向调查。思纬市场研究公司、NPD市场调研公司、盖洛普咨询有限公司，这些全球领先的市场调研公司都进行过超过10万户家庭的大型固定样本邮寄调研。

电子邮件问卷调查不需要招募、培训、监督访员，也不需要支付访员的工资。高度的匿名性是其突出的优点，隐蔽的电子邮件调研能保证信息的机密性。但是电子邮件问卷调查的拒访率比较高，特别是单程电子邮件问卷调查，同样的问卷可能会被多次发给拒访者。

邮寄调查的问卷如果由权威机构主办，则会有效提高问卷的回收率。

四、网络调查法

除以上三种问卷调查形式外，使用专门为网络调查设计的问卷链接及传输软件的调查方式日益普遍。对于网络调查法，第九章有专门论述。

五、影响问卷调查方式选择的因素

抽样精度、预算、对调查对象有无特别要求以及问卷的长度，都决定着我们使用什么样的问卷调查方式。

（一）抽样精度

抽样精度是决定问卷调查方式选择的一个重要因素。有些调研项目由于其自身的性质，要求很高的抽样精度，那就需要严格的随机抽样。比如全国上星卫视的收视率调查，由于收视率影响着电视台的整体运营，所以一直采用多级抽样的方法，将入户调查与收视测量仪相结合。而有的市场调研项目，抽样精度要求没有那么高，比如大学生洗衣液产品消费调查，那就可以在大学校园的食堂门口、宿舍楼下采取拦截调查法。

（二）预算

市场调研项目的预算是仅次于抽样精度的影响问卷调查方式选择的因素。如果预算有限，那么成本较低的拦截调查法与邮寄调查法会成为首选。

（三）对受访者有无特别要求

如果市场调研项目需要调研对象当场对产品做出反应，比如对产品的试用，像是品尝某种新推出的饮料、新口味的酸奶、新风味的烤肠等，在这种情况下，就需要调研人员与调研对象进行现场交流。而且，上述口味测试需要准备食品，摆放这些食品需要一定的固定空间，那么超市内的定点拦截调查就是理想的问卷调查方式，可以让调研对象当场品尝样品，随后进行问卷填答。

第三节 问卷设计

问卷调查是一种获取信息的方法，这一方法的实现有赖于由一系列问题组成的问卷。依据调研问题，科学合理地设计问卷才能够获取足够的增量信息。问卷在数据收集过程中起着重要的作用。如果问卷设计得不好，那么所有精心制作的抽样计划、训练有素的访员、合理的数据分析技术都将徒劳无功。

要进行问卷设计，首先需要构建测量尺度。

一、测量的定义与层次

有些社会现象无法直接表征，需要构建指标去描述。测量可以为无法直接观察、复杂的社会现象提供一个共同认可的定义，形成某种概念予以表征，并通过构建可以直接观察测量的指标，转变为变量。

（一）测量的定义

测量是指根据一定的法则，将某种物体或现象所具有的属性或特征用数字或符号表示出来的过程。测量的主要作用在于，确定一个特定分析单位的特定属性的类别或水平。测量是一个分配数字的过程，这些数字反映了人、物体或事件所具有的特性。我们在市场调研中要测量的往往不是人、物体或事件本身，而是其特性。例如，调研人员不是去测量某个消费者，而是测量消费者的态度、品牌忠诚度等相关因素。

（二）测量层次

社会科学测量中，对测量对象数量化程度的高低决定着测量水平。依据数量化程度由低到高的顺序，可将测量分为定类测量、定序测量、定距测量和定比测量四个层次。这四个层次上的测量尺度分别为定类尺度、定序尺度、定距尺度和定比尺度。这些尺度都具有完备性和互斥性。完备性和互斥性保证了定量研究范围内的每一个测量对象都能被赋予一个测量值，且只被赋予一个测量值。

1. 定类测量

对测量对象类型的鉴别，是测量层次中最低的一种，也是其他各层测量的基础。定类测量以类别或数字标记来区别事物的不同情况。在问卷设计中，最常见的定类测量问题是性别。

2. 定序测量

对测量对象的特征或属性做次序上的鉴别。如文化程度用大学、中学和小学来区分时，就构成了定序测量。定序测量只能区分次序而不能确定距离。如文化程度在定序层次上只有高低之分，而不能判定各文化程度之间的间隔大小。又如，产品测试中的意见评级一般分为非常满意、满意、一般、不满意、很不满意。

3. 定距测量

对测量对象之间真实差距的鉴别。定距尺度除具有定类尺度和定序尺度的特征外，其测量值之间的距离也是有实际意义的。定距测量的量可以进行加减运算，如问卷设计中的家庭人口数问题。

4. 定比测量

确立测量对象之间的比例，是最高层次的测量，除具有定类测量、定序测量和定距测量的特征外，还要求具有实在意义的真正零点。定比尺度的数值可进行加减乘除四种数学运算，运算结果都有实际意义。收入是问卷中较为常见的定比测量问题，我们可以说月收入 8 000 元是 5 000 元的 1.6 倍。

表 8－1 对比了四种测量层次的特点。

表 8－1　四种测量层次的对比

区分度	定类测量	定序测量	定距测量	定比测量
类别区分（≠、＝）	有	有	有	有
次序区分（>、<）	无	有	有	有
距离区分（＋、－）	无	无	有	有
比例区分（＋、－、×、÷）	无	无	无	有

二、不同类型问题的设计

问题设计总体来说需要有梯度、有深度、由繁到简。具体来看：

封闭式问题是需要调查对象从一系列的应答项中做出选择的问题。封闭式问题相对开放式问题，编码和录入的过程大大简化了。

（一）单选题

单选题是问卷中最常使用的题型。最简单的单选题形式是二项选择题，又叫“二分式”问题，主要用于有关事实和状态的只有两种情况的题型。问卷中最常见的“二分式”问题是性别题。除非我们可以断定某题目的答案只能出现两种情况，否则一般不提倡将问题设置成非此即彼的二项选择题，因为这样会比较武断，也会使后期的分析难以进一步展开。

（二）多选题

多选题可分为无限制多选题、限制多选题与顺位多选题（排序题）。

实操与思考

限选三项合理吗?

在我们平时接触到的问卷中，有的多选题会限制选三项。大家觉得这种设置合理吗?

在多选题中限制答案选三项，是一种事先的人为设置。我们在设计问卷的时候是不知道答案的数据分布情况的，那么存在这种可能性，即第四选项的百分比和第三选项的很接近，但因为我们设置了限选三项而硬生生地舍去了紧随其后的第四项，所以丢掉了非常有分析价值的数据。

在市场调研实际操作中，特别是在网络问卷中，有时候出现限选三项的主要原因是降低数据分析工作量，而不是出于数据分析的需要。

让人无所适从的排序题

有同学在问卷中设置了这样一道题：请对以下可能影响你大学生活满意度的因素进行排序。

A. 学业负担	B. 生活费额度	C. 舍友关系	D. 宿舍空间大小
E. 专业兴趣度	F. 就业前景	G. 专业考研率	H. 教师授课水平
I. 食堂状况	J. 校园环境	K. 校园活动丰富性	L. 学校周边环境

对多达 12 个选项进行排序，是不是感觉比较头疼？尤其是在排第 7～12 位的时候，感觉剩下的几个选项都差不多，很难进行顺序选择。所以在设计排序题的时候，尽量控制选项在五到六个之内。如果选项确实不能缩减，则有两种处理方法：一是合并近似项，对选项进行整合；二是如果难以合并，就改为多选题。在做数据分析的时候，通过选择人数百分比，我们就可以知道调查对象更为看重哪些方面。

（三）量表式问题

量表是一种测量工具，是试图确定主观的、有时是抽象的概念的定量化测量的程序。对事物的特性变量可以用不同的规则分配数字，因此形成了不同测量水平的测量量表。量表设计就是设计调查对象的主观特性的度量标准。

1. 问卷中的常用量表

（1）李克特量表（Likert scale）。

李克特量表也叫累加量表，在问卷设计中的运用十分广泛。它是由美国社会心理学家李克特于1932年在原有的总加量表基础上改进而成的，常用来测量人们的观念、态度或意见。

李克特量表最常用的分级数是五级。例如：直播购物平台应该为偏远地区直播带货的人群给予帮扶，对此，你的态度是?

非常同意	同意	无所谓	不同意	非常不同意
5	4	3	2	1

每名调查对象的态度总分就是他对各道题的回答所得分数的加总，这一总分可说明他的态度强弱。李克特量表的生成比较简单，而且易于操作，因此在市场调研实务中的应用非常广泛，可以用来测量多维度的复杂概念或态度。李克特量表的五种答案形式使回答者能够很方便地标出自己认定的位置。因此李克特量表是市场调研人员所钟爱的一种量表形式。

（2）语义差异量表。

语义差异量表是语义分化的一种测量工具，是由社会心理学家奥斯古德（Osgood）和他的同事萨西（Suci）、坦纳鲍姆（Tannenbaum）等于20世纪50年代编制的。该量表由一系列两极性形容词词对组成，并被划分为七个等值的评定等级（有时也可以划分为五个或九个），可以从三个维度去设计，即"评价的"（如好的与坏的、美的与丑的、干净的与肮脏的）、"能量的"（如大的与小的、强的与弱的、重的与轻的）、"活动的"（如快的与慢的、积极的与消极的、主动的与被动的）。通过该量表，调研人员可以测量某种事物、概念或实体在人们心目中的形象，可以根据测量对象的回答对量表中的不同项目进行打分。数据结果可用来分析不同测量对象的相同点和不同点。还可将各项目的得分加总，用以比较不同测量对象整体的偏好等级。

实操与思考

语义差异量表的设计难点

语义差异量表的设计难点在于对两极性形容词词对的设定。在设计的过程中，我们往往习惯使用反义词组，但是需要考虑这个对应的反义词是不是适宜的，不要生硬地植入。比如下面这个示例：

你认为你的大学

师资力量：强__|__|__|__|__|__|__弱

学校面积：大__|__|__|__|__|__|__小

交通：便捷__|__|__|__|__|__|__不便

校园服务：完善__|__|__|__|__|__|__欠缺

教师形象：较好__|__|__|__|__|__|__较差

生源质量：较好__|__|__|__|__|__|__较差

知名度：出名__|__|__|__|__|__|__不出名

教学设施：先进__|__|__|__|__|__|__落后

住宿条件：舒适__|__|__|__|__|__|__简陋

食堂环境：整洁__|__|__|__|__|__|__肮脏

就业率：高__|__|__|__|__|__|__低

其中“食堂环境：整洁__|__|__|__|__|__|__肮脏”，与“整洁”对应出现的“肮脏”就不太合适。一所大学的食堂，是校园卫生检查的重地，怎么都到不了肮脏的程度。如果我们找不到特别适合的一对形容词，可以加否定前缀，改为“食堂环境：整洁__|__|__|__|__|__|__不整洁”。

（3）社会距离量表。

社会距离量表又称为博加德斯量表（Bogardus scale），由美国社会心理学家博加德斯于1925年提出。这种量表过去一直被广泛用于测量人们对种族群体的态度，现在多被用来测量人们对新兴事物的态度。

社会距离量表由一组表示不同社会距离或社会交往程度的陈述组成，按从最近社会距离到最远社会距离排列开来，如可以结亲（1）、可以作为朋友（2）、可以作为邻居（3）、可以在同一行业共事（4）、只能作为公民共处（5）、只能作为外国移民（6）、应被驱逐出境（7）。括号内分值越大表示社会距离越大。量表本身实际上蕴含着一种逻辑结构，这种逻辑结构使我们能够得出这样的结论，即当一个人拒绝了量表中的某一项关系时，他也必将拒绝这一关系后面所有更强的关系。博加德斯量表测量所得到的结果，既可以用来比较具有不同特征的人们对某一群体的社会距离的大小，也可以用来比较具有相同特征的人们对不同群体的社会距离的大小。特别是将结果绘成统计图后，更便于进行分析。

实操与思考

图8-4是大学生对网络游戏主播接受度的社会距离量表，该量表在问题的设置上，越往后，表示大学生相互间的社会距离越近，对网络游戏主播接受度越高。

请问你对网络游戏主播的接受度是：

·· ………………… 1.你能接受你的同学是网络游戏主播吗？

·· ………………… 2.你能接受你的舍友是网络游戏主播吗？

·· ………………… 3.你能接受你的朋友是网络游戏主播吗？

·· ………………… 4.你能接受你的男朋友（女朋友）是网络游戏主播吗？

图 8-4　大学生对网络游戏主播接受度的社会距离量表

2. 量表的信度与效度检验

如果问卷全部由规范量表构成，且每个维度的题目数量不小于两个（为了提高信度，尽量每个维度先多设计题目数量），则需要使用量表的信度与效度检验。这里的规范量表一般指的是在前人成熟的量表的基础上做相应的改动，而不是自己凭空制造一套量表。

对每个量表维度分别进行信度分析。可以使用克隆巴赫 α 系数来衡量量表的信度。α 高于 0.8，说明信度高；α 在 0.7～0.8 之间，说明信度较好；α 在 0.6～0.7 之间，说明信度可接受；α 小于 0.6，说明信度不佳，就要重新对问卷进行调整，考虑删去关联度不大的题目。

效度分析是针对量表总体进行的，不再像信度分析一样分维度进行。效度可以通过 KMO 统计量或巴特利特球形检验进行分析。KMO 统计量的取值范围在 0～1 之间，越接近 1 说明问卷的结构效度越好。巴特利特球形检验的显著性如果小于 0.05，就可以认为问卷具有良好的结构效度。

需要特别注意的是：在市场调研中，经常出现不由规范量表构成的问卷，随意使用问卷的信度与效度检验的问题。

（四）开放式问题

开放式问题是一种调查对象可自由回答和解释有关想法的问题类型，调查人员对调查对象的回答不进行任何限制。对于问卷调查，开放式问题常常被作为补充性问题出现在问卷中。需要特别指出的是，在问卷填写中，调查对象更愿意勾选现成选项，一般不愿意多写字，所以开放式问题一定要有设置成开放式问题的必要，且不能多。如果我们在问卷末尾设计一个诸如“你对此还有什么建议”的开放式问题，同学们觉得效果好吗？为什么？

三、问卷设计的格式

一份完整的调查问卷通常包括标题、问卷说明、调查对象的基本情况、具体问卷内容、编码、调查证明的记载等。

（一）标题

标题的作用是概括说明调查主题，使调查对象对所要回答什么方面的问题有一个大致的了解。标题应简明扼要，易于引起回答者的兴趣。例如“大学生助眠产品消费调查”，直接点明调查主题。不要简单采用“问卷调查”这样的标题，容易引起回答者因不必要的质疑而拒答。

（二）问卷说明

问卷说明旨在向调查对象说明调查的目的、意义、填表须知、交表时间、地点及其他事项说明等。问卷说明一般位于问卷开头，可以使调查对象了解调查目的，消除顾虑，并按一定的要求填写问卷。问卷说明既可采取比较简洁、开门见山的方式，也可在问卷说明中进行简短的宣传，以引起调查对象对问卷的重视。

实操与思考

问卷说明的两个实例

例 1

同学：

你好！为了了解当前大学生网盘使用情况，并做出科学的分析，我们特制定此项调查问卷，希望您予以积极配合，谢谢。调查仅用于学术研究，并郑重承诺对您的个人相关信息严格保密。

例 2

女士（先生）：

您好！改革开放以来，我国广告业蓬勃发展，已成为社会生活和经济活动中不可缺少的一部分，对社会经济的发展起着积极的推动作用。我们进行这次公众广告态度调查，其目的是加强社会各阶层人士与国家广告管理机关、用户和经营者等各方的沟通和交流，进一步加强和改善广告监督管理工作，促进广告业的健康发展。本次问卷调查并非知识性测验，只要求您根据自己的实际态度选答，不必进行讨论。根据统计法的有关规定，本次问卷调查对您的个人情况实行严格保密。

例 1 中的问卷说明简明扼要，例 2 中的问卷说明则较为空泛和啰唆。

（三）调查对象的基本情况

这是指调查对象的一些主要特征，如在消费者调查中，消费者的性别、年龄、民族、家庭人口、婚姻状况、文化程度、职业、单位、收入、所在地区等。又如，企业调查中的企业名称、地址、所有制性质、主管部门、职工人数、商品销售额（或产品销售量）等情况。通过这些项目，便于对调查资料进行统计分组、分析。在实际调查中，列入哪些项目，列入多少项目，应视调查目的、调查要求而定。

（四）具体问卷内容

具体问卷内容是调查人员所要了解的基本内容，也是调查问卷中最重要的部分。其主要是以提问的形式被提供给调查对象，这部分内容设计得好坏直接影响整个调查的价值。

具体问卷内容主要包括以下几方面：对人们的行为进行调查，包括对调查对象本人的行为进行了解或通过调查对象了解他人的行为；对人们的行为动机进行调查；对人们的态度、意见、偏好等进行调查。

（五）编码

编码是将问卷中的调查项目变成数字的工作过程。大多数市场调查问卷均需加以编码，以便分类整理，易于进行计算机处理和统计分析。所以，在问卷设计时，应确定每一个调查项目的编号和相应的编码。

对于开放式问题的回答，可以将表达的基本意思一致的回答合并为一类。

注意对问卷进行分段编码，如：A01～A06 为基本情况；B01～B10 为消费行为；C01～C10 为消费动机；D01～D10 为消费态度。为什么要分段编码呢？这样做的原因有两点：一是有利于明确分析模块；二是有利于后期修改。问卷是需要反复修改的，分段编码后，若其中一个问题的编号改变，那么改动后面问题编号的工作量会少很多。

（六）调查证明的记载

在问卷的最后附上调查人员的编号、访问日期、时间等，以明确调查人员完成的任务，便于审核；还可写上调查对象的电话、QQ 号、微信号等，以为下一步开展深度访谈做好铺垫工作。

四、问卷设计的原则与程序

问卷设计需要遵循一定的原则与程序。

（一）原则

1. 目的性原则

设计的问题必须是与调查主题有密切关联的问题。这要求在问卷设计时突出重点，避免可有可无的问题，并把主题分解为更详细的细目。

可以分五步走：把调查主题所涉及的问题全部列出—第一次逻辑排序—第一次删减—第二次逻辑排序—第二次删减。

2. 可接受性原则

在问卷说明中，将调查目的明确告诉调查对象，让对方知道该项调查的意义和自身回答对整个调查结果的重要性。问卷说明要亲切、温和，提问部分要自然、有礼，必要时可采用物质鼓励，并承诺保密，以消除其心理压力，使其自愿参与，认真填好问卷。

此外，还应使用适合调查对象身份、水平的用语，尽量避免列入一些会令调查对象感到难堪的问题及选项。

3. 顺序性原则

设计问卷时，要讲究问卷的排列顺序，使问卷逻辑层次清晰。

（1）将容易回答的问题（如行为性问题）放在前面，较难回答的问题（如态度性问题）放在中间，敏感性问题（如动机性、涉及隐私等问题）放在后面，关于个人情况的事实性问题可以放在末尾。

（2）将封闭性问题放在前面，开放性问题放在后面。封闭性问题已列出备选答案，较易回答；开放性问题需要调查对象花费一些时间考虑，放在前面易使调查对象产生畏难情绪。

4. 简明性原则

简明性原则主要体现在三个方面：

（1）问卷内容要简明。没有价值或无关紧要的问题不要列出来。

（2）调查时间要简短。整个问卷不宜过长。调查内容过多，调查时间过长，都会招致调查对象的抵触。通常，调查的场合一般在马路上、超市外、居民家中、宿舍里、食堂附近，人们行色匆匆，或不愿让调查人员在家中、宿舍逗留较长时间。根据经验，一般问卷回答时间应控制在 10～15 分钟。

（3）问卷设计的形式要简明易懂，易读。

5. 匹配性原则

匹配性原则是指要使调查对象的回答便于进行数据处理和分析。设计问题时应事先考虑到能对问题结果做哪些适当的分类和解释，以使所得资料便于进行交叉分析。比如，哪道题和哪道题可以进行显著性差异检验，哪道题和哪道题可以进行相关分析。多选题只能做比例呈现，更进一步的显著性差异检验和相关分析都做不了。

（二）程序

问卷设计的程序分为四步：

1. 准备阶段

在准备阶段，需要根据问卷调查的主题，对二手资料加以收集。

2. 初步设计

初步设计的主要任务是确定问卷结构，拟定并编排问题。在初步设计中，尽量详尽地列出各种问题，然后对问题逐一进行检查、筛选、编排。对提出的每个问题，都要充分考虑是否有必要，能否得到答案。

3. 试答和修改

所有设计出来的问卷都会存在着一定的问题，因此需要将初步设计出来的问卷在小范围内进行预调查和试答，以便弄清问卷初稿中存在的问题。如果发现问题，则立刻做出修改，使问卷更加完善。注意不要拖延，因为一旦拖延，就有可能将问题遗忘。问卷中不要出现错别字、漏字、字体大小不一、排版混乱等硬伤，否则会大幅度拉低问卷整体水平，并给调查对象留下做事潦草、不专业的印象。此外，同一题尽量避免出现分页。对于装订顺序等细微之处，问卷设计者都需认真核对。这些细节的提升能确保调查问卷的整洁、庄重，让调查对象感受到调查活动的正式与重要。

4. 付印

付印就是将最后定稿的问卷打印复制，生成正式问卷。付印时，应盯着问卷印刷完成，不要在拿到问卷后，才发现打印及装订出现了一些问题。

实操与思考

问卷中容易出现的十个设计缺陷

问卷设计不是一项简单的任务，有时会不经意地出现设计缺陷。因此，对问卷设计投入足够的时间和精力非常重要。通过调查所收集的数据的质量和最终有效性，在很大程度上取决于问卷的质量。

以下是问卷中容易出现的十个设计缺陷，是教材编著者基于多年的实地调研与教学经验整理分析出来的。

问卷中的每一个问题都非常宝贵，不要浪费任何一个问题。

一、避免设计空泛的、含有鲜明是非价值判断的问题

空泛的、含有鲜明是非价值判断的问题对问卷调查没有任何实际意义。例如："你对大学食堂印象如何？"这样的问题过于笼统，很难达到预期效果。又如："你觉得网络借贷需要加强管理吗？""大学生应该树立网络防诈骗意识吗？""你觉得应该对未成年人网络游戏大额充值加强监管吗？""对在B站上传播色情信息的UP主，应该予以封号吗？"毋庸置疑，这类含有鲜明是非价值判断的问题，不用调研也能断定调查对象的答案会显而易见地一边倒。

二、避免设置含义模糊的答案

含义模糊的答案多集中于关于程度情况的问答，例如"一般""通常""经常""一些""有时候""偶尔""较少""很少"等。比如，"你打网络游戏的频率是？""你为游戏'氪金'的频率是？""你刷抖音的频率是？"选项：经常、有时、偶尔。这三个词很难清晰界定。对何为"经常""有时""偶尔"，每个人的理解往往不同，这给后期分析也带来了困扰。可以考虑在问卷设计中呈现时间长度，比如改为：你每天花多长时间刷抖音？A. 0.5小时以内　B. 0.5到1小时　C. 1到2小时　D. 2到3小时　E. 3小时以上。

三、避免一个问题涉及两个要点

当一个问题涉及两个要点时，就会产生杂糅，而且还会导致先入为主。例如"在十一黄金周出去旅游是否值得，感觉累吗？"设计此题的想法是：得出旅游态度与感觉劳累之间存在相关关系，预想旅游态度积极度会消解劳累度。因此选项被设置为"很值得，一点都不感觉累""比较值得，有点累""说不来""不太值得，比较累""一点都不值，太累"。但是还存在"很值得，也觉得很累"或是"不太值得，也不觉得累"这种情况，所以我们只能分成"在十一黄金周出去旅游是否值得？"与"在十一黄金周出去旅游是否觉得累？"两个单选问题分别提问，后期数据分析时再对两个单选题的结果进行相关分析。

四、避免诱导性提问

如果提出的问题不是"执中"的，而是暗示出调查人员的观点和见解，力求使回答者跟着这种倾向回答，这种提问就是"诱导性提问"。例如："大家都觉得西安是一个网红城市，你觉得呢？""社会上普遍认为网络游戏主播不是一个拥有良好口碑的行当，你是否也持此观点？""专家提出快手多是农村用户使用，你认同吗？""校园小白车有时候等待时间比较长，你觉得呢？""有同学觉得7MA单车起价0.8元不合适，应改为0.5元，你赞同吗？"诱导性提问会导致两个不良后果：一是调查对象不加思考就同意诱导问题中暗示的结论；二是由于诱导性提问大多引用权威或是大多数人的态度，调查对象考虑到这个结论既然已经是普遍的结论，就会产生心理上的顺向反应。此外，对于一些敏感性问题，在诱导性提问下，调查对象有可能不敢表达其真实想法。

五、避免设计断定性问题

同学们有时候会陷入固化认知中，觉得自己的调研项目大家都应该有所了解。例如："你对'洁洁良事件'怎么看?""《中国有嘻哈》第二季的豆瓣评分高过第一季，对此你是怎么看的?""你觉得《小敏家》中的植入广告生硬吗?""你认为大女主 IP 剧还原度高吗?"这种问题即为断定性问题。调查对象可能压根就没关注过"洁洁良事件"；别说《中国有嘻哈》第二季，调查对象可能连第一季都没有看过；有的调查对象没有看过《小敏家》这部电视剧，何况其中的植入式广告；对于大女主 IP 剧，有的调查对象连何为 IP 剧都摸不着头脑，如何填答其还原度。正确的处理办法是为此类问题加一条"过滤"性问题，即："你知道'洁洁良事件'吗?""你看过《中国有嘻哈》吗?""你看过大女主 IP 剧吗?"如果回答者回答"是"，则可继续填答。

六、避免提问令调查对象感到尴尬的问题

如果有些问题非问不可，则不能只顾调查需要，对调查对象穷追不舍，而应考虑调查对象的自尊心，婉转设计问题。

以下问题是从同学们的问卷作业中摘取出来的：

到目前为止，你购买的最贵衣服是否超过 500 元?

你是否穿过假名牌运动鞋?

你出于什么心理穿假名牌运动鞋?　B. 内心自卑

你打游戏"氪金"的原因是?　A. 攀比心作祟

你至今无男（女）朋友的原因是?　C. 颜值堪忧

你穿内增高鞋的原因是?　D. 迷惑异性

这些问题和选项存在一定的冒犯性，要么删去，要么转换提问的方式与答案选项。

七、问题要考虑到记忆的时间限度

亲爱的同学们，掌控我们记忆和情感控制的"海马体"是紧贴于大脑皮层中的一个内褶区，它的长度不到 10 厘米，请不要把我们的海马体想得和人的头一样大，提问那些记忆较久远的问题。如："你去年一年的生活费是多少?""你上学期在食品、衣服上的花费分别为多少?"除非调查对象连续记账，否则很难回答出来。一般可问："你平均一个月的生活费是多少?"显然，缩小问题的时间范围，不仅可以使调查对象回忆起来较容易，得到的答案也比较准确。

八、类型选择问题要有明晰的界定

类型选择问题在问卷设计中是一个比较容易出纰漏的地方，如："你平时爱吃哪类零食?""你爱看哪类综艺节目?""你偏好读什么类型的网络小说?"等。零食种类、综艺节目类别、网络小说类型较多，存在不同的划分角度，我们在进行类型划分的时候，容易遗漏或杂糅。类型的界定应尽量源于具有权威性的渠道，比如对于零食的种类，我们可以参考京东或淘宝等购物网站是如何进行分类的；对于综艺节

目类别，我们可以参考爱奇艺或优酷等视频播放平台是如何划分的；对于网络小说类型，我们可以参考晋江文学城是如何分类的。

问卷中涉及调查对象所在地区时，可以以中国自然地理区划方面众多专家多年的科研成果、全国高校地理专业师生普遍使用的《中国自然地理》教材，以及长期以来中学地理教材《中国地理》编写中的共识为基本依据，划分为七大自然地理分区：

华东地区（上海市、江苏省、浙江省、安徽省、江西省、山东省、福建省、台湾地区）；

华北地区（北京市、天津市、山西省、河北省、内蒙古自治区中部）；

华中地区（河南省、湖北省、湖南省）；

华南地区（广东省、广西壮族自治区、海南省、香港特别行政区、澳门特别行政区）；

西南地区（重庆市、四川省、贵州省、云南省、西藏自治区）；

西北地区（陕西省、甘肃省、青海省、宁夏回族自治区、新疆维吾尔自治区、内蒙古自治区西部阿拉善盟）；

东北地区（黑龙江省、吉林省、辽宁省、内蒙古自治区东部）。

其中，内蒙古自治区横跨三个地区，内蒙古自治区中部属于华北地区，内蒙古自治区西部阿拉善盟属于西北地区，内蒙古自治区东部属于东北地区。

问卷中如果需要进行一二三线城市的文旅状况的调研，那么这个一二三线城市的划分依据必须具有权威性，让人信服。我们可以根据国家统计局70个大中城市房地产价格统计一二三线城市划分：

一线城市指北京、上海、广州、深圳等4个城市；

二线城市指天津、石家庄、太原、呼和浩特、沈阳、大连、长春、哈尔滨、南京、杭州、宁波、合肥、福州、厦门、南昌、济南、青岛、郑州、武汉、长沙、南宁、海口、重庆、成都、贵阳、昆明、西安、兰州、西宁、银川、乌鲁木齐等31个城市；

三线城市指唐山、秦皇岛、包头、丹东、锦州、吉林、牡丹江、无锡、徐州、扬州、温州、金华、蚌埠、安庆、泉州、九江、赣州、烟台、济宁、洛阳、平顶山、宜昌、襄阳、岳阳、常德、韶关、湛江、惠州、桂林、北海、三亚、泸州、南充、遵义、大理等35个城市。①

九、若出现专业术语及特指词汇，需附简要文字说明

问卷中若出现专业术语及特指词汇，则需要附带说明，而且说明要使用全称，不要使用缩写。

下面是问卷中经常出现的一些专业术语及特指词汇。试想一下：如果没有解释与说明，调查对象能明白下述词语表达的含义吗？

网络素养（运用网络资源来定位、组织、理解、估价和分析信息的能力）。

---

①　国家统计局城市司首席统计师绳国庆解读2023年1月份商品住宅销售价格变动情况统计数据（2023-02-16）[2023-06-11]. https://www.stats.gov.cn/sj/sjjd/202302/t20230223_1918385.html.

广告伦理（广告行为遵循的道德准则和行为规范的总和）。

头部KOL（KOL：关键意见领袖。头部KOL：粉丝量庞大，拥有堪比明星的影响力）。

压屏条广告（出现在屏幕下方大概是字幕出现的位置，一般是宽度较长、高度较低的细长形状）

创意中插（在特定场景设计中，由剧中人通过“情景短剧”来演绎的广告片）。

头脑风暴（无限制地自由联想和讨论，其目的在于产生新观念或激发创新设想）。

Banner（横幅广告，网络广告最早采用的形式，也是最常见的形式）。

油管（YouTube，全球性视频社交软件）。

刊例价（媒体官方对外报出的价格）。

用户黏性（用户对产品的参与程度和脱离产品的阻力程度）。

POP（售卖场所广告）。

剧场版（有前作基础的动画电影或特摄电影）。

声优（为影片配上对白的人）。

硬周边（模型玩具类的周边产品）。

软周边（具有一定生活实用性的周边产品，如文具、服饰、钥匙扣、手机链等商品）。

扭蛋（透明的鸡蛋形胶囊，里面装有小玩具）。

本命（最喜欢的动漫角色，且具有持续性）。

原画（动画创作中一个场景动作之起始与终点的画面，以线条稿的模式画在纸上）。

UGC（用户生成内容）。

PGC（专业生成内容）。

ACG（动画、漫画与游戏）。

BGM（背景音乐）。

御宅（沉溺、热衷于动画、漫画以及电子游戏的人）。

沙包（技术弱爆了的水平较低的新手）。

MOBA（多人在线战术竞技游戏）。

SPG（运动类游戏）。

SLG（策略类游戏）。

开放世界（漫游式游戏）。

硬核说唱（强硬的、对峙性的说唱形式）。

模糊说唱（包含了多种嘻哈风格但不属于主流嘻哈音乐）。

Livehouse（小型音乐展演空间）。

十、不要问过度精确的问题

请牢记你的调查对象是活生生的人，过度精确的问题会使调查对象很难回答。比如，下面是同学们在开展大学生防脱发产品消费调查、大学生水杯消费调查中出现的问题：

请问你每天掉多少头发？

A. 10 根以下　　B. 10～20 根　　C. 20～30 根

D. 30～40 根　　E. 40～50 根　　F. 50 根以上

请问你每天喝多少水？

A. 500ml 以下　　B. 500～1 000ml　　C. 1 000～1 500ml

D. 1 500～2 000ml　　E. 2 000ml 以上

我们不是需严格控制湿度温度、在实验室器皿中培养的微生物，人类日常生活难以被精准化。

本章小结

问卷调查是指利用结构式问卷，依据标准化的程序收集数据，然后对这些数据进行整理和分析，从而对调研项目进行描述、解释与预测。问卷调查的方式主要分为面访法、电话调查法、邮寄调查法与网络调查法。调研目的、调研预算、精度要求都决定着我们选择什么样的问卷调查方式。依据测量程度由低到高的顺序，可将测量分为定类测量、定序测量、定距测量和定比测量四个层次。问题设计总体来说需要有梯度、有深度、由繁到简。单选题、多选题、量表题与开放式问题都各有其作用与特点。问卷设计需要遵循一定的原则与程序。

思考题

1. 在设计排序题时，应考虑什么因素？

2. 如果在问卷预调查时发现，对某一问题，许多调查对象都勾选了“其他”这一项，这意味着什么？如何修正它？

3. 怎样提高开放式问题的应答可能性？

4. 问卷设计的五步走指的是什么？

案例 8 - 1

网络游戏：留守儿童青春期自我认同冲突的减压阀①

研究者通过对西北地区农村留守儿童的实地调研发现：留守儿童认为日常生活中最离不开的是电视，居于第二位的是网络。对上网“很感兴趣”和“比较感兴趣”

① 杨靖．大众媒介对西北地区农村留守儿童社会性发展的影响研究．北京：中国社会科学出版社，2017：134 - 143.

的留守男童有66.1%，留守女童则为59.3%。留守男童与留守女童对网络感兴趣的程度与依恋度均不低，详见图8-5。

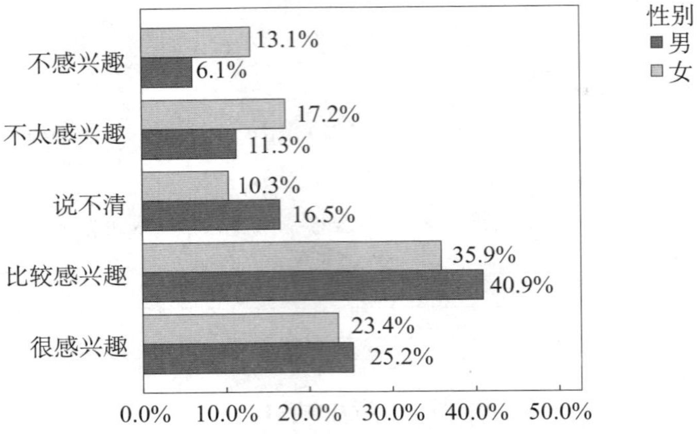

图8-5 留守儿童对上网是否感兴趣的情况

经常上网（平均1星期1次）的留守男童所占的比例（34.8%）远高于留守女童（24.8%）。留守儿童的上网情况详见图8-6。

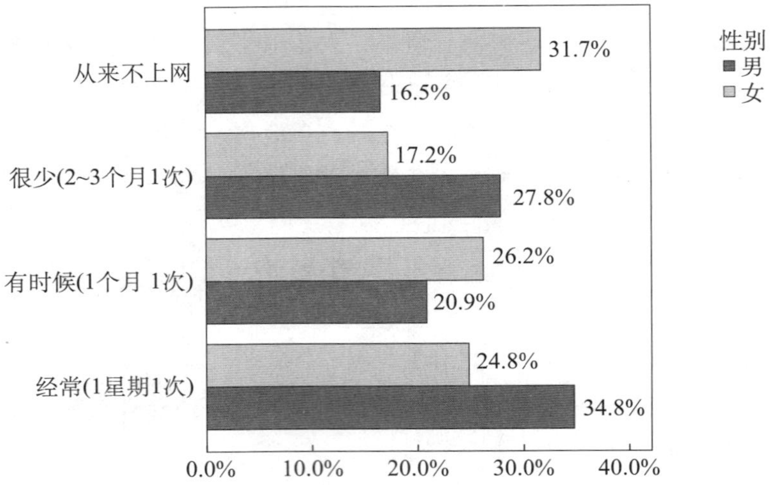

图8-6 留守儿童上网的情况

留守男童中，每次上网的平均时间长度不到1小时的仅有16.7%，达到3～4小时的有36.5%，5～6小时的有12.5%，还有3.1%达7个小时及以上。留守女童中，每次上网的平均时间长度不到1小时的高达30.3%，达到3～4小时的只有20.2%，5～6小时的有8.1%，仅有1.0%达到7个小时及以上。无论是日常上网频率，还是单次平均上网时间，留守男童均高于留守女童。留守儿童每次上网的平均时间长度情况详见图8-7。

留守儿童很少或者从来不上网的主要原因是“不会上网”和“家里大人不让”。留守儿童监护人对留守儿童上网的态度持“不太支持”和“很不支持”的有61%。留守儿

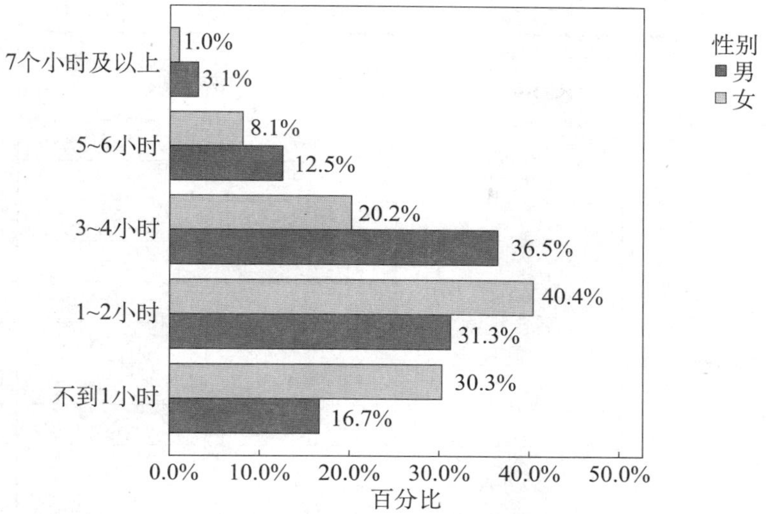

图 8-7 留守儿童每次上网的平均时间长度情况

童很少或者从来不上网的原因并不是像对报纸、杂志与广播那样主观上缺乏兴趣，而是受两个客观条件制约：一是年龄小，不会上网；二是家里大人反对上网。留守儿童很少或者从来不上网的原因详见表 8-2。

表 8-2 留守儿童很少或者从来不上网的原因

		响应		个案百分比
		频数	百分比	
很少或者从来不上网的原因	对学习没有帮助	12	5.0%	9.6%
	学习紧张，没时间上	32	13.4%	25.6%
	老师会批评	20	8.4%	16.0%
	家里大人不让	46	19.3%	36.8%
	没有钱上网	19	8.0%	15.2%
	网上不好的信息太多	19	8.0%	15.2%
	怕自己会上瘾	31	13.0%	24.8%
	不会上网	59	24.8%	47.2%
总计		238	100.0%	190.4%

从会上网的留守儿童的问卷调查分析结果来看：留守男童上网喜欢聊天、打游戏、听音乐；喜欢的网络内容类型是游戏类、交友聊天类、教育学习类、娱乐时尚类。留守女童上网喜欢听音乐、聊天和查资料；喜欢的网络内容类型是娱乐时尚类、教育学习类、文学小说类、交友聊天类。留守男童经常浏览的网站有百度、搜狐、新浪、新华网、QQ 游戏、4399、土豆、优酷、铁血网；留守女童经常浏览的网站有百度、搜狐、新浪、土豆、优酷、淘宝、中学生学习网。详见表 8-3 和表 8-4。

表 8-3　留守儿童上网喜欢做什么

		性别		总计
		男	女	
上网喜欢做什么	打游戏	57	18	75
		59.4%	18.2%	
	聊天	58	52	110
		60.4%	52.5%	
	看影视剧	34	48	82
		35.4%	48.5%	
	听音乐	46	64	110
		47.9%	64.6%	
	看新闻	17	12	29
		17.7%	12.1%	
	查资料	33	49	82
		34.4%	49.5%	
总计		96	99	195

表 8-4　留守儿童喜欢的网络内容类型

		性别		总计
		男	女	
喜欢的网络内容类型	娱乐时尚类	29	56	85
		31.2%	54.9%	
	交友聊天类	46	46	92
		49.5%	45.1%	
	游戏类	58	29	87
		62.4%	28.4%	
	新闻类	19	13	32
		20.4%	12.7%	
	教育学习类	30	49	79
		32.3%	48.0%	
	文学小说类	26	49	75
		28.0%	48.0%	
	网络购物类	7	11	18
		7.5%	10.8%	
	占卜星座类	5	19	24
		5.4%	18.6%	
总计		93	102	195

研究者通过进一步的深度访谈发现：留守儿童能够脱口说出游戏网站、娱乐网站、影视剧网站与即时聊天软件的名称，却较少有人能够说出新闻论坛类、教育资讯类等网站的名称。留守儿童有上网查询资料的意识，但到了网吧，在海量的网络信息面前，不知如何辨别与择取。聊天、听音乐、打游戏、看影视剧，成为他们上网的四大主题。留守儿童中对于网络上播出的新闻的态度持“完全相信”和“基本相信”的只有37.9%。57.9%的留守儿童“不太喜欢”或“很不喜欢”网络上出现的广告，对于网络上播出的广告“完全相信”和“基本相信”的只有18.5%。63.6%的留守儿童从来没有在网上发表过自己的言论。59.5%的留守儿童没有开通博客或微博。76.9%的留守儿童从未通过网络购买过商品。留守儿童对网络上出现的新闻、广告的不信任程度较高，言论表达与自我呈现的意愿较弱。

调研发现，《地下城与勇士》是留守儿童，特别是留守男童非常喜欢的一款网络游戏。《地下城与勇士》是韩国网络游戏公司 Neople 开发的一款 2D 联机网络游戏，由三星电子发行，2005 年 8 月在韩国正式发布，在中国则由腾讯游戏代理发行。该游戏是一款 2D 卷轴式横版格斗过关网络游戏，以任务引导角色成长为中心，与其他网络游戏一样，具有装备与等级的改变，并拥有共 500 多种装备道具。每个人物有 8 个道具装备位置，在游戏中可以允许最多 4 名玩家进行组队挑战关卡，同样也可以进行 4 对 4 的 PK。

“格斗家”“神枪手”与“魔法师”是留守男童在《地下城与勇士》中比较偏爱的三个游戏角色（见图 8－8）。“格斗家”运用拳、脚、肩、膝等身体部位徒手攻击敌人。“神枪手”熟悉各类枪械和重型武器的使用方法，任何时候都能迅速举起枪械攻击敌人。“魔法师”聚集在一起研究魔法，为了在恶劣的条件下生存，为了打倒眼前的对手，可以不惜一切代价。

图 8－8　网络游戏《地下城与勇士》中的格斗家、神枪手与魔法师（从左至右）

下面是两名留守男童的访谈记录。

留守男童 WZQ，13 岁，青海省湟中区上新庄镇 Z 村人：

我最大的愿望就是有台自己的电脑，可以自由自在地打游戏、听歌。我打游戏不太买装备，主要靠技术。没有最好的装备，只有最好的玩家。打游戏也得用脑子，没脑子，不仅祸害自己，还祸害别人。在游戏里，我是鬼剑士，暴强，觉得自己还挺能干的，大家都听我的。

留守男童WP，15岁，陕西省富平县曹村镇C村人：

我刚上初一的时候喜欢玩《地下城与勇士》，里面一个角色可以变成好几个，什么魔法师、圣职者、格斗家啥的，这个挺有趣。我那时候也不爱学习，我妈成天吼我，我心里也烦糟糟的，越天天催我学，我越不想学。打了整整两年，我在里面很厉害的，感觉自己挺能耐的。初三的时候，就不咋爱打了。也没啥具体原因，就是觉得老把时间花在上面真的挺无聊的，大家都努力学习要考县里的好高中，我还一天到晚打游戏，有点犯傻。现在我弟弟爱打，家里电脑我妈不让装游戏，我弟就去网吧打。我妈老吼他。小孩子嘛，你就让他可劲打，打着打着自己就觉得没意思了，我不就是这样。里面你再厉害，也不是真的，对不？

埃里克森认为，人的自我意识发展贯穿于生命始终，并经历了八个不同的阶段。在第五个阶段（12～18岁），人面临的主要危机是自我同一性与角色混乱的冲突。进入青春期的青少年需要建立稳定的自我定义，即自我认同。如果他们不能确定自己是谁，将来要做什么，就会产生角色混乱。自我认同的混乱，可能会导致与社会的格格不入，与他人的疏离感，加重自身的孤独感。[①] 埃里克森的研究表明：青少年面临的主要发展危机是在接受、选择或者发现同一性与有关同一性选择方面的怀疑之间的冲突，即“同一性危机”。[②] “自我认同获得”能够促进一系列积极的影响，如高自尊、高认知灵活性、更成熟的道德推理能力、更明确的目标设定及更好的目标实现。与没能获得自我稳定、成熟自我意识的青少年相比，已经获得自我认同感的青少年更容易与他人发展出亲密关系。[③]

进入青春期，如同斯坦利·霍尔（Stanley Hall）所研究的那样，这个时期是一个“疾风怒涛”与“压力重重”的时期，因为这个时期的情绪波动、烦躁不安以及心理冲突都与性激素的明显增长直接相关。[④] 如果母亲能为青春期的孩子提供支持，在意见不合时也能维持彼此关系的话，那么他们之间的依恋关系更可能是安全的，孩子也能较为顺利地度过自我认同危机。2013年，中国青少年研究中心在北京、上海、苏州、大连、重庆、厦门、西安、贵阳八个城市对近6 000名中小学生进行了问卷调查，发现在经常使用互联网的青少年中，有32.6%对网络人际交往有积极的评价，认为上网后他们与现实生活中的朋友交往增加了，有51.2%认为没有什么变化，只有8.1%认为上网会使原有的朋友交往减少。[⑤] 留守儿童在进入青春期后，与

① 帕克，克拉克-斯图尔特．社会性发展．俞国良，郑璞，译．北京：中国人民大学出版社，2014：12，95.
② 勒弗朗索瓦．孩子们：儿童心理发展：第9版．王全志，等译．北京：北京大学出版社，2004：567.
③ 同①142.
④ 同②566.
⑤ 孙宏艳．新媒体对青少年社会化的影响及应对策略．中国青年研究，2014（2）：27－32.

监护人，尤其是祖辈监护人的交流越来越少，网络为留守儿童提供了一条可以不断探索和尝试自我认同的渠道，一个构想新的生活方式的平台。

留守儿童妈妈中多见专制型养育方式，由于对孩子的行为进行呆板僵化的高压控制，不能以平等的目光审视孩子，缺乏耐心听孩子陈述自己的意见与想法，因此孩子的个体独立性受到压制，自尊缺乏维护，会产生“除了是我妈的孩子，我是谁？我还能成为谁”的内心困惑与痛苦。祖辈监护人对留守男童的纵容型养育方式，使留守男童唯我独尊，但其在社会交往中，发现自己根本不能控制别人，也不能让任何人像爷爷奶奶一样无限包容自己、称赞自己，不可避免地产生了“自我认同危机”：“我真的有那么好吗？”“我到底是怎样的人？”“为什么除了爷爷奶奶，其他人并不接受我？”祖辈监护人对留守女童的忽视型养育方式，促使留守女童缺乏信心，对自己产生了质疑与否定：“我为什么是个女孩？”“男孩就是干大事的，女孩能干什么？”步入青春期的留守女孩，面对自己的生理变化感到厌弃而烦躁：“女孩为什么这么麻烦？”“我要是个男孩该有多好！”青少年“同一性危机”最有效的解决方法是在符合社会标准以及他们自己的个人期望两者之间达成一致。青少年正处于人生的转折与过渡时期，面临着探索与建立个体自我认同的核心发展任务。留守儿童妈妈和祖辈监护人担心家里日渐强壮的“半大小子”出去闯祸，对他们的控制更为强烈，唠叨与训斥更加密集。而步入青春期的留守男童，对母亲强制、命令型的沟通方式产生了较为强烈的排斥，爷爷奶奶事无巨细的关注也逐渐让他们感到厌倦与烦躁，希望早日摆脱这种控制与过度关注。在网络游戏的世界里，留守男童通过自己的辛苦“搏杀”，能成为力量无穷的“格斗家”、人人敬畏的“神枪手”、具备神奇法力的“魔法师”……拥有权力、财富和被万人敬仰，这种振奋人心的美妙体验，是他们在日常生活中根本无法得到的。网络游戏使他们摆脱了乏味的学习生活和家人的钳制，感受到了独立、自由、成功的气息，寻找到了能够“同甘共苦”“共赴艰险”甚至可以“生死相托”的亲密同伴，获得了同伴间的信赖与敬佩，并真切地体会到了什么是“胜利的满足”“成就自我”，实现了“少年英雄梦”，获得了强烈的自我认同感。

留守儿童妈妈和爷爷奶奶整日忙于家务和农活，对步入青春期的留守女童欠缺情绪关注与引导，留守女童对自己的月经、乳房发育等生理变化感到害怕和自卑。在线聊天则能够使留守女童对自身身体变化的不适与羞怯得以缓解。各种装扮类网络游戏（见图 8-9），使留守女童所扮演的人物瞬间拥有各种华丽的服装、精美的饰品，装扮游戏中的“自己”，可以立刻成为人见人爱的萌少女，优雅、干练的都市丽人，甚至高贵的大唐公主。

下面是三名留守女童的访谈记录。

留守女童 LZX，15 岁，宁夏固原市西吉县平峰镇 M 村人：

我喜欢玩装扮游戏。在里面你可以是一位唐朝公主，或是清朝的格格，穿

图 8-9 网络中的装扮类游戏

各种各样的衣服，变许多种发型，戴不同的头花、项链、耳环。你也可以是芭比，有眼线笔、眼影、唇膏、粉饼，可以化妆，然后穿上高贵的晚礼服，戴着亮晶晶的钻戒，提着时尚的小包包。在游戏里，你想扮演什么就扮演什么，不停地换衣服，也没人说你，更不会有人跑来笑话你。

留守女童 WCJ，13 岁，宁夏固原市西吉县平峰乡 M 村人

上网听歌、聊天，可以放松放松自己。网上聊天时又不知道对方到底是谁，他也不知道我是谁，我觉得这样挺好，可以说说自己想说的话，又不担心他会传给别人。以前我把家里的一些事情告诉班里一个和我关系好的同学，结果她又告诉了别人，我特别生气，可是又没有办法，传出去的话怎么收得回来呢?

留守女童 YRM，15 岁，陕西富平县曹村镇 C 村人

我们学校附近有一个网吧。我放假了一般都去上早机，便宜，一个寒假也就是几十块钱，不会因为上网花钱和我妈产生矛盾。和网友聊天很自由，反正大家又互相不认得，会说一些平时不能和认识的朋友讲的话，无所顾忌，随心所欲的。我比较爱玩 QQ 农场，可以随便偷别人的菜，现实中哪有办法自在地去偷人家的东西。农场是自己的一亩三分地，自己想种什么就种什么，也可以偷偷别人的菜，满足一下自己的好奇心和新鲜感。最怕我妈唠叨，她老是说我要是不好好学习，考不上大学就得回来种地啥的。我实在受不了的时候就特别想去网吧，听听歌、聊聊天、偷偷菜、种种菜，觉得放松了不少。

处于青春期的留守儿童，对自身人格、能力、行为进行全方面评定的愿望逐渐强烈。网络中的同伴关系为留守儿童提供了接触与培养各种人际关系的机会，促进了其社会交往能力的发展，为留守儿童缔结同学、村伙伴之外的同伴群体开辟了一条道路。网络平台上同伴群体的产生使得留守儿童能够建立起自己的文化群体，在这个群体中，留守儿童拥有共同的行为模式与习惯，找到了归属感。

处于青春期的留守儿童在深度访谈中普遍表示："玩游戏能让现实中的朋友关系更铁""玩游戏让我忘掉了周围的烦恼""玩游戏提高了我的反应能力""在游戏里觉得自己也没有那么差""通过游戏，知道了什么是一个团队""从和陌生人的聊天中找到了自信”“不能和同学说的烦恼，可以和网友说”“聊聊天，听听歌，觉得生活还是挺美好的”。网络发挥着认同标示作用，留守儿童以此来定义自我，加强群体认同。网络空间的开放性、平等性、匿名性、互动性，使留守儿童能够通过网络进行较为充分的自我展现，特别是QQ、微信等即时聊天工具，使留守儿童有了更多的交往机会，情感表达也更丰富、更充分。正向的网络交流相对于现实中的交流，可以突破地理位置、经济差异、外貌要求的限制，更为平等、自由。留守儿童通过网络游戏、在线聊天等调整了不良情绪，缓解了自我认同冲突，并不断尝试和发展新的社会交往，逐步努力确定并完善个体的自我认同。

案例思考

在这项调研中，问卷调查与深度访谈各自承担了什么职能？

第九章

网络在线调查

本章学习目标

1. 了解网络调研的含义、类型及特点
2. 明确在线问卷调查的操作流程
3. 掌握在线焦点小组访谈的执行
4. 掌握在线深度访谈的实施
5. 理解网络民族志的概念及特点

引　例

宝洁利用在线论坛为新产品线确定香型①

宝洁在为新的产品线开发香型时，询问了其在线论坛成员的意见，让他们简单地记下他们最近几天遇见的让他们感到愉快的香味。在一周的最后，他们收集到的视频或简单的文字，描述了刚修剪过的青草的味道、刚刚完成的画作的味道、橡皮泥的味道，或者能够引发消费者产生冒险、竞争、舒适和其他情感的味道。

这次关于香型的调查说明了移动网络调研如何发现人们对特定感觉的看法的过程。但是，宝洁同样采取了一个大胆的举措来进一步了解其顾客——他是谁？他去过哪里？他看到了什么？通过使用一个移动 App，论坛成员被要求分享他们的美好瞬间——他们这周在家里或在外面遇见的美好的产品或品牌，以及自己的感觉体验。所得到的结果可以让调研人员深刻地理解消费者是如何在一天的不同时间、不同的情境下有着不同的感受，又是什么促使消费者使用现有的产品或尝试一个新的产品的。

美好是一个非常主观性的属性，感觉到美好更是一种非常戏剧化的状态。所以，宝洁招募论坛成员来帮助它挖掘得更深入，不仅仅是通过更私人的分享，还一对一地通过这些移动 App 分享来达到集体合作。毕竟，当新的工具和应用产生时，人们可以做出更加精确的回答，但还需要人们有意愿去回答。这也是为什么通过一种方

① 麦克丹尼尔，盖茨．当代市场调研：第 10 版．李桂华，等译．北京：机械工业出版社，2017：152－153. 引例有所修改。

式与顾客建立亲密、信任和良好的关系如此重要，就像是在线论坛或是一系列的小组会议，你都可以将其应用到移动调研项目中。

在这个例子中，宝洁试图找到人们如何看待"美好"的异同。所以，论坛成员仅仅需要使用他们的手机拍下那一刻的自己（在家或者在工作），然后加上自己的评论上传，其他的论坛成员可以匿名评论该图片。"这是下班之后的我。我仍然穿着工作装，很累，但是感觉很好。"一名勇敢的自愿参与者在她上传的照片下这样写道，"我再一次看到了我的微笑，我也看出了我的脸需要补妆，我的双眼很疲惫。"但是其他的女性看到这张照片会怎么说呢？有一些人仅仅是一瞥，眼光就十分锐利。"她看起来有很多粉刺。"一名不留情面的成员这样评论。"她的鼻环和她很不搭。"另一名成员评论。"明亮而快乐的双眼！"一名赞美者观察到。"十分美好的微笑，牙齿很白。"另一名评论。总体来说，"批评"比自己的评价要更温和。

了解到年轻女性对自己要比对别人更严厉很惊讶吗？也许不是。我们在这个事件中学到的更深层次的一课在于合作中的潜在积极性——科技之间（网络与移动设备）、消费者之间以及消费者和品牌之间。

启示

调研人员从在线论坛中得到了丰富的理解。网络调研使得科技之间（网络与移动设备）、消费者之间以及消费者和品牌之间被挖掘出了潜在的积极性。

截至 2022 年 1 月，全球互联网用户数量达到 49.5 亿人，同比增长 4%，互联网用户占总人口的 62.5%，通过手机访问互联网的用户占 92.1%。2013 年以来，全球 16～64 岁的互联网用户每天在任意设备上使用互联网的平均时间逐渐增长，从 2013 年的 6 小时 9 分钟增长至 2021 年的 6 小时 58 分钟，增长近 50 分钟，可以看出全球网民对互联网依赖性日益增加。[①]

1994 年，中国接入 Internet 的 64K 国际专线，实现了与国际互联网的全功能连接。这不仅开启了我国互联网的正式运行，也是我国数字经济、数字社会发展的起点。多年来，我国大力建设信息基础设施，积极拓展互联网基础资源，促进互联网产品及服务快速普及，为数字化发展奠定了坚实基础。1997 年，第一次《中国互联网络发展状况统计报告》显示，我国网民规模仅为 62 万，基本使用电话线拨号接入互联网。此后的八年间，宽带上网逐渐兴起，网民增长成为我国互联网快速发展的重要印证。2005 年 6 月，我国网民规模突破 1 亿。根据 CNNIC 发布的第 53 次《中国互联网络发展状况统计报告》，截至 2023 年 12 月，我国网民规模为 10.92 亿，互联网普及率达 77.5%。

① 2022 年全球及各个国家、地区互联网用户数量，互联网用户占比分析．(2022-06-01)[2023-05-05]. https://www.163.com/dy/article/H8PHCLFK055360U6.html.

在网民规模方面，我国网民规模持续稳定增长，较 2022 年 12 月新增网民 2 562 万，互联网普及率较 2022 年 12 月提升 1.9 个百分点。农村地区互联网基础设施建设全面强化，我国现有行政村已实现"村村通宽带"，推动农村地区互联网普及率较 2022 年 12 月提升 4.6 个百分点，达 66.5%。

在网络接入环境方面，截至 2023 年 12 月，我国网民人均每周上网时长为 26.1 个小时（见图 9－1）。网民使用手机上网的比例达 99.9%；使用台式电脑、笔记本电脑、电视和平板电脑上网的比例分别为 33.9%、30.3%、22.5%和 26.6%。从 1997 年 10 月到 2023 年 12 月，我国网民数量由 62 万增长至 10.91 亿，规模居全球之首；互联网普及率从 0.03%增长至 77.5%，超过同期世界平均水平。

从 1994 年到 2009 年，互联网的载体主要以 PC 终端为主。2006 年 6 月，CNNIC 首次公布中国手机网民数量——1 300 万；截至 2009 年 12 月，中国手机网民占比首次超五成；2012 年 6 月，通过手机接入互联网的网民数量达到 3.88 亿，手机成为我国网民的第一大上网终端。2010 年以后，伴随移动互联网的飞速发展，我国手机网民数量增长强劲，手机网民占整体网民的比例从 2010 年 12 月的 66.2%跃升到 2023 年 12 月的 99.9%。①

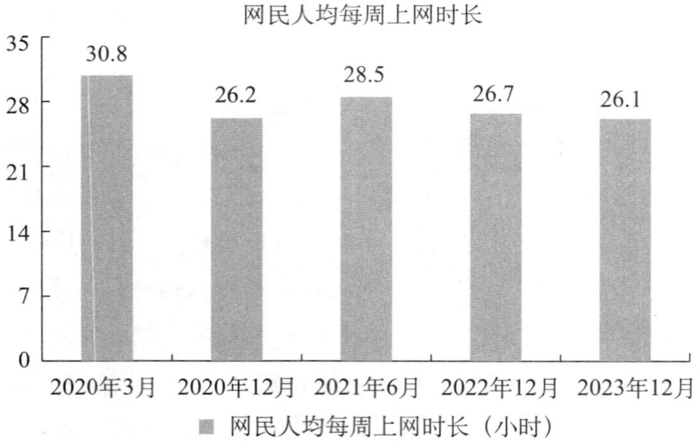

图 9－1　中国网民人均每周上网时长（2020 年 3 月—2023 年 12 月）

在数字化时代背景下，市场调研理论与网络技术相结合，使得市场调研呈现出新的面貌。

网络调研是指建立在互联网基础上，借助于互联网的特性来实现一定营销目标和调研目的的调研方式。通过网络有系统、有计划、有组织地收集、调研、记录、整理、分析与产品及服务有关的市场信息，客观地测定和评价

① 中国互联网络信息中心．第 53 次中国互联网络发展状况统计报告．(2024－03－22)[2024－05－22]. https：//www.cnnic.net.cn/n4/2024/0322/c88－10964.html.

现有市场及潜在市场，用以解决市场营销的有关问题，其调研结果可作为各项营销决策的依据。网络调研成为最具增长潜力的调研方式。

目前的网络调研主要集中于在线问卷调查、在线焦点小组访谈与在线深度访谈，网络民族志在市场调研领域方兴未艾。

第一节　在线问卷调查

目前大多数市场调研公司都喜欢在互联网上开展在线问卷调查，其受欢迎程度还在继续攀升。在线问卷调查通过互联网及其调查系统把传统的调查、分析方法在线化、智能化，利用网页、电子邮件、社交媒体、移动终端等多媒体渠道来收集数据和资料。

疫情期间，其他线下调研方式基本处于停滞状态，在线问卷调查仍保持活跃状态。正是有了在线问卷调查的保障，政府部门、企事业单位、医院等才可以在疫情防控最困难的时期实时了解各方面的人员和物资保障状态，特别是能够把握民众的心态及其对未来的期待，从而有针对性地提出相应的对策。可以说，在线问卷调查在帮助国家和人民战胜疫情方面起到了重要的作用。

在线问卷调查的问卷网络化编程技术在 20 世纪 90 年代后期就已经初步具备。问卷从本地编印时代进入在线编辑时代，为问卷投放提供了更多元有效的触达方式。目前，在线问卷调查已实现调研问卷网络化、样本收集网络化和质量控制网络化。

一、在线问卷调查的特点

在线问卷调查可以将调查对象的答案直接录入数据库中，不再需要人工录入；可以将各种跳答题都用程序进行固定，并且可以自动检测调查对象的答题情况是否完整。这将大大减少因为跳答失误或答题不完整而出现的废卷比率，以及人工输入原始数据时可能产生的错误。

随着互联网技术的快速发展，如今的在线调研问卷已经不再局限于逻辑控制的严谨性，而且可以通过引入更具互动性的题型等方式，让调查对象获得完全不同的答题体验，趣味性和互动性更强，效率更高。例如，众言公司开发的问卷网就能够提供诸如游标打分题、图片点睛题（见图 9-2）等不同的题型，让答题过程不再枯燥，减轻了答题者的疲劳感，对于提升答题效率很有帮助。[①]

---

① 王枫，费毅华．网络调研技术与实战．北京：人民邮电出版社，2022：18.

图片点睛题，让答案更直观

图 9-2　问卷网提供的互动型题型

在线问卷调查相对于传统问卷调查成本低，因为不需要将问卷打印出来并在线下分发，节省了人力、物力、时间成本。在线问卷调查制作速度快，现在网络上有很多好用的问卷调查制作工具，也会提供基本的问卷模板，缩短了制作问卷的时间。在线问卷调查收集速度也快，我们在各个网络平台上直接分享问卷二维码或者链接，别人在任何地方、任何时段都可以填写。我们还可以借助一些平台收集数据，只需要承担一些费用。

表 9-1 比较了在线问卷调查与传统问卷调查的不同。

表 9-1　在线问卷调查与传统问卷调查比较

比较内容	传统问卷调查	在线问卷调查
费用	费用庞杂，涉及问卷设计、印刷、发放、回收费用，调研食宿费、交通费、培训访员费用、数据录入与分析费用	费用主要为问卷设计费与数据分析费
样本量	在很大程度上受调研预算限制、地域限制	样本量涉及地域可以非常广泛，数量也可以很庞大
速度	一般需要四周时间	依托网络平台，可以一周内完成数据收集与处理
时间性	集中于白天	调查对象全天均可以填答问卷
便利性	需要在特定场所、特定时间填答问卷	突破时空的限制
结果可靠性	调查对象有据可查、可以回访，可靠性高	调查对象身份匿名，可靠性受影响，回访也比较困难

二、在线问卷的生成与投放

在线问卷的生成与投放主要通过专业的在线问卷调查平台，这些平台可以提供在线设计问卷、采集数据、自定义报表、调查结果分析等系列服务。

具体来说，在线问卷调查平台可以：

（1）在线设计问卷。提供所见即所得的设计问卷界面，无须复杂的操作，只需通过拖拉、点选等方式即可完成在线问卷的编辑。支持多种题型，并可以给选项设置分数，可以设置关联逻辑、引用逻辑、跳转逻辑，同时还提供各种类型的问卷模板。

（2）发布问卷并设置属性。问卷设计好后，可以直接发布并设置相关属性，例如问卷分类、说明、公开级别、访问密码等。

（3）发送问卷。通过微信、短信、QQ、微博、邮件、公众号等方式将问卷链接发给调查对象，或者通过发送邀请邮件，或是将链接嵌入公司网站，与企业微信、钉钉、飞书等集成。

（4）查看调查结果。可以通过柱状图、饼状图、圆环图、条形图等查看统计图表，了解答卷详情，分析答卷来源的时间段、地区和网站。

（5）创建自定义报表。自定义报表中可以设置一系列筛选条件，不仅可以根据答案来做交叉分析和分类统计，还可以根据填写问卷所用时间、来源地区和网站等筛选出符合条件的答卷集合。

（6）下载调查数据。调查完成后，可以将统计图表导出为 Word 文件保存、打印，进行在线 SPSS 分析，或者将原始数据导出为 Excel 文件，然后导入 SPSS 等调查分析软件做进一步的分析。

实操与思考

在微信朋友圈投放问卷合理吗？

我们在微信朋友圈里经常看到有人邀请我们填答问卷，这种投放问卷的方式合理吗？

微信朋友圈投放方式之所以流行，是因为非常方便，但是通过这种方式回收的问卷会有一个重大问题，那就是都属于自发回应性样本，样本存在较大偏差性。例如，有同学想开展“大学生对于盲盒的消费调查”，该同学在微信朋友圈投放问卷，结果发现回收的问卷的填答者多集中于女性、城市生源、文科生。大家觉得为什么会有这样的分布特点呢？这是因为该同学是女性，来自城市家庭，高中学的文科，所以她的微信朋友圈集中了出生于城市家庭的文科女生，这样收集的样本就有很大的偏差性，得出的结论也是失真的。

我们可以使用在线问卷平台的互填式问卷功能，或是将问卷投放到校园内的一些平台上。

三、在线问卷调查的质量控制

质量控制是在线问卷调查的重要环节。在样本质量的筛选上，目前的在线问卷调查平台采取的是“后期筛除制”，即先要求用户提供年龄、性别、职业、收入等信息，然后平台的自动筛选功能将结合人工排查，把有问题的答卷标记为无效答卷。如果同一个用户被标记无效答卷的次数超出一定比率，那么系统将自动移除该成员，不再允许其作答。

在识别虚假用户方面，在线问卷调查平台有答题时间控制功能。另外，平台还规定，任何一个样本服务的项目，同一个终端只能填写一次。这也是对机器“答题”方式的一种防御机制。部分质量控制也会委托合作方共同开展，合作方对旗下用户有着丰富的用户画像和兴趣标签，可以和在线调查平台发挥协同作用。

目前，在线问卷调查平台在样本质量控制、问卷对象控制、填写过程控制及全程跟踪效果方面在不断改进。

四、目前主要的在线问卷调查平台

互联网时代，在线问卷调查发展迅速，全球市场相继诞生了 Qualtrics、SurveyMonkey、Confirmit 等巨头，仅美国的知名在线调研公司就多达几十家。中国在线问卷市场三大平台是问卷星、问卷网与腾讯问卷（见表 9－2），麦客、表单大师、金数据、番茄表单等平台紧随其后。以三大平台为代表，中国在线问卷调查平台正经历着从工具属性向服务属性的转型。

表 9－2　中国在线问卷市场三大平台

平台名称	平台简介
问卷星	2006 年上线，截至 2024 年 6 月，用户累计发布超过 2.72 亿份问卷，累计回收超过 211.56 亿份答卷。
问卷网	成立于 2008 年，已帮助 2 558 万用户收集了 20.2 亿份答卷。
腾讯问卷	腾讯推出的在线问卷调查平台，于 2015 年正式对外开放，已为 1 900 万用户提供问卷服务，累计回收问卷 24.7 亿份。

注：表中数据来自问卷星、问卷网、腾讯问卷官方网站。

在线问卷调查的核心问题是如何保证问卷真实性，因此在线问卷调查平台竞争的决胜点是样本库的质量。目前各大在线问卷调查平台都在集中力量不断完善样本库，已经逐步延伸到以往难以触达的用户群体。例如，腾讯问卷组织了老龄小组，传统线上调研的老龄用户都是具备较好上网能力的老人，腾讯问卷基于其积累的 50 万老龄用户以及关系链拓展，可以触达更多无法使用互联网的老龄用户。

五、在线问卷调查与大数据的结合

大数据（big data），或称巨量资料，指的是所涉及的资料量规模巨大到无法通过主流软件工具在合理时间内达到撷取、管理、处理并整理成能帮助企业经营决策更积极目的的资讯。在维克托·迈尔-舍恩伯格与肯尼思·库克耶编写的《大数据时代》中，大数据指不用抽样调查这样的路径，而采用所有数据进行分析处理。国际商业机器公司（IBM）提出了大数据的5V特点：volume（大量）、velocity（高速）、variety（多样）、value（低价值密度）、veracity（真实性）。

我们在开展调研时不仅仅要知道“是什么”，更要知道“为什么”。大数据在样本采集的全数性、呈现海量用户轨迹“是什么”方面具有得天独厚的优势，但是在消费动机“为什么”方面还需要问卷调查的补充与支撑。

我在调研现场

根据CNNIC发布的第50次《中国互联网络发展状况统计报告》，2022年上半年，我国各类个人互联网应用持续发展。其中，短视频的用户规模增长最为明显，较2021年12月增长2 805万，增长率达3.0%，带动网络视频的使用率增长至94.6%；即时通信的用户规模保持第一，较2021年12月增长2 042万，使用率达97.7%；网络新闻、网络直播的用户规模分别较2021年12月增长1 698万、1 290万，增长率分别为2.2%、1.8%（见表9-3）。

表9-3　2021年12月—2022年6月各类互联网应用用户规模和网民使用率

应用	2021年12月		2022年6月		增长率
	用户规模（万）	网民使用率	用户规模（万）	网民使用率	
即时通信	100 666	97.5%	102 708	97.7%	2.0%
网络视频（含短视频）	97 471	94.5%	99 488	94.6%	2.1%
短视频	93 415	90.5%	96 220	91.5%	3.0%
网络支付	90 363	87.6%	90 444	86.0%	0.1%
网络购物	84 210	81.6%	84 057	80.0%	−0.2%
搜索引擎	82 884	80.3%	82 147	78.2%	−0.9%
网络新闻	77 109	74.7%	78 807	75.0%	2.2%
网络音乐	72 946	70.7%	72 789	69.2%	−0.2%
网络直播	70 337	68.2%	71 627	68.1%	1.8%
网络游戏	55 354	53.6%	55 239	52.6%	−0.2%

续表

应用	2021年12月		2022年6月		增长率
	用户规模（万）	网民使用率	用户规模（万）	网民使用率	
网络文学	50 159	48.6%	49 322	46.9%	−1.7%
在线办公	46 884	45.4%	46 066	43.8%	−1.7%
网约车	45 261	43.9%	40 507	38.5%	−10.5%
在线旅行预订	39 710	38.5%	33 250	31.6%	−16.3%
在线医疗	29 788	28.9%	29 984	28.5%	0.7%

资料来源：中国互联网络信息中心．第50次中国互联网络发展状况统计报告．(2022-08-31)[2023-05-20]. https://www.cnnic.cn/n4/2022/0914/c88-10226.html.

我们可以根据大数据挖掘的方式，挖掘用户不同的特征和行为标签，但是如果还想知道网民汇聚背后的动机、使用体验、情感认同，那么单纯依赖大数据是无法完成的，还需要在线问卷调查来分担。

美兰德传播咨询大数据显示，截至2022年6月，微博、抖音、快手、哔哩哔哩四大平台上共有媒体号8 028个，平均粉丝量138万人，百万粉丝账号数量占比19.5%，千万粉丝账号数量占比2.8%。其中，《人民日报》抖音号、央视新闻抖音号的粉丝数量分别为1.55亿、1.44亿，排在所有媒体号中的前两位。2022年元旦当天，央视新闻抖音号发布的短视频《我把2022第一次点赞，送给2022第一次升旗！祝福祖国繁荣昌盛！》点赞量达1 861.3万，全网热度最高。①

这种现象背后形成的原因是什么？网民希望在主流媒体中看到什么？这些问题都需要通过大数据与在线问卷调查共同作用来回答。

延伸阅读

《大数据时代》是国外大数据研究的先河之作，作者维克托·迈尔-舍恩伯格被誉为“大数据商业应用第一人”，拥有在哈佛大学、牛津大学、耶鲁大学和新加坡国立大学等多个互联网研究重镇任教的经历，早在2010年就在《经济学人》上发表了长达14页的对大数据应用的前瞻性研究。

维克托·迈尔-舍恩伯格在书中前瞻性地指出，大数据带来的信息风暴正在变革我们的生活、工作和思维，大数据开启了一次重大的时代转型，他还用三个部分讲述了大数据时代的思维变革、商业变革和管理变革。

维克托最具洞见之处在于，他明确指出，大数据时代最大的转变就是放弃对因果关系的渴求，而代之以关注相关关系。也就是说，只需要知道“是什么”，而不需

① 美兰德传播咨询视频网络传播监测与研究数据库。

要知道“为什么”。这就颠覆了千百年来人类的思维惯例，对人类的认知和与世界交流的方式提出了全新的挑战。

该书认为，大数据的核心就是预测。大数据将为人类的生活创造前所未有的可量化的维度。大数据已经成为新发明和新服务的源泉，而更多的改变正蓄势待发。书中展示了谷歌、微软、亚马逊、IBM、苹果、Facebook、Twitter、VISA 等大数据先锋们最具价值的应用案例。

第二节 在线焦点小组访谈

在线焦点小组访谈是一种实时开展的，在一定程度上模仿现实中的面对面小组访谈的网络调研方式。

一、在线焦点小组访谈的实现

市场调研行业正在积极使用在线焦点小组访谈这种方式，目前主要的实现平台是微信群组与腾讯会议。

（一）微信群组焦点小组访谈

由 8～12 名参加者组成一个小组。建立访谈小组成员的微信群后，主持人把要讨论的问题的文字版发到微信群，并就问题通过语音组织访谈。小组成员可以就问题在群内发语音。

（二）腾讯会议焦点小组访谈

腾讯会议是腾讯云旗下的一款音视频会议软件，于 2019 年 12 月底上线，具有 300 人在线会议、全平台一键接入、音视频智能降噪、锁定会议、屏幕水印等功能。该软件提供实时共享屏幕、支持在线文档协作，近年来在支持抗击疫情、复工复产、稳定就业方面发挥着积极作用。截至 2022 年 3 月，腾讯会议注册用户超 3 亿，月活跃用户数突破 1 亿。[①] 借助腾讯会议进行焦点小组访谈，可以同步录音，软件能够辨别不同音色，并将语音转换成文字。

① 陈燕．开启会员模式的腾讯会议：无按次付费功能，月活用户数已破亿．(2022－11－05)[2023－05－25]．https：//view. inews. qq. com/qd/20221105A01F0W00？refer＝wx_hot.

二、在线焦点小组访谈执行中需要注意的问题

在线焦点小组访谈相对于线下的访谈，有一些需要特别注意的方面。

（一）对主题的针对性与集中性要求更高

在线焦点小组访谈中，访谈对象所处环境多样，受干扰严重，注意力难以像线下那样集中，特别是当背景音嘈杂时，容易使访谈对象产生不耐烦情绪。所以对在线焦点小组访谈主题的针对性与集中性，相对于线下焦点小组访谈而言有着更高、更突出的要求。

我在调研现场

根据 CNNIC 第 50 次《中国互联网络发展状况统计报告》，截至 2022 年 6 月，我国网络直播用户规模达 7.16 亿，较 2021 年 12 月增长 1 290 万，占网民整体的 68.1%（见图 9－3）。其中，电商直播用户规模为 4.69 亿，占网民整体的 44.6%；游戏直播的用户规模为 3.05 亿，占网民整体的 29.0%；真人秀直播的用户规模为 1.86 亿，占网民整体的 17.7%；演唱会直播的用户规模为 1.62 亿，占网民整体的 15.4%；体育直播的用户规模为 3.06 亿，占网民整体的 29.1%。

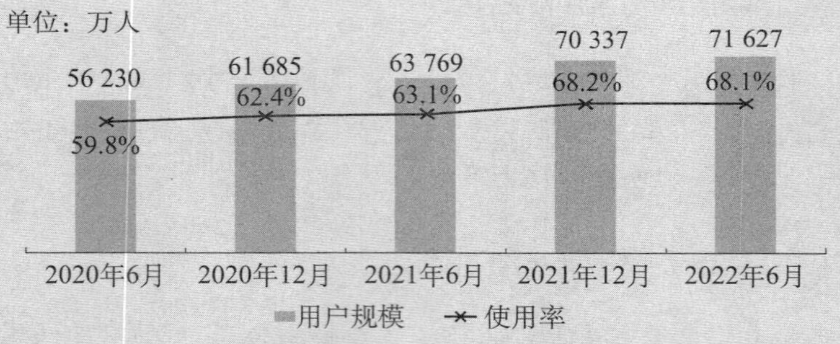

图 9－3　2020 年 6 月—2022 年 6 月网络直播用户规模及使用率

资料来源：中国互联网络信息中心．第 50 次中国互联网络发展状况统计报告．（2022－08－31）［2023－05－20］．https：//www.cnnic.cn/n4/2022/0914/c88－10226.html.

2022 年 4 月，国家广播电视总局网络视听节目管理司、中共中央宣传部出版局联合发布《关于加强网络视听节目平台游戏直播管理的通知》，要求严禁网络视听平台传播违规游戏，加强游戏直播内容播出管理，督促网络直播平台建立并实行未成年人保护机制，等等。加强对游戏直播内容的监管有利于遏制平台“唯流量”乱象，避免违规网络游戏传播，从而为未成年人营造良好的网上娱乐环境。

假设我们要做一个关于游戏直播的在线焦点小组访谈，则应考虑到所招募到的调研对象中的女性对游戏直播是否感兴趣。如果不感兴趣，那么她们在整个在线焦点小组访谈过程中会趋于沉默。由于网络限制、易受干扰，主持人的注意力难以像线下那样集中，因此对于这种沉默的成员，可能就难以调动其积极性。

（二）主持人语速相对于线下焦点小组访谈要放缓，尽量少用难以捕捉的数字信息

假设我们要做一个关于政务短视频传播效果的在线焦点小组访谈，主持人的开场白是："我国数字政务蓬勃发展，逐步成为构建数字治理新格局、推进国家治理体系和治理能力现代化的重要抓手。截至 2021 年 12 月，我国政府网站达 14 566 个。"这类涉及数字信息的语音传达，在线焦点小组访谈成员是很难捕捉到的。当访谈对象难以捕捉到语言符号的时候，第一时间就会去回想，导致对主持人接下来发出的语言符号接受滞后，这样就会造成链条反应，导致访谈对象情绪波动，出现烦躁情绪。

（三）鼓励焦点小组访谈对象同时开麦

使用传统焦点小组访谈法的重要原因之一是可以观察小组成员的互动，因为互动过程中能碰撞出非常好的观点。而在网络上，实现小组成员间的互动难度较大。有的主持人因为担心同时开麦声音嘈杂，会要求焦点小组访谈对象关闭麦克风，这样就会出现一个场面：谁都不想第一个发言，开局即冷场。直到主持人点名问到谁，谁才会开麦发言。在这期间其他人都保持沉默，觉得与己无关，可以随意听听，忙点手头上其他的事情。最终，在线焦点小组访谈成为一场无关痛痒的依次发言的线上茶话会。所以我们鼓励访谈对象同时开麦，当然有的访谈对象可能在户外或是旁边有人，发言的收音效果会有些干扰，但不能因为这些干扰，就放弃焦点小组访谈的核心价值——"群体动力驱动"。

三、在线焦点小组访谈的优势与局限

在线焦点小组访谈的最大优势是可远程操作完成，不仅突破了地域局限，特别是在疫情影响下，发挥了无可替代的重要作用；还大幅降低了成本，节省了差旅费、住宿费、场地租用与布置费。这既可以满足焦点小组访谈法的操作要求，又符合现代人对手机等电子产品高度依赖的特征。在线焦点小组访谈的另一个优势是能接触到传统调研接触不到的人。传统调研会受到时间

和专业性的限制——有时小组成员必须是心理学家、律师或企业高管等。采用在线焦点小组访谈，这些专业人士参与调研的概率变更高了，因为他们不必在百忙之中抽空去焦点小组访谈场地，而可以在任何有网络的地方甚至单位、自己家里参与调研。组织多场次焦点小组访谈也较为便利。此外，在线焦点小组访谈中得到的语音可以直接转换为文字，与传统焦点小组访谈相比，大大节省了后期语音资料转化为文字资料的工作量。

在线焦点小组访谈的局限在于：第一，有经验的主持人在主持和分析环节会使用来源于小组成员的非语言信息，诸如面部表情与肢体语言，但是在网络环境下，这些非语言信息缺失了。第二，许多组织更倾向于使用焦点小组访谈法，因为它使得委托客户能够在一种客观的环境下和消费者进行直接接触，但在线焦点小组访谈不能实现在单向镜后观察焦点小组的访谈进程。第三，在传统的焦点小组访谈中，主持人的技巧是影响调研质量的重要因素。主持人不应该仅仅是问题的发问者，好的主持人会用新颖的方法来引导沉默寡言或者害羞的成员，不仅能使那些进度缓慢的小组活跃起来，也能使调研主题更深入小组成员的内心。但在在线焦点小组访谈中，坐在电脑终端前的主持人和面对面直接掌控访谈的主持人相比，可以施展的空间显著缩小了。主持人与访谈小组成员的注意力容易受到干扰，有时候难以认定正在发言的人是谁。

在线焦点小组访谈的局限多是网络环境本身导致的，较难以避免与克服。因此在条件允许的情况下，线下焦点小组访谈还是首选与优选。

第三节　在线深度访谈

在线深度访谈已经成为一种趋势。随着互联网的普及和技术的发展，在线深度访谈已经成为一种非常便捷和高效的调研方式，通过视频、语音或文字等形式，可以随时随地与调研对象进行交流和讨论，不受时间和地点的限制。

一、在线深度访谈的两种方式

在线深度访谈可分为单次在线深度访谈和多次在线回溯性深度访谈。

（一）单次在线深度访谈

单次在线深度访谈属于横截面式访谈，即收集某一时点或某一特定的时间段内，有关实际处于某种状态的访谈对象的深度访谈资料，描述状态及影响因素的关系。

我在调研现场

根据CNNIC发布的第50次《中国互联网络发展状况统计报告》，截至2022年6月，63.2%的网民表示过去半年在上网过程中未遭遇过网络安全问题，较2021年12月提升1.2个百分点。此外，遭遇个人信息泄露的网民比例最高，为21.8%；遭遇网络诈骗的网民比例为17.8%；遭遇设备中病毒或木马的网民比例为8.7%；遭遇账号或者密码被盗的网民比例为6.9%（见图9-4）。

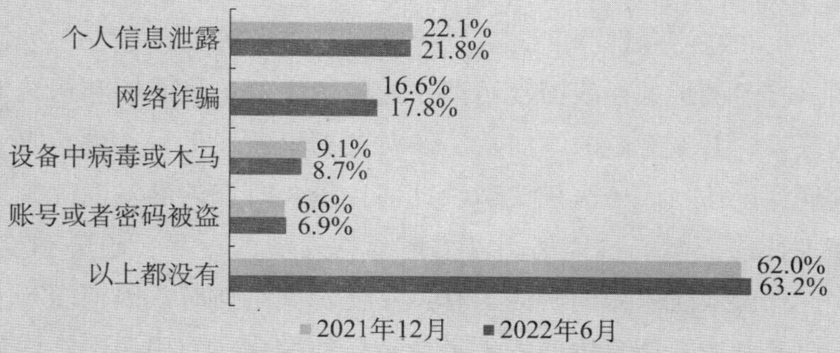

图9-4　网民遭遇各类网络安全问题的比例

资料来源：中国互联网络信息中心．第50次中国互联网络发展状况统计报告．(2022-08-31)[2023-05-20]．https：//www.cnnic.cn/n4/2022/0914/c88-10226.html.

对遭遇网络诈骗网民的进一步调查发现，除冒充好友诈骗、钓鱼网站诈骗和利用虚假招工信息诈骗外，网民遭遇其他网络诈骗的比例均有所下降。其中，虚拟中奖信息诈骗仍是网民最常遭遇的网络诈骗类型，占比为37.5%，较2021年12月下降3.2个百分点；遭遇网络购物诈骗的比例为33.5%，较2021年12月下降1.8个百分点；遭遇网络兼职诈骗的比例为23.7%，较2021年12月下降4.9个百分点；遭遇冒充好友诈骗的比例为27.4%，较2021年12月上升2.4个百分点；遭遇钓鱼网站诈骗的比例为24.7%，较2021年12月上升0.9个百分点；遭遇利用虚假招工信息诈骗的比例为21.5%，较2021年12月上升1.7个百分点（见图9-5）。

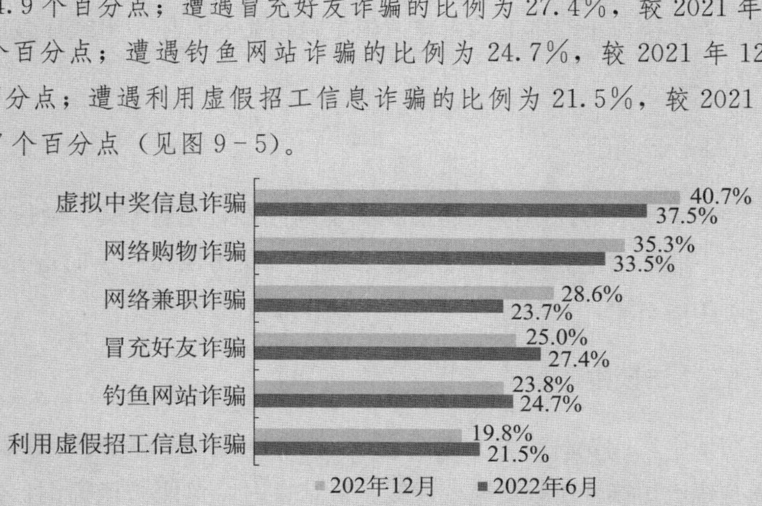

图9-5　网民遭遇各类网络诈骗问题的比例

对于网络安全问题，特别是网络诈骗问题，如果采取在线问卷调查，则多停留在对网络诈骗的态度、如何防范方面；如果采取一对一的在线深度访谈，则可以涉及受骗经历、损失程度、处理方式等非常有价值但又具有较高隐私性的话题。

（二）多次在线回溯性深度访谈

多次在线回溯性深度访谈是指对同一访谈对象进行一系列围绕调研主题的具有追溯性的在线深度访谈，这种持续的访谈能够和访谈对象建立密切的联系，并有充足的时间从访谈对象那里获取更深入的信息。多次在线回溯性深度访谈属于纵贯式访谈，即在较长时期内的不同时刻点上对访谈对象进行若干次资料搜集，以描述事物发展的过程、趋势和变化。例如，对女性向游戏玩家做调研时，有关女性玩家是何时、因何转到女性向游戏的，以及其游戏情感体验发生了什么样的变化，使用多次在线回溯性深度访谈就非常合适。

二、在线深度访谈的实施

在线深度访谈与传统的线下深度访谈相比，在实施方面有一些不同。

（一）寻找访谈对象

可以在微博、知乎、校园公众号等平台上发帖有偿招募访谈对象，也可以在豆瓣小组或小红书上加入与访谈主题相关的兴趣小组或在互助小组招募访谈对象。

（二）访谈前

随着手机成为我国网民的第一大上网终端，通过 QQ、微信平台进行深度访谈，既非常便捷，也不产生通话费用。在访谈前一小时应通过 QQ、微信提醒访谈对象，并调好音量，做好录音准备。

（三）访谈中

访谈中，应先向对方介绍自己的调研目的，强调对网络隐私权的保护。因为是线上访谈，所以语速要放缓。快结束时，对照访谈提纲，快速回顾访谈结果；再征求一下访谈对象的意见，了解他们还有什么想表达的，言明访谈结果的最终用途。

（四）整理分析访谈资料

在线深度访谈在执行时，往往没法像线下访谈那样对要点进行纸笔记录，因此在整理分析访谈资料时，需要更多时间对资料进行排列、重组与架构。

三、在线深度访谈执行中需要注意的问题

在线深度访谈执行中特别需要注意两个问题。一是尽量建议访谈对象使用语音。有的访谈对象较为排斥语音，喜欢打字交流，但是访谈对象普遍不愿意多打字，往往选择用简单的一句话应答，导致回答中承载的信息过少。因此我们应尽量说服访谈对象使用语音。二是深访中断以后需要持续跟进。在线深度访谈经常会受到外部环境干扰，相较于面对面访谈，在线访谈对象容易中途放弃，而且这种放弃有时候是毫无预兆的，这就需要调研人员持续跟进。

四、在线深度访谈的优势及局限

在线深度访谈的优势是：速度快，费用低，可以突破地域局限。访谈对象不必和调研人员面对面，在自己家中等私人场所会感觉更舒服。在表达观点的真实性和意愿上，访谈对象能更自由地表达自己的见解。

在线深度访谈的局限是干扰度比较大，调研人员不易控制访谈进程。

我在调研现场

"我喜欢刷抖音，上B站。"研究者问："你上B站一般看什么？"深度访谈对象回答："就是首页推荐，看看不要钱的动漫。"研究者追问："那你知道B站还有很多初中语数英学习资源吗？"深度访谈对象给研究者发了一个表示惊奇的表情包，然后打了一句话："B站不就是看动漫的吗？"

研究者给深度访谈对象发了一些B站上的学习类UP主和初中语数英学习资源的截图，但是没有得到回应。虽然研究者随后也在跟进，但是很遗憾，访谈对象始终没有给予回应。在线深度访谈中，这是时有发生的事情。

第四节 网络民族志

民族志方法对于调研某种情境下人们出现的某些行为方式及其原因可以提供更加详细且深入的理解与解释，尤其是对随着时间推移而出现的发展变化的探寻。在市场调研领域，民族志方法在品牌定位、新品开发、消费者洞察等方面做出了大量贡献。网络民族志进一步使民族志这种发轫于人类学的方法显示出蓬勃生机。

一、网络民族志的内涵

民族志（ethnography）是由人类学家马林诺夫斯基提出的研究方法。马林诺夫斯基在 1922 年出版的《西太平洋上的航海者》一书中，创立了撰写民族志的系统方法，以此研究美拉尼西亚新几内亚群岛的土著社会。民族志方法将一个群体作为研究对象，对该群体的独有文化、价值观和行为模式进行观察与访谈，从而达到认知群体及相关文化形态的目的。马林诺夫斯基也因此被称为“民族志之父”。从马林诺夫斯基起，几乎所有的人类学家都必须到自己研究的文化部落住一年以上时间，并实地参与部落的生活，使用当地的语言，和土著居民建立友谊。而这些努力，都是为了完成一份马林诺夫斯基式的民族志记录。

民族志调研（ethnography research）由三个重要因素构成：一是田野调查，时间一般在一年以上；二是他者性，也就是认真地观察调研对象；三是文本，也就是目前的民族志的落地表现形式。民族志是在自然环境下针对特定人群进行的一种定性调研方法。其数据可以通过多种途径来收集，主要包括参与式观察与深度访谈。

网络民族志（netnography）由罗伯特·V. 库兹奈特（Robert V. Kozinets）于 2010 年提出，他认为网络民族志以传统的民族志方法为基础，注重对成员在线交互形式与内容的定性分析，旨在研究在线群体呈现出来的亚文化、交互过程和群体行为特征。克里斯蒂娜·海因（Christine Hine）认为，网络民族志是在虚拟环境中进行的，针对网络及利用网络开展的民族志研究。我国学者卜玉梅通过对已有定义的综合比较，提出网络民族志是以网络虚拟环境为主要的研究背景和环境，利用互联网平台和互动工具来收集数据资料，以探究和阐释互联网及相关社会文化现象的一种方法。

网络民族志利用民族志的方法，使用在互联网上找到的和在线社区中产生的数据。这些数据是自然产生的，不受调研人员在场的影响。随着互联网技术的发展，虚拟空间与现实空间日趋交融，生成了新的社会生活空间。网络民族志作为一种“观察和理解人们如何在网络上进行社会交往和意义构成的民族志研究方法”①，正得到广泛应用。

网络民族志是一种质化的、解释性的调研方法，它以在线现场调研为主，其方法基本沿用或改编自民族志的特定调研过程和标准。网络民族志最初起源于调研人员在互联网上使用民族志方法对消费者开展的市场调研。其调研步骤通常为：获准进入某个网络社区，搜集资料，分析资料。调研过程中还要考虑调研伦理问题。调研人员观察、参与甚至是“沉浸于”被调研的人们的日常生活，就是为了得到有关这些人的行为、态度及其生活环境的详细理解。

二、网络民族志的特点

网络民族志有三个基本特点。

（一）调研依托网络社区

传统民族志以现实的、具体的社区为研究对象，调研人员通过亲身进入某一实地或社区开展田野调查。不同于传统民族志中的实地“田野”，网络民族志以虚拟社区为研究场域和研究对象。

在网络民族志调研中，调研人员可以采用潜水的方式对某个在线社区进行非参与式观察，也可以加入某个在线社区成为其会员从而进行参与式观察，与该在线社区成员进行长期接触和深度沉浸，对网络文化和社区生活进行深描。

（二）数字化符号呈现

由于虚拟社区所构筑的空间和内容都是数字化的，人们的身份、形象、语言等信息都以数字化符号呈现出来，因此调研人员需要利用这些当下流行的数字化符号开展调研。具体来说，包括基于互联网平台对调研对象进行观察，对帖子、表情包、点赞、评论、打赏、粉丝标签、数字音频、虚拟视频等数字化符号进行分析，以及利用 QQ、微信等社交软件及其他网络工具与社区中的成员进行交流、访谈以进一步获得资料。

（三）重点探索网络圈层化

互联网的发展已不再仅仅带来扁平的、开放的、互联互通的世界，网络

① 库兹奈特．如何研究网络人群和社区：网络民族志方法实践指导．叶韦明，译．重庆：重庆大学出版社，2016：165.

用户的连接显然不是所有人对所有人的固化状态，而是形成了以兴趣、爱好、利益等为关系构成的网络社群连接，社交媒体的推荐算法以及“过滤泡”效应则加剧了圈层化现象。互联网提供了一种新的生活空间，人们在网络社会中娱乐、购物、交友等，已经形成了一种新的生活方式，催生了各种新的圈层文化，呈现出与现实社会不同的独特文化形态。在网络平台上，新的表达方式和互动模式层出不穷，不仅重构了人与人之间的交流方式和社会关系，也对人们的现实生活产生了一定影响。

三、网络民族志的依托平台与实施

（一）网络民族志的依托平台

网络民族志的依托平台主要是各类网络社区，比如博客、播客、讨论版块、兴趣小组等社交媒体。依托这些网络社区开展民族志观察，可以给调研人员的观察带来如下便利：接近一个拥有更多参与某些活动机会的消费者；更易获得消费者自然状态下无意识的谈话内容，这些谈话通常是直接的、话题性的，而且有时是即时的；对消费者思考方式的理解；感情丰富的情景；网络世界和现实世界的连接和重叠。[①]

表 9-4 和 9-5 分别列出了网络民族志依托的国外、国内主要平台。

表 9-4　网络民族志依托的国外主要平台

平台名称	平台简介
Facebook	27.4 亿活跃用户，社交媒体平台无可争议的重量级冠军
YouTube	22.9 亿活跃用户，世界上最大的视频共享社交媒体平台
WhatsApp	20 亿活跃用户，全球三个用户群超过 20 亿的社交网络平台之一
Facebook Messenger	13 亿活跃用户，国际化的手机聊天软件，从 Facebook 中独立出来，拥有专业的信息传输功能，会对用户之间的交流进行加密保护
Instagram	12.21 亿活跃用户，非常受欢迎的社交与电子商务平台

表 9-5　网络民族志依托的国内主要平台

平台名称	平台简介
QQ	腾讯公司 1999 年开发的一款即时通信软件
抖音	上线于 2016 年，一款风靡全球的短视频社交软件
微信	腾讯公司于 2011 年 1 月 21 日推出的一个为智能终端提供即时通信服务的免费应用程序

① 麦吉温．市场调研实务：第 4 版．李桂华，等译．北京：机械工业出版社，2017：108.

续表

平台名称	平台简介
微博	始于2009年，曾用名新浪微博，国内较大的娱乐休闲生活服务信息分享和交流平台
快手	诞生于2011年3月，最初是一款用来制作、分享GIF图片的手机应用，在2012年11月转型为短视频社区
哔哩哔哩	简称B站，创建于2009年，为中国“Z世代”高度聚集的文化社区和视频平台
小红书	创办于2013年，颇受现代年轻人欢迎的生活分享社交平台
知乎	于2011年正式上线，是一个中文互联网高质量的问答社区和创作者聚集的原创内容平台
豆瓣	创建于2005年，提供关于书籍、电影、音乐等作品的信息，以影评、书评和快速更新的影音资讯而著称
百度贴吧	百度旗下独立品牌，创建于2003年，全球较大的中文社区，以兴趣主题聚合志同道合者的互动平台，是众多网络流行用语的发源地

网络民族志中最重要的是圈层。网络社区是一个网络民众就其感兴趣的主题发表真实言论的论坛。由于社区成员在网络社区中处于一个较为舒适的空间，因此在和调研人员交流时会更自在，交流也能更深入。圈层文化促使社区成员形成一种良好的沟通氛围，能提供实时结果。

（二）网络民族志的实施

网络民族志的实施可分为两个阶段。在第一阶段，招募到访谈对象后，先在可靠的平台上为每名访谈对象建立一个网络日志。经过一段时间，访谈对象要针对一些问题进行更为深入的思考，并将思考结果张贴在日志上，日志中可以包含图片和视频。这种方法对于了解随着时间推移而不断变化的消费者或受众的认知、态度与行为非常有用。在第二阶段，调研人员有可能需要使用电话、电子邮件与各类社交媒体与访谈对象进行深度讨论。讨论主题来源于圈层内容，每个参与者提供的答案都更为深入，涵盖内容更广泛。调研人员随时可以翻看记录并通过和访员沟通来调整调研进程。

业界之声

卡夫的Singles瞄准了妈妈们①

卡夫（Kraft）的Singles是一种极好的干奶酪，却没有获得市场应有的认可。卡夫不得不通过民族志调研来了解妈妈们对卡夫Singles的感受。一组来自战略框架公司（www.strategicframeworking.com）的民族志调研人员来到

① 马尔霍特拉．营销调研精要．张婧，译．北京：中国人民大学出版社，2016：109.

25～64岁的妈妈们的家中，在她们制作三明治的同时进行观察和深度访谈。这些妈妈告诉调研人员，她们知道孩子喜欢和不喜欢什么，孩子们喜欢卡夫Singles的口味。她们感觉给孩子提供卡夫Singles很好，因为它的营养价值特别是钙含量较高。然而，她们容易被说服从而选择价格更低的品牌。在这些发现被电话调查证实之后，卡夫对妈妈们的想法给予了重视，以防止她们转向竞争对手品牌，并让她们保持对卡夫品牌的忠诚。广告代理商怀特·汤姆森（White Thomson）为卡夫Singles制作了广告并取得了成功，进而增加了卡夫Singles的销量和市场份额。

本章小结

网络调研是调研的发展趋势。目前，在线问卷调查依托在线问卷平台发展迅速。在线焦点小组访谈与在线深度访谈的使用也日益频繁，从招募访谈对象到实施访谈，二者都有一些不同于传统调研的特点。网络民族志是一种质化的、解释性的调研方法，它以在线现场调研为主，在方法上基本沿用或改编自民族志的特定调研过程和标准，在市场调研领域的品牌定位、新品开发、消费者洞察等方面做出了独特贡献。

思考题

1. 网络调研能取代传统调研吗?
2. 使用在线焦点小组访谈法时，应该注意哪些方面?
3. 使用在线深度访谈法时，如何征募访谈对象?
4. 使用网络民族志方法时，主要的难点在哪里?

案例9-1

乡村振兴背景下农村陪读妈妈移动互联网使用的情感体验与自我认同建构调研①

一、导言

我国互联网发展初期，东部地区因具有较好的数字基础设施和较高的经济水平，而在互联网普及方面获得了先发优势。2007年，我国东部地区的互联网普及率较中、西部地区分别高出13.2和13.9个百分点。伴随移动互联网的蓬勃发展，中西部地区的互联网普及率快速提升，到2021年年底，东部与中、西部地区的互联网普及率差值分别缩小至5.4和9个百分点。截至2022年6月，我国农村网民规模为

① 杨靖．留守童年的替代补偿与自我治愈：生命历程视角下的农村陪读妈妈研究．宁夏社会科学，2022（5）：138-146.

2.93 亿，占网民整体的 27.9%。2021 年，我国现有行政村实现“村村通宽带”。2022 年 4 月，工业和信息化部等五部委联合印发《2022 年数字乡村发展工作要点》，提出到 2022 年年底，5G 网络实现重点乡镇和部分重点行政村覆盖。截至 2022 年 6 月，我国农村地区互联网普及率达 58.8%，较 2021 年 12 月提升 1.2 个百分点。①

乡村振兴战略是习近平同志 2017 年 10 月 18 日在党的十九大报告中提出的战略。十九大报告指出，农业农村农民问题是关系国计民生的根本性问题，必须始终把解决好“三农”问题作为全党工作重中之重，实施乡村振兴战略。

中共中央、国务院连续发布中央一号文件，对新发展阶段优先发展农业农村、全面推进乡村振兴做出总体部署，为做好当前和今后一个时期“三农”工作指明了方向。2018 年 3 月 5 日，时任国务院总理李克强在做政府工作报告时说，要大力实施乡村振兴战略。2018 年 5 月 31 日，中共中央政治局召开会议，审议《乡村振兴战略规划（2018—2022 年）》。2018 年 9 月，中共中央、国务院印发了《乡村振兴战略规划（2018—2022 年）》，并发出通知，要求各地区各部门结合实际认真贯彻落实。2021 年 2 月 21 日，《关于全面推进乡村振兴加快农业农村现代化的意见》，即 2021 年中央一号文件发布。这是 21 世纪以来第 18 个指导“三农”工作的中央一号文件。2021 年 2 月 25 日，国家乡村振兴局正式挂牌。为做好乡村振兴这篇大文章，2021 年 3 月，中共中央、国务院发布了《关于实现巩固拓展脱贫攻坚成果同乡村振兴有效衔接的意见》，提出重点工作。

2021 年 4 月 29 日，第十三届全国人大常委会第二十八次会议表决通过《中华人民共和国乡村振兴促进法》。2021 年 5 月 18 日，司法部印发了《“乡村振兴 法治同行”活动方案》。2022 年全国“两会”调查结果显示，“乡村振兴”关注度位居第八位。

在乡村振兴背景下，有研究者对农村陪读妈妈移动互联网使用的情感体验与自我认同建构情况展开了调研。该调研采用了参与式观察与多次回溯性深度访谈两种质性研究方法。对陪读妈妈的生活情境的考察，对于这次调研具有重要意义，采用参与式观察法可以进入陪读妈妈租住环境中，尽最大可能还原其生活状态，探寻其日常生活的痕迹。凯利·克拉克（Kelly Clark）关于工人家庭中第一代上大学的女性的研究采用的是对同一受访者进行一系列涉及生活经历的回溯性深度访谈的方法，这种持续的访谈有助于和受访者建立密切的联系，并有充足的时间从受访者那里获取更深入的信息。陪读生活涉及个人隐私，能否与农村陪读妈妈建立信任关系决定着调研的成败。多次回溯性深度访谈的核心目的就是与陪读妈妈逐步建立信任关系，通过对个人成长中的重要事件进行溯源与析因访谈，厘清陪读妈妈的生命大事件的

① 中国互联网络信息中心．第 50 次中国互联网络发展状况统计报告．(2022-08-31)[2023-05-20]. https://www.cnnic.cn/n4/2022/0914/c88-10226.html.

发生、发展脉络与持续性影响。参与式观察与多次回溯性深度访谈的使用，与从个体生活及社会变迁的互动中，探寻农村女性童年留守经历对个体生命轨迹的影响的调研主旨是契合的。

陕西省汉中市南郑区下辖20个镇，有286个村民委员会、3 091个村民小组。中心镇Z镇的W小学和C中学教学质量在南郑区名列前茅。调研者在Z镇通过滚雪球抽样方法获取了15位陪读妈妈作为样本，采用参与式观察、实地深度访谈，以及与手机通话、微信语音、视频通话等在线深度访谈相结合的方式，每人每次访谈30～40分钟。回溯性深度访谈集中于四个节点，以半年为一个区隔：2020年7月新学年租房，2021年1月回家过年，2021年7月学年结束，2022年1月回家过年。15位农村陪读妈妈年龄跨度为27～41岁，主要来自南郑区Z镇周边的Y村、G村、L村与C村，孩子年龄为5～17岁。每个月房租为300～500元，租房陪读时间最短的3个月，最长的11年（均以2020年7月第一次访谈时间计）。

二、留守经历——童年时期重要的生命事件

1980年后，有少部分农民开始离开村子，去乡镇务工。1984年，中共中央发布一号文件，准许农民自筹资金、自理口粮，进入城镇务工经商。面对城乡巨大差距，为寻求更高的收入以及出于对城市生活的向往，农民怀揣梦想，背井离乡，涌向城市。1993年，全国农村外出民工总数达到6 200万人，1994年增加到7 100万人，1995年高达8 000万人；2000年左右，农民工数量又以每年600～800万人的规模递增；2006年，我国农村外出民工的数量约为1.2亿人。按照2005年全国1%抽样调查结果的推算，当时全国农村留守儿童为5 861万。根据《2010年第六次人口普查资料》推算，全国农村留守儿童为6 102.55万。五年间，全国农村留守儿童增加了近242万，占农村儿童的28.52%。

我国农村留守儿童群体中，33%的父亲、25%的母亲外出5年以上，60%～70%以上的父母是在外省打工，30%的父母每年回家一次，打电话成为留守儿童与外出打工父母的主要联系方式，2%的父母与孩子常年无联系。一项对西北地区留守儿童外出务工父母的问卷调查发现，69.1%的外出务工父母在孩子6岁前就外出务工了。外出务工时间达10年以上的占23.6%，7～9年的占14.6%，4～6年的占25.2%，不到一年的仅占9.8%。

研究者通过回溯性深度访谈发现，15位农村陪读妈妈出生于1979—1993年，其中13位均有童年时期父母外出务工，与爷爷奶奶生活的留守经历，最早的始于1岁，多始于3岁，最短的留守经历是3年左右，最长的为15年（以截至18周岁计）。

C01（27岁，女儿5岁）：我很小的时候，爸妈就在外面打工了，过年才回来一次，少了三五天，最多也就待个十来天。他们都是趁我还睡着的时候偷偷走，我早上起来发现他们不见了，哭得嗓子都哑了。

C03（29岁，儿子7岁）：我是我婆（方言：奶奶）经管（方言：照顾）大的，过年爸妈回来，给我和我弟买了好多好吃的和玩具，我也挺高兴，就是不知道该和他们说啥。到了晚上还是想和我婆睡。我妈说我和她不亲，我也想亲起来，就是心里有些别扭、不自然。

C05（32岁，大女儿9岁，小女儿6岁半）：小时候，旁边住的那家人老笑我“你爸妈不要你了，他们都忙着在城里挣大钱哩”。我以为爸妈真的不要我了，一个人躲在被窝里哭，是不是自己在班里啥都不行，所以他们才不管我。

C07（33岁，女儿10岁，儿子7岁）：我记得小学有一次儿童节，班主任说“咱们班谁是留守儿童，举手”，举了手可以领一个书包，是外面的人捐的。我就不举，不爱听“留守儿童”这个词，好像低人一等。那时候，过生日、生病就觉得很孤单，羡慕别的小孩爸妈都在身边，后来慢慢就习惯了。

C01是2011年研究者进行留守儿童相关研究时的个案，她上中学时写过一篇作文《可怕的早晨》，讲述了过完年爸妈早上不打招呼就离开自己的伤心故事。时隔十年，研究者对她进行回溯性深度访谈，C01又提到这件事，可见这次经历在她的个人成长中留下了不可磨灭的烙印。在童年时期有留守经历的陪读妈妈，即便结束留守生活后，与爸妈还是有一定疏离感。陪读妈妈在回溯性深度访谈中提道：爷爷奶奶因为精力与受教育程度制约，对自己的心理成长缺乏关注，鼓励、督促、辅导学业都远低于爸妈都在身边的孩子，这对自己的未来发展产生了一定的不利影响。虽然父母外出务工增加了家庭收入，但是孩子对留守经历的过往回顾是不愉快甚至是痛苦的。埃里克森认为：儿童最终的人格发展及心理健康程度依赖于家庭中形成的较为稳定的亲子互动模式。留守儿童的生活满意度和幸福感总分都显著低于非留守儿童。留守儿童缺少父母的直接关爱和情感交流，主观幸福感降低，从而削弱了经济状况改善带来的相关幸福感的增加。亲子间安全型依恋关系的形成，需要儿童与父母的频繁互动，儿童对父母充满依赖与信任，认为父母能够一直陪伴在自己身边，对自己的情绪与行为给予积极响应，成为最可依靠的心灵港湾。稳定、强有力的亲子依恋关系能够为儿童提供重要的情感支持，使之心理上产生安全感，面对生活中的压力，主动尝试解决问题。在孩子成年后，童年时期良好的亲子依恋关系在其遭遇挫折和创伤性事件时能够提供心理支撑与保护作用，与他人发展社会关系的时候，最初的亲子依恋关系模式将会得到复现。

由于缺乏父母看得见、摸得着的关爱，较之父母都在身边的孩子，留守儿童获得的情感支持要少得多，多是一人面对与解决生活和学习中的压力与困难。留守儿童的留守生活开始时间早，并具有长期性、持续性的特点。父母长期外出务工，会影响留守儿童与父母的安全型依恋关系的形成。研究者通过回溯性深度访谈发现，过生日、来例假、生病、考试没考好、被老师或同学误解，在这些最渴望关爱、最为脆弱的节点，留守儿童的父母一般都不在其身边，等父母回到其身边，留守儿童发现自己与父母已经变得“想着找话说”。经年累月空间上的远离造成了情感上的疏远，陪读妈妈童年时期与父母多为“回避型不安全依恋关系”。留守经历作为农村陪读妈妈童年时期最重要的生命事件，对其与父母的相处模式、依恋关系、社会认知、情绪发展、人际交往都产生了长期且持续性的影响。

三、离乡离家、长期租房陪读——生命轨迹中的重要转向

2000 年，为集中教学资源，提升教学质量，实现规模效应，全国各地陆续实施“撤点并校”。2000—2010 年，在大规模的撤点并校后，农村中小学减少近 30 万所，平均每一天就会消失 63 所农村小学、3 所农村初中。宁夏回族自治区教育厅统计数据显示，2006 年偏远教学点共有 522 所，2010 年为 283 所，减少了 239 所。2012 年 9 月，国务院办公厅颁布了《关于规范农村义务教育学校布局调整的意见》，明确提出“坚决制止盲目撤并农村义务教育学校”，“在完成农村义务教育学校布局专项规划备案之前，暂停农村义务教育学校撤并”，正式叫停了撤点并校。

撤点并校对调整农村中小学学校布局、优化农村教育资源配置起到了积极作用，但是撤点并校后农村中小学数量骤减，学生上学距离大幅增加，路途安全隐患出现。因此一部分农村妈妈选择租房陪读。

> C02（28 岁，女儿 6 岁半，儿子 4 岁）：我那时候上的村里头的小学，小学后来没了。现在离我们最近的是 Z 镇的 W 小学，有个十二三公里，本来我想骑个电动车接送，老人说冬天太受罪了，到学校灌一肚子凉气，以后会落下病的。实在没法，就租房了。
>
> C10（37 岁，儿子 12 岁）：我们周围就没有初中，只能到南郑区上 C 中学，离家 50 多公里呢，不租房上学根本跑不赢（方言：来不及）。

童年时期的留守经历使农村陪读妈妈显著倾向于采取亲子陪伴，明确排斥孩子成为留守儿童。

> C01（27 岁，女儿 5 岁）：怎么都不会再让我女子（方言：女儿）像我小时候那样，太可怜了。陪读我肯定得跟着去，爷奶去陪读，只能管个吃饱穿暖。
>
> C03（29 岁，儿子 7 岁）：结婚以后就给对象说了，有了娃以后，我是不会出去打工的，娃我要自己经管，娃到哪读书我就到哪。
>
> C05（32 岁，大女儿 9 岁，小女儿 6 岁半）：我老公因为爸妈一直在身边，干啥事情都有人撑腰，说话办事就是比我硬气。他老说我，“你咋啥事都觉得自己不行呢，你又不比别人少啥”。唉，爸妈在不在小娃身边，长大以后真的不一样。我是俩女子，当妈的不在身边陪着，咋能放心呢。
>
> C07：（33 岁，女儿 10 岁，儿子 7 岁）：一个人经管俩娃，没人搭把手，大小事情都得靠自己，咋能不累？可再累，没人能管我俩娃叫“留守儿童”了。

生命轨迹是指在生命跨度以内诸如工作、婚姻、生育等的发展轨迹，依据角色发生的先后次序而建立，并且反映了人在较长时期内的生命模式。农村陪读妈妈在陪读之前，生命轨迹与众多女性并无不同：接受学校教育、离开父母独立生活、结婚、生育。但那些曾加之于陪读妈妈留守童年时期的孤独、恐惧、胆怯、无助、自卑，会在个体成长的生命体验中自行复刻，反复循环，与父母的疏离关系在成年以后也难以得到完全修复。童年时期“留守”这一特殊生命事件对农村陪读妈妈的个体生命历程产生了深远影响。农村陪读妈妈的陪读选择与其童年留守生命事件具有内在关联。同时，义务教育相关政策调整，教育资源差异的逐渐扩大作为社会变迁要素，引发了陪读妈妈生命轨迹中的一个重要转向——离乡离家、长期租房陪读。

四、移动互联网使用——农村陪读妈妈留守童年的替代补偿与自我治愈

1. 陪读伊始：横向藤蔓式社交的积极拓展与铺陈

孩子中小学阶段，妈妈去县城租房陪读现象比较普遍，陪读妈妈年龄 40 岁及以下的占 50.62%，趋于年轻化。父亲外出务工，孩子在县城就学，母亲陪读成为农村家庭分工决策的主要形式，占总数的 38.66%。

农村陪读妈妈离开家庭、家族与乡亲邻里，接触陌生环境，失去了村支部书记—村委会主任—生产小组组长—妇女队长的上下纵贯的具有约束性与归属感的层级式社会纽带，也远离了乡亲邻里左右扩展的藤蔓式社会纽带。在陪读妈妈的成长经历中，由于父母外出务工，较少参与子女的教育，因此其个人发展受到了制约。虽然陪读妈妈的个人发展基本定型，实现自身阶层上升较为困难，但是她们在自己孩子的教育中投入大量精力，希望在孩子身上弥补自己童年的缺失。父辈的社会地位和社会资本影响了子女的教育机会与职业位置，社会分层机制在代际和个体生命历程中相对稳定。农村陪读妈妈表现出强烈改变孩子农村居民身份的愿望，她们从自己的成长经历中清晰地认识到，户口和学历是影响她们获得生活机会的主要因素，没有父辈的社会地位和社会资本加持，读书就是改变孩子命运的最重要路径。农村陪读妈妈坚信离乡离家、租房陪读可以让孩子获得更好的受教育机会，陪读伊始，就满怀希望、积极主动地拓展自己的社会交往。

> C01：女子三岁的时候，我就开始考虑租房在县城上幼儿园的事情，家里老人觉得上个幼儿园去县城租房没必要，我不这样想，县城幼儿园的老师、伙食、环境就是比村里民办的幼儿园强许多。我当然也觉得麻缠（方言：很麻烦），但是为了女子，再麻缠也得整。这个院子一共住了七户，都是陪娃上学的，我们有一个微信群，我就勤快些，多打听，哪里的菜便宜分量足，哪里买肉放心，在哪可以给报舞蹈班，群里的人都挺热心的，我现在每天都要翻翻群，看有啥新消息没。我还参加了家委会，经常给老师帮个忙，这样老师也会对我女子多关注些。
>
> C02：我一直是一个不擅长和人打交道的人，那时候想起要一个人带女子

租房读书就比较发愁。到哪找房子呀？房东人咋样？周围人好不好相处啊？但我后来发现，带着女子来Z镇上小学以后，自己也就变强了，到处联系租房群，都有照片，有的还有视频，可以提前联系去看，看了几家，定的这家，每月贵个50元，但是房子大还干净。

陪读妈妈高度集中在距离W小学、C中学较近且房租相对便宜的区域，形成了“陪读圈”。孩子9月份入读一年级的陪读妈妈一般从5月份开始寻找租房信息，她们通过微信，主动加入租房信息群，确定租住房屋以后，又加入租住同一房东房子的陪读妈妈群。开学以后积极组建班级QQ群、微信群，报名参加家长委员会的意愿较高。新陪读妈妈主动利用各类社交媒体，编织集房东、租住同一房东房屋的陪读妈妈、周边陪读妈妈、同学妈妈在内的横向藤蔓式社会纽带。社交媒体的频繁使用加快了新陪读妈妈融入当地环境的进度，同时面对面的线下交往也交错进行，使陪读妈妈能够较为顺利地铺陈与拓展自己与租住地之间的藤蔓式社会纽带。

2. 陪读中期：亲子冲突与自我认同危机

陪读妈妈在孩子入学一学期后，基本适应了陪读生活。每天早起做花样不同的早餐，搭配好孩子穿的衣服，关注老师在群里发的每一条信息，晚上认真辅导孩子做每一科作业。研究者通过参与式观察发现，陪读妈妈把孩子送到学校大门后，会在门口一直逗留，直到保安人员不停催促；会在孩子做广播操的大课间，站在校园铁栅栏外面，目不转睛地盯着孩子活动。可以说，陪读妈妈对孩子生活的照顾无微不至。

亲子冲突产生于共同关注焦点、共同理解、彼此意图的识别以及情感状态共享的偏差。陪读早期，亲子亲和关系良好，情感联结紧密，亲子之间互动交流频度高。在日复一日的陪读过程中，陪读妈妈逐渐对自身角色、自己与孩子的关系产生困惑，这种困惑在陪读三年以上的妈妈中表现更为明显。陪读妈妈因为在童年时期就渴望像父母都在身边的孩子那样拥有密切的亲子依赖关系，希望能在孩子身上对自己童年缺失的那种父母关爱进行补偿，所以对孩子的情绪反应较为敏感，对孩子的各项需求保持高度回应状态。但是随着孩子年龄的增长、认知的发展、同伴之间的比较，特别是进入青春期后，孩子独立自主意识越发强烈，对妈妈加之自己生活的密不透风的控制表现出不同程度的不满甚至对抗情绪，对妈妈的陪读行为也逐渐表现出不以为意的态度。

C04（31岁，女儿10岁）：有一次我做完早饭看女子吃，我说：“你看妈妈多辛苦，每天六点起来换着花样给你做早饭。”女子头都没抬，说：“谁让你起来做早饭的，同学们的零花钱都比我多，早上可以买自己喜欢的东西吃。”唉，她小的时候很懂事，我有一次摘豆角，就知道给我搬个小凳子过来，怎么越大还越体谅不了大人。我一个人离乡背井地陪她来读书，容易吗！

C06（32岁，儿子10岁）：有一次我看娃班级群表扬听写好的孩子，没有我娃的名字，等他放学回来就随口问他：“我看老师今天听写表扬，咋没有你？”

没想到他像头狮子一样冲我发火："你每天都盯着我，自己整天刷抖音，光让我学，烦死啦！"我听后很长时间都没有缓过劲，娃说的话太伤我了。

陪读妈妈对孩子的成绩格外在意，孩子一次单元测试不理想，也会引起陪读妈妈情绪的波动。适度的替代补偿有益于陪读妈妈对童年留守经历的负面影响进行消解与转化。但如果这种替代补偿转为对孩子的严格控制，则会导致孩子的反抗与对立。面对孩子的这种反抗与对立，陪读妈妈显然缺乏心理准备。陪读妈妈对自我形象定位的核心是富有牺牲精神的妈妈，而逐渐步入青春期的孩子则认为，妈妈不去工作来陪读是没有必要、逃避工作、享清闲、自己看手机轻松打发时间，却要时时逼自己学。陪读妈妈无法从孩子那里得到投射性认同，反而获得的是不以为意，甚至负面的评价。这两者之间的迥然差异，使陪读妈妈产生了自我认同危机。

3. 陪读后期：在转变与突围中进行自我认同重构

"自我认同获得"能够催生一系列积极的影响，如高自尊、高认知灵活性、更成熟的道德推理能力、更明确的目标设定及更好的目标实现。对陪读妈妈来说，丈夫外出务工，自己离开家庭居住地，长期租住别人的房子生活，一切以孩子为中心，心情有时比较苦闷，抖音、快手等短视频平台给陪读妈妈提供了一个心灵栖息的场所。研究者通过回溯性深度访谈发现，农村陪读妈妈倾向于在具有相同生活背景、相似社会经历和际遇的同伴中寻找认同和归属，除了和周边的陪读妈妈诉说，她们会有意识地在抖音上关注、点赞、转发全职主妇、陪读妈妈的相关视频，通过这些行为获取陪读价值的外部力量认同，再次确认自己的陪读选择是值得的，是实现孩子上好小学、好中学乃至考上大学，成为大城市一员的重要途径。短视频中的全职主妇、陪读妈妈促成了农村陪读妈妈对群体共同性的深刻认识，有助于群体认同感的形成。农村陪读妈妈借助抖音、快手等短视频平台，寻求具有操作性的亲子矛盾解决方案，积极尝试借助短视频抱团取暖、舒缓情绪、学习经验。同时，农村陪读妈妈也在努力寻找自己的职业身份。

C08（34 岁，儿子 11 岁）：抖音上有一个"玩霸妈妈"，她就是全职妈妈，一边带孩子，一边在抖音上教大家怎么教育孩子，比如写作业磨蹭可以给娃买个计时器，语文要大声朗读，不要默读，给娃床头贴一个周计划表，完成一项打钩一项，一星期全部完成就给奖励。这些法子我都试过，还挺有用。

C09（35 岁，儿子 10 岁，女儿 7 岁）：我喜欢看陪读妈妈如何把孩子培养成才的，每天都在抖音上看"陪伴教育刘称莲"。为了看得清楚，我专门买了一个华为的平板。刘称莲说家有两个孩子的，老大的作用特别大，老大学得好，不用你多说，老二就会跟着学。刘称莲带着女儿从山西一个小县城到北京，租着十平方米的房子，后来把女儿培养到北大了，国家掏钱又去美国读书了。人家那时候比我可艰苦多了，我就觉得陪读这一步走得还是对的。

C10（37 岁，儿子 12 岁）：我爱刷快手上的农村短剧，张家长李家短的，挺有意思，也不长。后来想着不能这样下去，我也得给娃做个样子，不能成天在出租屋窝着，找了一个超市理货员的工作，挣得不多，好在时间灵活，觉得自己比以前有精神，娃也说我脾气好多了。

农村陪读妈妈既承担着陪读妈妈、留守妻子的家庭角色，同时具有临时工或失业人群的社会身份，并在这些多元交织的家庭角色与社会身份中动态切换。在流动妇女研究中，有研究者提出了“锚定的流动性”（anchored mobility）或“不能动的流动性”（immobile mobility）理论。陪读妈妈虽然属于流动人口，但因为一个人照顾孩子，工作的选择度小。陪读三年以上的妈妈多在周边饭馆、超市、菜市场、蛋糕店、理发店、民宿找一份工作，虽然这份工作相对不稳定又薪水微薄，但是有了收入，能接触到外部人群，这些给了陪读妈妈自信。同时，抖音、快手等短视频平台上的陪读妈妈内容给予了农村陪读妈妈重要的心理慰藉与社会支持，使她们从自我认同的困境中一步一步突围，逐渐重塑自我及延伸社会关系半径。

陪读五年以上的妈妈，孩子基本进入小升初阶段。虽然孩子脱离农村在县城上学，但他们在县城里并没有自己的家，依旧是县城里的“陌生人”；倘若考不上县城里的高中，还是要回家务农或外出打工。不同于在城市的女性务工人员希望留在所在城市，农村陪读妈妈并不希望留在孩子上学的这个县城。孩子考入县城高中以后，陪读妈妈一般会设想在孩子进入大学以后，她们可以跟随在外务工的丈夫去同一城市打工，还有一部分陪读妈妈考虑去孩子以后上大学的城市务工。虽然她们的陪读时间大多从孩子小学贯穿到高中，但对她们而言，陪读只是其生命历程中暂时停泊的码头，她们终究要脱离并开启新的航程。孩子进入初中高年级的陪读妈妈们偏好使用今日头条、腾讯新闻、央视新闻、人民日报、新华社等新闻类App，通过这类App查询升学信息，搜集时事新闻、学科讲解及试题，有的陪读妈妈会把App的所在城市调到西安或是孩子向往大学的城市。陪读妈妈利用各类新闻类App，为脱离陪读生活做好心理预备与知识储备，为自己与孩子融入未来城市生活做了先期铺垫。农村陪读妈妈会逐渐从对孩子生活全面的操控者转为与孩子共进退的伙伴。

C11（38岁，女儿14岁，儿子10岁）：我不太刷抖音了，太浪费时间。女子初二了，我现在白天在蛋糕店打工，晚上就打开腾讯新闻给女子收集一些新闻收藏起来。手机太伤眼睛了，我买了一个最大型号的平板，让她每天看看。政治要积累哩，平时多看些国家大事，中考的时候就不会着急忙慌了。

C12（39岁，儿子15岁）：娃在C中学是年级前十，我每天都看“今日头条”，查一查工大附中、铁一中、交大附中、师大附中有没有收插班生的消息。班主任说，去年初二有一个娃就通过插班生考试被工大附中录取了。今日头条上还有人发“西安五大”的月考、期中、期末试题，我专门买了一个打印机，给娃打出来，让娃做，娃说这些题都比他们学校出得灵活。

C13（40岁，女儿17岁，儿子13岁）：我爱看“小贝饿了”，她粉丝特别多。小贝是农林科技大的，以前我都不知道，还是重点大学呢。小贝爱去西安好多大学介绍各种好吃的，交大、西工大、陕师大、理工大，那些大学校园都很大，图书馆也气派。女子能考上陕师大就好了。小贝说了，师范类不愁饭碗，师大的伙食也是西安大学里面最好的。

重要生活事件可以快速锚定对个人最具影响力的互动场景，且所包含行动的意义仅仅产生于人们能够回忆起来且进行反思的时候，只有那些在反思中被触及的感受才是有意义的。农村陪读妈妈在转变与突围中进行自我认同重构。在这个过程中，陪读妈妈疗愈自己，明白了童年时期的留守境遇不能归咎于个人原因。给孩子提供恰当、稳定和持续的关怀，自己与孩子之间依赖、信任的亲子关系也能帮助陪读妈妈修复童年创伤，挖掘自身本就具有的力量，不愉快的生命体验不具有代际传承性。

C09：在陪读前，我挺害怕的，一个人带俩孩子成不成啊，出来以后发现也没想得那么难。十几岁的时候，我最烦心的就是我的牙，爸妈出去打工，没人告诉我长牙的时候不要舔，后来牙都呲出来了，我从来不敢笑，那时候特想当牙医，后来上了护校。要是一直在家，那我整天就是带俩娃，护校就白上了。出来以后，头两年，人生地不熟的，后来慢慢好起来了，在这里一个牙科诊所找到一份工作，现在帮人洗牙都没问题。以前心里挺怨我爸妈的，为啥带弟弟去城里上学，把我留老家，现在自己带俩娃在外面上学，感觉娃到外面上学花费确实大，哪哪都要钱。爸妈也是想让我和弟弟都好，可是挣的钱是有数的呀，也是实在没法啊。孩子爸爸在南方打工，我在这里，儿子女子都没耽误，这里教学质量比我们山区那儿强得多，我觉得自己这个妈还当得真不错。

C10：我在超市理货，娃放寒暑假，我没法管他，就得送回去。娃一回去，我就睡不好，担心娃玩手机，爷婆管不住，吃一些乱七八糟的小食品，不好好吃饭，害怕他一个人去河边耍。小学我有一次没考好，老师说我不好好学，退步大得很。我很委屈，我明明好好学了，给我妈打电话，我妈说："啥事情，快说，还忙着哩。"我当时啥也没说，就挂了，心里特别难受。从那以后，有啥事情都不和她说了。现在我边陪读边打工，也明白了，哪有不疼自己女子的妈，在外打工，挣人家的钱就得听人家的安排，由不得自己啊。现在只要不忙了，都问问我妈有没有按时吃高血压药，缺不缺啥，感觉比我当姑娘时，倒是和我妈更有话说了。现在娃能在身边，自己也没闲着，心里挺踏实的。我现在进货、理货都有经验，想着再和娃他爸攒些本钱，以后在学校周围也开个小便利店。

五、结论与讨论：留守童年的替代补偿与自我治愈激发农村陪读妈妈社会性发展

生命历程研究试图将社会结构的变化与个体发展连接在一起，强调生命历程与社会变迁的紧密联系。同时，也认同个体是在社会结构框架之中有选择地推进自我生命历程的。个人能动作用与自主选择使得实际社会变迁与个人生命历程之间存在

较为松散的匹配。

个体的生命历程是嵌在社会结构框架下与个体所经历的事件之中的，这些生命事件在个体的生命历程中留下了难以磨灭的印记，通过影响个体的生活选择而影响个体整个生命历程的走向。生命历程理论视角下人的社会性发展是社会性组织和社会性影响的结果。生命历程将个体生活和社会变迁、生命的时间性、相互联系或独立的生命、能动性等联系在一起，研究不断流逝的时间和不断变动的情景中个人的生活和发展。社会性发展是个体与社会系统的相互作用以及在这个作用过程中对社会事物的认识和适应过程及其结果。农村陪读妈妈童年留守的生命事件对她们的社会认知发展具有重要影响。撤点并校的教育政策变迁与个人自主选择的相互作用中，构造出了“陪读”这一特殊生命历程，在这一生命历程中，农村陪读妈妈通过与孩子的朝夕陪伴进行留守童年的替代补偿。在自我认同重构中，个人的行为模式、情感、态度和观念转变，长期积累的负面情感体验得到部分释放与转化，在斡旋与接纳中成长，逐步进行自我治愈。陪读妈妈在童年留守经历的替代补偿与自我治愈过程中，也主动、积极地在社会认知、社会行为、社会态度方面推进了自己的社会性发展。

案例思考

在这项调研中，为什么在线回溯性深度访谈成为首选的调研方法？

第十章

市场调研数据分析

本章学习目标

1. 理解数据分析的特点与性质
2. 掌握单变量与双变量数据分析的实施
3. 掌握相关分析、线性回归与二分类 logistic 回归分析的含义与构成

第一节　数据分析的特点与性质

市场调研中的所有环节相互联系、相互依赖。数据分析属于市场调研后期阶段，数据分析是否有深度、有力量，要依赖市场调研的前期步骤，特别是问卷设计与执行阶段。数据分析是运用建立在应用数学基础之上的各种方法去收集、整理和分析事物量的资料的工作过程，用一句更形象的话来说，就是让数据开口说话。没有经过分析的数据呈现出来的仅仅是繁多的、孤立的散点，而不是有意义的、可以帮助客户做出可预见的决策的有效数据集合。

一、数据分析的概念与特点

我们进行数据分析是为了从数据中提取有意义的观点，进而产生有效、可信的结果以帮助回答所调研的问题。

（一）数据分析的概念

所谓数据分析，就是通过系统而严谨的方式，透过大量数据寻求本质。数据分析所能达到的深度与广度，在相当大的程度上决定了整个市场调研所能达到的水平。

（二）数据分析的特点

数据分析具有以下几个特点。

（1）数量性：目的是反映数量的现状和发展。

（2）工具性：数据分析是调查的方法和工具。

（3）客观性：如实反映数据所传达的信息。

（4）综合性：系统分析数据的所有变量、因素。

（5）科学性：建立在应用数学基础之上，具有科学依据。

二、数据分析的内容和步骤

（一）内容

数据分析主要包括两方面内容：一是描述统计，指对调查获得的大量数据资料进行系统描述，通过统计，使之从不同方面反映出大量资料所包含的数量特征和数量关系。二是推论统计，指在描述统计的基础上，应用概率理论，从样本的有限资料中已经显露出来的信息去推断总体的一般情形。

（二）步骤

数据分析的步骤一般为：确定目的和任务；进行数据资料整理；确定变量类型，选用统计方法；计算统计值；最后进行数据的描述与推论。

需要注意的是，数据分析并不是在拿到数据以后才开始的，而是早在问卷设计阶段，就需要有一个总体的数据分析思路与框架，包括：数据分析的重点放在哪几个部分，想要验证的主要假设是什么，分为几个维度，进一步具体到哪些题要做列联表进行交叉分析，哪些题之间需要推导相关关系，等等。问卷是数据分析的导航，若甩开前期的问卷设计思路进行数据分析，就会迷失在零散而孤立的数据中。

三、个案、变量与值

由问题和回答组成的一份问卷就是一个个案（case）。如果样本由 275 份有效问卷组成，那么就拥有了 275 个个案。为了快速识别个案，给每个个案分配一个序列号。在这个由 275 个个案组成的样本中，问卷的编号就是从 001 到 275。对于每个个案，也就是每份问卷而言，每一个问题所包含的信息被称为变量，基于这些问题做出的回答称为值。

在分析变量之间的相关程度时，我们经常需要定义自变量与因变量。自变量是指那些可以影响因变量结果的变量。

四、数据录入

当一份问卷是通过计算机辅助完成的时，数据录入（data entry）过程，即把问卷中的回答移入数据表，就自动完成了。如果使用的是纸质问卷，就必须通过数据录入的过程转化回答结果。对一项分析项目而言，数据必须呈现为规则的、可预测的格式。对大多数数据集来说，数据多以表格的形式呈现出来，也就是电子表格或统计软件包（如 SAS、Stata 和 SPSS）中所呈现的。表格是由以个案组成的行和以变量组成的列共同构成的，每一行中的数据是由个案构成的，每一列则是由编号代码构成的变量。将问卷中的回答转化成分析阶段所用的编号代码的过程就是数据录入。

业界之声

SPSS 为 IBM 公司推出的一系列用于统计学分析运算、数据挖掘、预测分析和决策支持任务的软件产品及相关服务的总称。

1968 年，美国斯坦福大学的三名研究生诺曼·H. 尼（Norman H. Nie）、C. 哈德莱·赫尔（C. Hadlai Hull）和戴尔·H. 本特（Dale H. Bent）成功研发了 SPSS，同时成立了 SPSS 公司，并于 1975 年成立法人组织，在芝加哥组建了 SPSS 总部。

2009 年 7 月 28 日，IBM 公司宣布将用 12 亿美元收购 SPSS 公司，并将其更名为 IBM SPSS Statistics（见图 10－1）。迄今，SPSS 公司已有 50 余年的成长历史。

SPSS 分析结果清晰、直观，而且可以直接读取 Excel 及 DBF 数据文件，现已推广到各种操作系统的计算机上，和 SAS、Stata 并称为国际上最有影响力的三大统计软件。在国际学术交流中，凡是用 SPSS 软件完成的计算和统计分析，可以不必说明算法，由此可见其影响之大和信誉之高。

图 10－1　IBM SPSS Statistics 26 版本界面

SPSS在我国社会科学、自然科学的各个领域都发挥了巨大作用。该软件被广泛应用于经济学、金融学、统计学、物流管理、生物学、心理学、地理学、医疗卫生、体育、农业、林业等各个领域。

第二节　单变量数据分析

单变量数据分析与双变量数据分析都属于描述性数据分析，是基础而又非常实用的数据分析方式，使用该种分析方式能帮助我们理解数据的基本形态。

一、单变量数据分析的概念

所谓单变量数据分析，就是关于一个变量的数据分析。简要来说，单变量数据分析主要包括使用频率计数和频率分布来总结或描述回答，计算描述性统计中的集中趋势以及变量的分布情况。单变量数据分析包括集中趋势和离散趋势两个方向。

二、频率计数

频率计数（frequency counts）就是统计问卷中某个应答在数据集中出现的次数。拿到数据后，首先应该做的是对每个变量值进行频数统计。频数统计使用饼图十分合适。如果想强调某个部分，也可以将其分离出来。如果组成部分过多，饼图就不合适了。在实践中，有的调研人员喜欢将两个饼图进行并列比较，但是并列比较中数据表达的清晰度是会受到影响的。

三、集中趋势

集中趋势能够表明所分析的数据在一定时间、空间条件下的共同性质和一般水平。

（一）集中趋势的概念

集中趋势是指一组数据向某一个典型值或代表值集中的情况。如根据《中国居民营养与慢性病状况报告（2020年）》，我国18～44岁男性和女性的平均身高分别为 169.7 厘米和 158 厘米，与 2015 年相比分别增加了 1.2 厘米和 0.8 厘米。由于整个变量数列是以平均数为中心上下波动的，所以平均数反映了总体分布的集中趋势，是表明总体分布的一个重要特征值。

（二）集中趋势分析的意义

集中趋势分析可以说明所调研数据在一定条件下的共同性质，可以对数据的特征从数量方面在时间与空间上进行比较，可以分析数据之间的相互依存关系。

（三）集中趋势的主要表现形式

表现数据集中趋势的主要形式有：平均数（mean）、众数（mode）和中位数（median）。平均数是一个良好的集中量数，它反应灵敏、确定严密、简明易解、计算简单，适合进一步演算，且较小受抽样变化的影响。

1. 算术平均数

算术平均数（arithmetic mean）又称均值，是统计学中最基本、最常用的一种平均指标，分为简单算术平均数、加权算术平均数。

（1）简单算术平均数。

简单算术平均数主要用于未分组的原始数据。设一组数据为 x_1，x_2，…，x_n，简单算术平均数的计算公式为：

$$M=(x_1+x_2+\cdots+x_n)/n。$$

（2）加权算术平均数。

在数据资料比较多，且已编制成变量数列的情况下，就要计算加权算术平均数。公式为：

$$\bar{x}=(x_1f_1+x_2f_2+\cdots+x_nf_n)/(f_1+f_2+\cdots+f_n)=\sum_{i=1}^{n}x_if_i\Big/\sum_{i=1}^{n}f_i$$

其中，f 为权数，即变量在总体中出现的次数。

变量数列可分为单项数列（单项分组）和组距数列（组距分组），计算加权算术平均数的方法也有两种。

对单项分组资料求算术平均值。计算公式为：

$$\bar{x}=\sum_{i=1}^{n}x_if_i\Big/\sum_{i=1}^{n}f_i$$

如将考试成绩分为 1～5 分，将技术等级分为八级，计算均值。

对组距分组资料求算术平均值，这种方法更为常用。计算公式为：

$$\bar{x}=\sum_{i=1}^{n}x_{mid}f_i\Big/\sum_{i=1}^{n}f_i$$

其中，x_{mid} 表示各组组中值；f_i 表示每组次数。组中值 x_{mid} =（上限+下限）/2。

下面举例说明加权算术平均数的计算，假设某班 60 名同学某课程的考试分数如表 10-1 所示，那么：

全班同学的考试分数均值=4 640/60≈77.3

表 10-1 某班 60 名同学某课程的考试分数

分数	X_{mid}	学生数（f_i）	$X_{mid}f_i$
60 分以下	55	4	220
60～70	65	10	650
70～80	75	20	1 500
80～90	85	20	1 700
90 分以上	95	6	570
合计	—	60	4 640

（3）加权算术平均数的特殊应用。

在某些情况下，可根据总体中各总体单位的某一标志划分的不同评分比例来计算算术平均数。

例如，假设两名体操运动员的得分情况如表 10-2 所示。

表 10-2 两名体操运动员的得分情况

项目	评分		比例（%）	评分×比重	
	甲	乙		甲	乙
规定动作	9.85	9.75	60	5.91	5.85
自选动作	9.90	10.00	40	3.96	4.00
合计	19.75	19.75	100	9.87	9.85

在没有设定规定动作和自选动作的比例时，两名体操运动员的分数是一样的，都是 19.75。在设定了比例后，甲的平均分为 9.87，乙的平均分为 9.85，甲的成绩就优于乙了。

2. 中位数

中位数是指一组数据按大小顺序排列的情况下处于中间位置上的数值。在测定中位数时，需先按照某一标志的特征的高低、优劣、大小等对所有数据加以排列，然后确定其中心位置，并根据观察或计算得出中位数。

$$中位数位置 = (n+1)/2$$

如果数据的个数是奇数，则在中间位置的数值就是中位数。如 7 名同学的考试成绩由低到高依次为：60、68、72、75、79、80、83。那么中间数位置=（7+1）/2=4，即第 4 名学生的分数 75 是中位数。

如果数据的个数是偶数，则居于中间位置的两个数值的平均数是中位数。如 8 名同学的考试成绩为：60、68、72、75、79、80、83、87。那么中间数位置＝（8＋1)/2＝4.5，第 4、5 名学生的分数是 75、79，两者的平均数 77 则是中位数。

3. 众数

众数是指在数据中出现次数最多的一个数值。只有在总体单位数较多，且有明显集中趋势的资料中才能计算众数。

4. 平均数、众数、中位数之间的关系

如果数列属于标准正态分布，不论哪个方向都没有偏态，平均数、众数和中位数则具有相同值。如果数列分布偏离中心或非对称，即平均数一侧的值多于另一侧，那么平均数、众数和中位数具有不同的值（见图 10－2)。正偏态就是平均数以上的数值多于平均数以下的数值；负偏态就是平均数以下的数值多于平均数以上的数值。

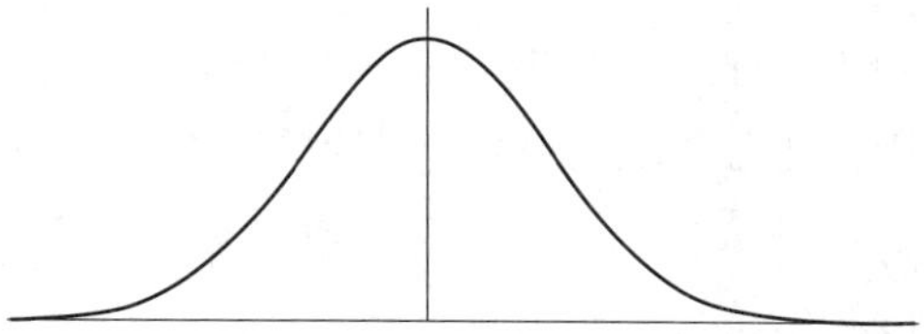

(a) 对称分布

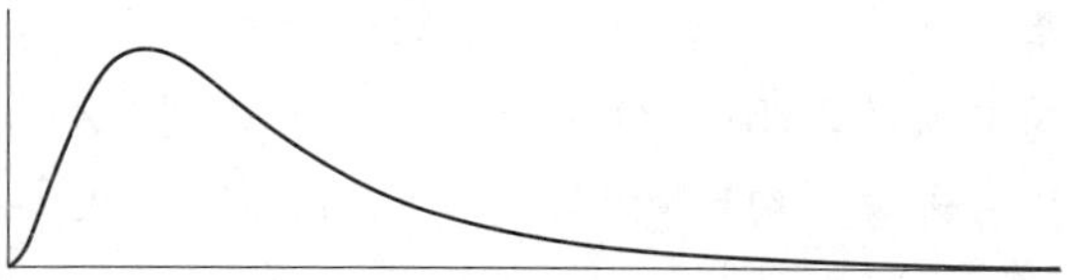

(b) 偏态分布

图 10－2　数列的对称分布与偏态分布

标准正态分布钟形曲线是完全对称分布的，所以平均数、中位数与众数都位于对称中心，三者是相等的。

正态分布也叫常态分布，呈现正态分布的一组数据中，靠近中间高点的数值出现的概率要远大于在两侧出现的概率。自然界、人类社会中的大量现象均呈现为正态分布，例如身高、体重、考试成绩、收入等。

四、离散趋势

离散趋势是与集中趋势相对应的数据分布的特征。离散趋势值越大，集中趋势值的代表性越小。

(一)测量意义

离散趋势可以反映各个观测值个体之间的差异大小。集中趋势指明了一个变量的典型的值，而离散趋势则指出了数据的离散程度。

(二)测量指标

离散指标是用来测定总体各单位直接差异程度的统计指标，反映了变量值的离中趋势。离散指标主要包括极差、平均差、标准差。

1. 极差

极差（range）又称全距，是指观测变量的最大取值与最小取值之间的离差，也就是观测变量的最大观测值与最小观测值之间的区间跨度，一般用 R 表示。极差的计算公式为：

$$R=\max(x_i)-\min(x_i)$$

极差的优点在于计算简便，易于理解，可以反映变量值在一定范围内的波动情况；缺点在于方法粗略，只考虑两端数值差异，没有考虑中间数值差异的情况，因而不能全面反映总体各单位标志值的差异情况，准确性较差。要充分利用每一数据的信息，就需要均差和标准差。

2. 平均差

平均差（average deviation）是数列中各单位标志值同其算术平均数之间绝对离差的平均数，用 $A.D$ 表示，反映了数列中相互差异的标志值的平均离散水平或差异程度。根据掌握的数据不同，平均差有简单均差和加权式均差两种计量形式。

简单均差（simple average deviation）适用于未分组数据，其计算公式为：

$$A.D=\frac{\sum|x-\bar{x}|}{n}$$

式中，x 表示各变量值；$\bar{x}$ 表示算术平均数；n 为变量值的个数。

加权式均差（weighted average deviation）适用于分组数据，其计算公式为：

$$A.D=\frac{\sum|X-\overline{X}|f}{\sum f}$$

平均差的优点在于：第一，由于它是根据全部标志值与其算术平均数的绝对离差计算出来的变异指标，因而能全面反映标志值的差异程度。第二，其含义简明，易于理解，显然比极差精确得多。平均差的缺点在于：由于离差采用绝对值的形式，不考虑正负号，因此用这种方法计算得到的统计数值在性质上不是最优或最灵敏的，所以平均差在实际中应用不多，被广泛应用的是标准差。

3. 标准差

标准差（standard deviation）是反映数据分布离散程度的最重要指标。简单来说，标准差是一种测量观念，表示一组数值自平均值分散开来的程度。一个较大的标准差，代表大部分的数值和其平均值之间差异较大；一个较小的标准差，代表这些数值较接近平均值。

我们在数据分析中一般会运算样本标准差（S）。样本标准差表示各样本值与其平均数离差平方的算术平均数的平方根，反映一组数据中个体间的离散程度。其计算公式为：

$$S=\sqrt{\frac{\sum_{i=1}^{n}(X_i-\overline{X})^2}{n-1}}$$

如图 10－3 所示，两组数据 {1，4，9，14} 和 {5，6，8，9} 的平均值都是 7，但第二组数据中的数字明显与 7 距离更近。通过公式算出第一组数据的标准差约为 4.9，第二组数据的标准差约为 1.5，说明第二组数据的离散程度小于第一组数据。

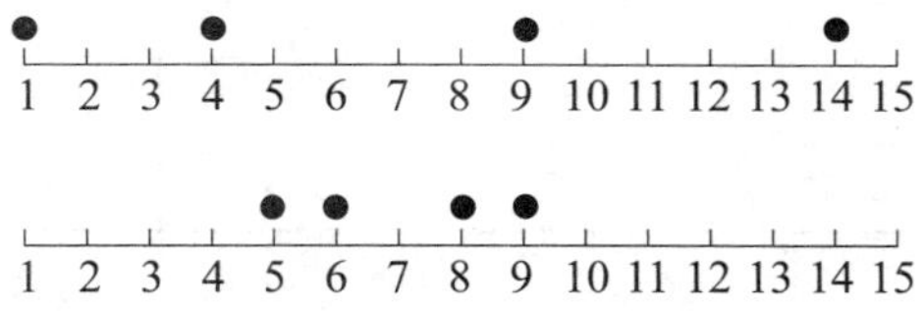

图 10－3 平均值相同，标准差却不同的两组数据

第三节 双变量数据分析

双变量数据分析不仅可以让我们看到变量间的相同点和不同点，更可以用于检视两者之间的关系。

一、自变量和因变量的确定

在谈及两个变量间的关系或假设检验时，我们常把一个变量定为自变量，把另一个定为因变量，因变量随自变量的变化而变化。这意味着我们需要确定哪个变量的变化影响着另一变量的改变，这种判断可以来自对权威文献的阅读、经典理论模型、前期探索性研究中得到的结论。

二、列联表

进行双变量数据分析时，最常用的工具是列联表，它是查看样本中的双变量数据最方便的方法。要有选择性地指定列联表中的变量，在设计问卷的时候就应该构思好列联表，否则会有被由此产生的大量数据淹没的风险，使分析失去重心。若想同时展现两个变量的数据图形，那么合适的有散点图、折线图和条形图，它们可以帮助确定两个变量间是否存在关联。制作散点图经常是进行相关分析的第一个步骤。

表 10－3 和图 10－4 是某研究中留守男童与留守女童的期末考试成绩档次分布的列联表和条形图。

表 10－3　留守男童与留守女童的期末考试成绩档次分布列联表

性别	上学期，你的期末考试总成绩在班级中的排名大概属于？					合计
	在前面	中等偏上	中等	中等偏下	在后面	
男	12	42	32	23	6	115
	10.4%	36.5%	27.8%	20.0%	5.2%	100.0%
女	23	56	50	13	3	145
	15.9%	38.6%	34.5%	9.0%	2.1%	100.0%
合计	35	98	82	36	9	260
	13.5%	37.7%	31.5%	13.8%	3.5%	100.0%

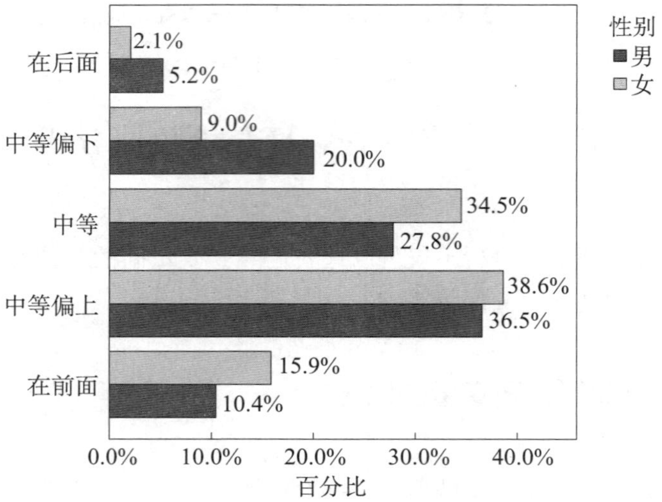

图 10－4　留守男童与留守女童的期末考试成绩档次分布条形图

通过基于留守儿童性别的期末考试成绩档次分布列联表和条形图我们可

以发现：10.4%的留守男童、15.9%的留守女童成绩名列前茅；64.3%的留守男童、73.1%的留守女童成绩处于中等偏上或中等水平；25.2%的留守男童成绩处于中等偏下或在后面，而处于同一水平的留守女童只有11.1%。从中可以看出：大部分留守儿童的学业成绩处于中等或中等偏上水平，留守女童的学习成绩总体优于留守男童。

实操与思考

多选题只能进行频率分析与列联表分析，而不能进行任何显著性差异、相关及回归等涉及统计检验的分析。理由是：多选题各项选项的比例相加大于1，违反了统计学统计检验的基本设定。

如果想进行显著性差异检验与相关检验，那么只能少设计多选题。但是对于消费者调研，特别是受众调研，把许多问题设计成单选题是违背现实情况的。

三、显著性差异检验

在统计学中，显著性差异检验的方法非常多，本教材主要讲授三种常用的显著性差异检验方法。

（一）显著性差异检验的原理

显著性差异检验的原理并不复杂。总的来说，如果要判断两组或多组数据是否存在显著差异，我们首先假定它们并不存在显著差异（即原假设 H_0）。如果检验过程拒绝了原假设，则表明存在显著差异。但是这种显著差异会不会是由偶然因素引起的呢？这就需要一个判定标准（decision rule）来决定。统计学家用“显著性水平”来描述这种判定标准。显著性水平在原假设和备择假设的选择过程中至关重要。假设我们现在决定检验一项显著性水平为0.05的假设，如果检验结果反映两组或多组数据存在差异，也就是说，这种差异只有低于5%的可能是由随机误差或抽样误差这种偶然因素引起的，那么我们将拒绝原假设，拒绝原假设就等于接受备择假设（H_1）。这时我们就可以说，两组或多组数据“在预设的置信水平下存在显著的统计性差异”。

显著性差异检验非常有用，每个检验结果都对有关数据关系的特定问题做出了回答。对于应答的百分比，人们最想了解的问题之一就是两组或多组数据之间是否存在显著性差异。如果采用了合适的方法进行显著性差异检验，就很容易回答相应的问题。

（二）分类变量与连续变量

要进行显著性差异检验，首先需要判断变量的性质，这决定着使用何种检验方法。

1. 分类变量

分类变量（categorical variable）是说明事物类别的变量，其取值为分类数据。如“性别”就是一个分类变量，其变量值为“男”或“女”；“文化程度”也是一个分类变量，其变量值可以为博士、硕士、学士、大专、中专、高中、初中等。职业也是问卷中常见的分类变量。

2. 连续变量

在一定区间内可以任意取值的变量称为连续变量，其数值是连续不断的，相邻两个数值之间可以无限分割，即可取无限个数值。例如，人的身高、体重、胸围等都是连续变量，其数值只能用测量或计量的方法取得。

实操与思考

收入到底算不算连续变量，这取决于问卷中该问题是怎么设计的。如果设计成直接填写收入金额，则为连续变量，其数值是连续不断的。如果设计成分段，如 3 000 元以下、3 000～5 000 元（含）、5 000～7 000 元（含）、7 000 元以上，则为分类变量。

考试成绩也是一样的道理。设计成直接填写分数则为连续变量，设计成优秀、良好、中等、合格、不合格五个等级，则为分类变量。

在实际的市场调研问卷中，分类变量更为多见。

请大家思考：问卷中的“受访者年龄”是分类变量还是连续变量？

（三）三种常用的显著性差异检验方法

1. 独立样本 T 检验

在市场调研中，独立样本 T 检验是较为频繁使用的显著性差异检验方法。独立样本 T 检验可以比较两组数据之间的差异有无统计学意义。

独立样本 T 检验的使用必须符合四个条件：

（1）两组数据均来自正态分布的总体。

（2）两组数据满足独立性。独立样本（independent samples）是指对一个样本内某变量的测定，不会影响到对另一样本内同一变量的测定结果。只要对一个总体中某变量的测定不会影响到另一个总体中同一变量的测定结果，就不需要进行两次调查。

（3）满足方差齐性，即两组数据与其均值的偏离程度基本相同。

（4）Y 为连续变量。

例如，要判定某班男生和女生的“市场调研与分析”课程期末考试成绩是否存在显著差异，可以对其进行独立样本 T 检验。检查两组数据是否满足独立样本 T 检验的四个条件：首先，男生和女生的“市场调研与分析”课程期末考试成绩是独立的两组数据。其次，通过柯尔莫哥洛夫-斯米尔诺夫检验，发现两组数据的显著性均为 0.2，大于 0.05，判定两组数据均服从正态分布。再次，莱文方差等同性检验的显著性为 0.109，大于 0.05，判定两组数据满足方差齐性。最后，期末考试成绩 Y 为连续变量。相关检验结果如表 10－4 和表 10－5 所示。

表 10－4　某班男生和女生的“市场调研与分析”课程期末考试成绩正态性检验结果

正态性检验							
	性别	柯尔莫哥洛夫-斯米尔诺夫检验			夏皮罗-威尔克检验		
		统计	自由度	显著性	统计	自由度	显著性
分数	男	0.139	21	0.200*	0.923	21	0.101
	女	0.152	20	0.200*	0.935	20	0.189

表 10－5　某班男生和女生的“市场调研与分析”课程期末考试成绩独立样本 T 检验结果

		莱文方差等同性检验				
		F	显著性	T	自由度	Sig.（双尾）
分数	假定等方差	2.693	0.109	−2.366	39	0.023
	不假定等方差	—	—	−2.390	34.604	0.022

独立样本 T 检验的 Sig.（显著性）值为 0.023，小于 0.05，可以得出结论：男生和女生的“市场调研与分析”课程期末考试成绩存在显著差异。

经典人物

安德雷·柯尔莫哥洛夫（1903—1987），苏联数学家，在概率论、算法信息论和拓扑学方面均有贡献，最为人所称道的是对概率论公理化做出的贡献。他曾说：“概率论作为数学学科，可以而且应该从公理开始建设，和几何、代数的路一样。”1939年，柯尔莫哥洛夫当选苏联科学院院士，还被选为荷兰皇家学会、英国皇家学会、美国国家科学院、法国科学院、罗马尼亚科学院以及其他多个国家科学院的院士。

我们在判别数据是否属于正态分布的时候，经常使用柯尔莫哥洛夫-斯米尔诺夫检验，若显著性大于 0.05，则说明数据服从正态分布。

2. 方差分析

与独立样本 T 检验不同的是，方差分析（简称 ANOVA）中 X 的组别可以是两组或多组。此外，方差分析的使用必须符合三个条件：

（1）数据均来自正态分布的总体。

（2）满足方差齐性。

（3）Y 为连续变量。

例如，我们想要判定新闻传播大类一班、二班与三班的“市场调研与分析”课程期末考试成绩是否存在显著差异，则可以对其进行方差分析。首先，通过柯尔莫哥洛夫-斯米尔诺夫检验发现显著性大于 0.05，判定数据服从正态分布；其次，方差齐性检验显著性大于 0.05，满足方差齐性；最后，Y（期末考试成绩）为连续变量，满足方差分析的三个条件。方差分析结果（见表 10－6）显示，单因素方差检验的显著性为 0.515，大于 0.05，可以得出结论：新闻传播大类一、二、三班的“市场调研与分析”课程期末考试成绩不存在显著差异。

表 10－6　新闻传播大类一、二、三班的“市场调研与分析”课程期末考试成绩方差分析结果

ANOVA					
期末考试成绩					
	平方和	自由度	均方	F	显著性
组间	225.032	2	112.516	0.668	0.515
组内	16 008.529	95	168.511	A	—
总计	16 233.561	97	—	—	—

3. 卡方检验

独立样本 T 检验与方差分析都要求 Y 为连续变量，可是我们知道，在市场调研的问卷调查中，Y 为分类变量的情况其实更为常见，那么这时候就需要卡方检验。卡方检验必须满足两个条件：

（1）R（行）×C（列）表中理论频数（又称为期望频数或期望计数）小于 5 的格子不能超过 20%。如果超过 20%，统计学认为这种卡方检验是有偏差的，从而是无效的。

（2）Y 为分类变量。

理论频数是怎么算出来的？假设一共有 200 人，其中患有肺病的有 28 人，健康的有 172 人，那么患病的理论概率是 28÷200，不患病的理论概率是 172÷200。然后把这 200 人分成吸烟的与不吸烟的两组，其中吸烟的有70 人，不吸烟的有 130 人。那么按理论概率计算，70 个吸烟的人里面，患病的人应该是 70×（28÷200），这样就算出吸烟并患有肺病的理论频数了。吸烟不患肺病，不吸烟患有肺病，不吸烟不患肺病的理论频数同理计算（见表 10－7）。

表 10－7　是否吸烟与是否患有肺病的理论频数表

	患有肺病	不患肺病
吸烟	70×（28÷200）	70×（172÷200）
不吸烟	130×（28÷200）	130×（172÷200）

例如，我们对男大学生与女大学生“如果有音乐会赠票，是否去看”的态度差异进行卡方检验，结果如表 10－8 所示，期望计数小于 5 的格子为 0.0%，皮尔逊卡方显著性为 0.005，小于 0.05，由此可以得出结论：男大学生与女大学生在“如果有音乐会赠票，是否去看”的态度上存在显著差异。

表 10－8　男大学生与女大学生“如果有音乐会赠票，是否去看”的态度差异卡方检验结果

	值	自由度	渐进显著性（双侧）
皮尔逊卡方	8.031	1	0.005
连续性修正	6.429	1	0.011
似然比	8.432	1	0.004
有效个案数	60	—	—

注：a. 皮尔逊卡方检验中，0 个单元格（0.0%）的期望计数小于 5。最小期望计数为 7.25。
b. 连续性修正仅针对 2×2 表进行计算。

表 10－9 比较了三种显著性差异检验方法的异同。

表 10－9　三种显著性差异检验方法比较

X 数据类型	X 级别	Y	分析方法
分类变量	仅两组	连续变量	独立样本 T 检验
分类变量	两组或多组	连续变量	方差分析
分类变量	两组或多组	分类变量	卡方检验

实操与思考

如果 R（行）×C（列）表中理论频数小于 5 的格子超过 20%，那么这种情况该怎么办呢？在数据处理过程中，通常有两种办法：

一是增大样本量。

二是将理论频数太小的格子与性质相近的格子进行合并，但这样会使数据信息受损。这种方法是为了卡方检验而卡方检验，失去了我们原本进行数据分析的初衷，不如直接呈现列联表。

作为一名调研人员，应明白的一点是：真实、简洁的数据呈现比整些貌似高深，实则对原始数据进行了“滤镜磨皮”的数据模型更有意义。

第四节　相关分析

若要认识和掌握客观规律，就必须探索现象间变量的变化规律。而变量间的相关关系，是探索变量变化规律的重要路径。

一、相关分析的概念

相关分析（correlation analysis）是指研究现象之间是否存在某种依存关系，并针对具体存在依存关系的现象，探讨其相关方向以及相关程度，即研究随机变量之间的相关关系的一种统计方法。例如，网络购物量与居民收入之间的关系；商品销售额与广告费支出之间的关系；居民收入水平与文化程度之间的关系；子女身高与父亲身高、母亲身高之间的关系。

在具有相关关系的两个变量中，作为根据的变量称自变量，一般用 x 表示；发生对应变化的变量称因变量，一般用 y 表示。例如，在商品消费量与居民收入之间，当居民收入发生变动时，商品消费量也会随之发生变动。所以，居民收入为自变量 x，商品消费量为因变量 y。又如，探讨大学生生活费与网络购物量之间的相关关系，大学生生活费为自变量 x，网络购物量为因变量 y。

二、相关关系的分类

相关关系可按相关程度、相关形式、相关关系的方向与相关关系影响因素的多少进行分类。

（一）按相关程度可分为：完全相关、不相关和不完全相关

完全相关是指相关现象之间能形成明确的函数关系。

不相关是指两现象之间各自独立，互不影响。

不完全相关是介于完全相关和不相关之间的一种相关关系。

（二）按相关形式可分为： 线性相关和非线性相关

在相关的两现象之间，如果一种现象的一个数值和另一现象相应的数值在直角坐标系中确定为一个点，各点组成的图像是一条线，则称为线性相关。如无此关系，则称为非线性相关。

（三）按相关关系的方向可分为：正相关和负相关

正相关是指自变量增长，因变量也随之增长，两个变量变动方向相同。负相关则相反。

（四）按相关关系影响因素的多少可分为：单相关和复相关

两个因素之间的相关关系称单相关，即只涉及一个自变量和一个因变量。一个因变量与一组自变量之间的相关关系称复相关，或多元相关。如大学生生活满意度及其影响因素之间的相关关系，专业兴趣、住宿环境、餐饮条件等都会影响到大学生生活的满意度。

在实际工作中，如存在多个自变量，可抓住其中主要的自变量，研究其与因变量间的相关关系，而控制另一些自变量不变，这时复相关可转化为偏相关。

图 10－5 显示了按相关程度、相关形式和相关关系的方向划分的六种相关关系类型。

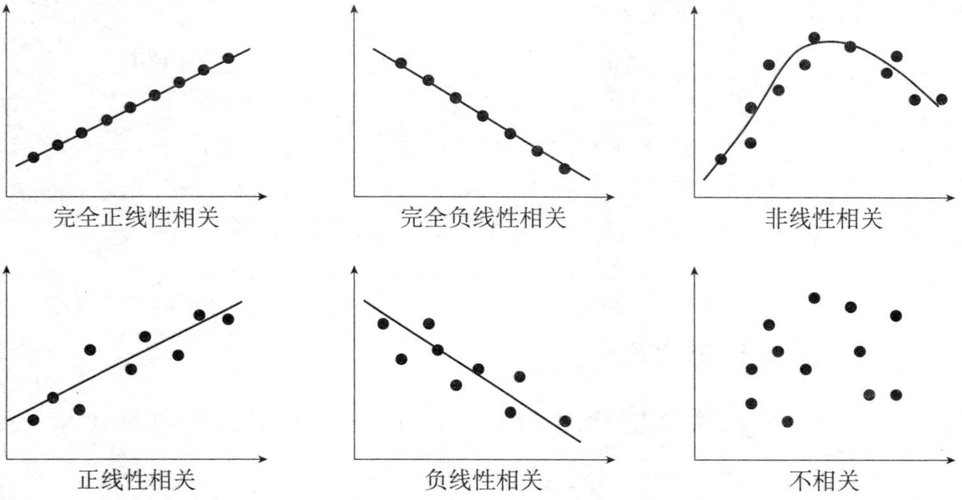

图 10－5　六种相关关系图示

三、相关分析的任务

在数据分析中，相关分析模块主要承担两个方面的任务：一方面，研究现象之间关系的密切程度。另一方面，在发现自变量与因变量之间存在高度相关关系之后，再用一个合适的数学模型近似地表达其相关关系，即进行回归分析。

四、皮尔逊相关系数

相关系数是表明两个现象之间相关关系的方向和密切程度的综合性指标，一般用样本数据计算，记为 r。

(一) 相关系数

相关系数是由统计学家卡尔·皮尔逊（Karl Pearson）设计的统计指标，是研究变量之间线性相关程度的量。卡尔·皮尔逊是英国数学家、生物统计学家，数理统计学的创立者，对生物统计学、气象学、社会达尔文主义理论和优生学做出了重大贡献。他被公认是描述统计学派的代表人物，并被誉为现代统计科学的创立者。

(二) r 的取值

r 的绝对值在 0 与 1 之间；r 的绝对值大小，可以说明现象之间相关关系的紧密程度，如图 10－6 所示。

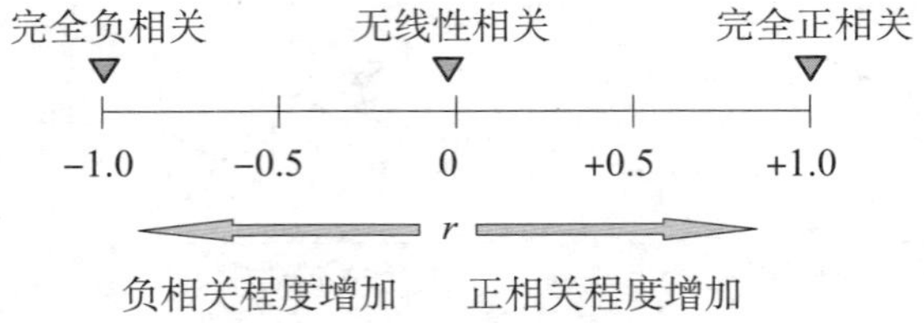

图 10－6　r 的取值与相关程度的关系

(三) r 的计算

计算 r，需要先分别计算出 x、y、x^2、y^2、xy 各自的和，再代入计算公式。

$$r=\frac{n\sum xy-\left(\sum x\right)\left(\sum y\right)}{\sqrt{n\sum x^2-\left(\sum x\right)^2}\sqrt{n\sum y^2-\left(\sum y\right)^2}}$$

例如，要说明 1996—2003 年的年度收入 x 与消费量 y 之间是否存在相关关系以及存在何种相关关系，则可以先分别计算出 x、y、x^2、y^2、xy 各自的和，如表 10－10 所示，再代入计算公式，得到 r 约为 0.98。这说明年度收入与消费量之间存在极强的正相关关系。

表 10－10　1996—2003 年度收入与消费量

序号	年份	x（万元）	y（万元）	x^2	y^2	xy
1	1996	500	120	250 000	14 400	60 000

续表

序号	年份	x（万元）	y（万元）	x^2	y^2	xy
2	1997	540	140	291 600	19 600	75 600
3	1998	620	150	384 400	22 500	93 000
4	1999	730	200	532 900	40 000	146 000
5	2000	900	280	810 000	78 400	252 000
6	2001	970	350	940 900	122 500	339 500
7	2002	1 050	450	1 102 500	202 500	472 500
8	2003	1 170	510	1 368 900	260 100	596 700
合计		6 480	2 200	5 681 200	760 000	2 035 300

$$r=\frac{n\sum xy-(\sum x)(\sum y)}{\sqrt{n\sum x^2-(\sum x)^2}\sqrt{n\sum y^2-(\sum y)^2}}$$

$$=\frac{8\times 2\ 035\ 300-6\ 480\times 2\ 200}{\sqrt{8\times 5\ 681\ 200-6\ 480^2}\sqrt{8\times 760\ 000-2\ 200^2}}$$

$$\approx\frac{2\ 026\ 400}{1\ 860\times 1\ 114}\approx 0.98$$

（四）r 的判断

通常情况下，我们可以通过 r 的绝对值的取值范围来判断变量间的相关强度，如表 10－11 所示：

表 10－11　r 的绝对值与变量间相关强度的关系

r 的绝对值范围	变量间的相关强度
0.8～1.0	极强相关
0.6～0.8（含）	强相关
0.4～0.6（含）	中等程度相关
0.2～0.4（含）	弱相关
0～0.2（含）	极弱相关或不相关

五、相关分析的适用条件

在研究变量间的相关性时，可用皮尔逊相关系数衡量变量间的关联程度。当定量数据不满足正态分布这个条件时，可以利用斯皮尔曼等级相关系数。在研究有序分类变量间的相关性时，可以利用肯德尔等级相关系数。在研究无序分类变量间的相关性时，可以利用卡方检验。

（一）皮尔逊相关

适用于以下情形：两组数据均为连续变量，如国民收入与居民储蓄存款、身高与体重、中考成绩与高考成绩等；数据满足正态分布；两组数据为线性关系。先看显著性是否小于 0.05，再看皮尔逊相关系数的大小。

（二）斯皮尔曼相关（秩相关）

用于检验至少有一个有序分类变量的相关强度和方向，对数据的分布状态不做要求。先看显著性是否小于 0.05，再看斯皮尔曼相关系数的大小。

（三）偏相关

偏相关是指，当两个自变量同时与第三个自变量相关时，将第三个自变量的影响剔除，只分析另外两个变量之间的相关程度。首先判断数据是否服从正态分布，然后确定检验变量与控制变量，看显著性是否小于 0.05，再看相关系数的大小。

第五节　回归分析

“回归”最初用来表示“向平均值回归”的现象，简单地说，就是两头的值往中间值靠。

一、回归分析的概念

“回归”是由英国著名的统计学家弗朗西斯·高尔顿（Francils Galton）在研究人类遗传问题时提出的。为了研究父代与子代身高的关系，高尔顿搜集了 1 078 对父子的身高数据。他发现这些数据的散点图大致呈直线状态，也就是说，总的趋势是父亲的身高增加时，儿子的身高也倾向于增加。但是，高尔顿对这些数据进行了深入分析，发现了一个很有趣的现象，即当父亲高于平均身高时，儿子身高比他更高的概率要小于比他更矮的概率；当父亲低于平均身高时，儿子身高比他更矮的概率要小于比他更高的概率。这反映了一条规律，即儿子的身高有向他们父辈的平均身高回归的趋势。对于这个一般结论的解释是：大自然具有一种约束力，使人类身高的分布相对稳定而不产生两极分化。这就是所谓的回归效应。

在统计学中，回归分析（regression analysis）指的是确定两种或两种以上变量间相互依赖的定量关系的一种统计分析方法。回归分析按照自变量的多少，可分为一元回归分析和多元回归分析；按照自变量和因变量之间的关系类型，可分为线性回归分析和非线性回归分析。

回归分析是一种评估自变量对因变量的影响大小的方法。它既可以归纳历史数据，揭示过往；也可以用于呈现数据趋势，预测未来。

如果回归分析中只包括一个自变量和一个因变量，且二者的关系可用一条直线近似表示，则这种回归分析称为一元线性回归分析。如果回归分析中包括两个或两个以上的自变量，且因变量和自变量之间是线性关系，则称为多元线性回归分析。线性回归是回归分析中经过严格研究并在实际应用中被广泛使用的一种类型。这是因为线性回归模型更容易拟合，而且产生的统计特性更容易确定。如把营销推广支出设为自变量，因变量为产品销量，营销推广支出与产品销量之间的关系可以通过回归分析准确得知的话，那么商家就可以用生成的模型来预测不同营销推广支出水平下的产品销量。

如果回归规律在图形上表现为形态各异的各种曲线，则称为非线性回归。这类模型被称为非线性回归模型。在许多实际问题中，回归函数往往是较复杂的非线性函数。例如，身高和体重之间的关系，在 18 岁之前大致呈直线关系，但是放眼整个生命周期，是曲线关系。

二、相关分析与回归分析的联系与区别

相关分析与回归分析既有着密切的联系，也存在一定的区别，在具体应用中，二者互相补充。

（一）相关分析与回归分析的联系

相关分析是回归分析的基础和前提，回归分析是相关分析的深入和继续。相关分析，是用一个指标来表明变量间相互关系的密切程度。回归分析，则是根据相关关系的具体形态选择一个合适的数学模型，来近似表达变量间的数量影响关系。

（二）相关分析与回归分析的区别

相关分析不能指出变量间相互关系的具体数量形式；而回归分析不仅能确切地指出变量之间相互关系的数量形式，还可根据回归模型从已知量估计和预测未知量。但在回归分析中，必须事先确定哪个为自变量，哪个为因变量，而且只能从自变量去推测因变量，而不能从因变量去推断自变量。相关分析与回归分析的联系与区别如表 10 - 12 所示。

表 10－12　相关分析与回归分析的联系与区别

<table>
<tr><th colspan="2"></th><th>相关分析</th><th>回归分析</th></tr>
<tr><td colspan="2">联系</td><td colspan="2">只有当变量之间存在高度相关关系时，进行回归分析寻求其具体数量关系才有意义</td></tr>
<tr><td rowspan="3">区别</td><td>分析目的</td><td>变量之间的相关方向和相关程度</td><td>变量之间相关关系的具体形式</td></tr>
<tr><td>分析路径</td><td>相关系数 r</td><td>回归模型</td></tr>
<tr><td>预测功能</td><td>无法通过一个变量的变化情况去推测另一个变量的变化情况</td><td>根据回归方程，可以从已知量推测未知量</td></tr>
</table>

三、回归模型的类型

回归分析的内容非常丰富，我们这里仅介绍市场调研中常见的四种回归模型：一元线性回归、二元线性回归、多元线性回归与二分类 logistic 回归。

（一）一元线性回归

一元线性回归基于两个变量间存在的是线性关系，也就是说，一个变量的增加会引起另一个变量相应地增加或减少，且两个变量间增加或减少的幅度呈一定比例。例如，在对收入和幸福感两个变量进行线性回归分析时，给定一个用户的幸福感，我们就可以计算出其相应的收入水平（见图 10－7）。

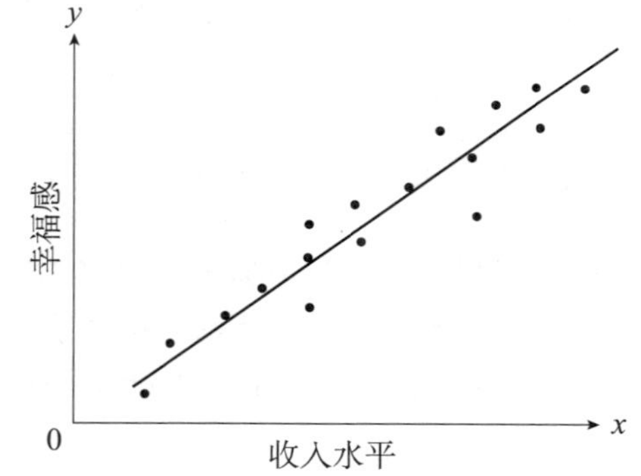

图 10－7　用户收入水平与其幸福感之间的线性回归分析

1. 一元线性回归方程的一般形式

一元线性回归方程的一般形式为：

$$y=a+bx$$

式中，y 表示因变量的估计值；x 表示自变量；a 为回归直线在 y 轴上的截距；b 为回归直线的斜率，也称为回归系数，表明 x 每增加一个单位因变量 y

的平均变化值。

2. a、b 的确定

在一元线性回归方程中，a、b 为待定系数，常用最小二乘估计法来确定。最小二乘估计法（least-squares estimation）是最能体现 x 与 y 两个变量之间关系的数学方法。在散点图中，没有任何一条直线可以完美地表示出每个观察结果，这表现为实际结果（散点分布）和预测结果（直线所表示的值）之间不完全相符。散点图上的任何一条拟合直线都会存在误差。能够基本反映观察结果的直线可以画出许多条来。最小二乘估计法估计的结果是一条比其他直线更能体现观察结果的直线。

用最小二乘估计法确定 a、b 的方法如下：首先，联立方程：

$$\begin{cases} \sum y = na + b\sum x \\ \sum xy = a\sum x + b\sum x^2 \end{cases}$$

然后，求解 a 和 b，得到其计算公式为：

$$\begin{cases} b = \dfrac{n\sum xy - \sum x\sum y}{n\sum x^2 - \left(\sum x\right)^2} \\ a = \dfrac{\sum y}{n} - b\dfrac{\sum x}{n} \end{cases}$$

例如，要计算 1994—2001 年某区居民工资性现金支出（x）与储蓄存款余额（y）之间的关系，我们先分别计算出 x、y、x^2、y^2、xy 各自的和，如表 10-13 所示，再代入 a 和 b 的计算公式，便可估计出回归方程 $y=-199.5+0.585\,8x$。这表明，该区居民工资性现金支出每增加 1 万元，储蓄存款余额就增加 0.585 8 万元。

表 10-13 1996—2003 年度收入与消费量

序号	年份	x（万元）	y（万元）	x^2	y^2	xy
1	1996	500	120	250 000	14 400	60 000
2	1997	540	140	291 600	19 600	75 000
3	1998	620	150	384 400	22 500	93 000
4	1999	730	200	532 900	40 000	146 000
5	2000	900	280	810 000	78 400	252 000
6	2001	970	350	940 900	122 500	339 500
7	2002	1 050	450	1 102 500	202 500	472 500
8	2003	1 170	510	1 368 900	260 100	596 700
合计		6 480	2 200	5 681 200	760 000	2 035 300

$$\begin{cases} b=\dfrac{n\sum xy-\sum x\sum y}{n\sum x^2-(\sum x)^2}=\dfrac{8\times 2\,035\,300-6\,480\times 2\,200}{8\times 5\,681\,200-6\,480^2}\approx 0.585\,8 \\ a=\dfrac{\sum y}{n}-b\dfrac{\sum x}{n}=\dfrac{2\,200}{8}-0.585\,8\times\dfrac{6\,480}{8}=-199.5 \end{cases}$$

3. 一元线性回归方程的建立步骤

首先，确定自变量 x 和因变量 y；其次，分别计算数列中 x、y、x^2、y^2、xy 的累加和；再次，将累加和代入公式，先求 b，再求 a；最后，写出回归方程。

4. 一元线性回归分析的要点

根据分析目的，在两个变量之间确定哪个是自变量，哪个是因变量。

（二）二元线性回归

二元线性回归方程的一般形式为：

$$y_c=a+b_1x_1+b_2x_2$$

式中，y_c 为因变量估计值；a、b_1、b_2 为待估计参数。

确定 a、b_1、b_2 的数值，也要用最小二乘估计法，求解如下三个规范方程：

$$\begin{cases} \sum y=na+b_1\sum x_1+b_2\sum x_2 \\ \sum x_1y=a\sum x_1+b_1\sum x_1^2+b_2\sum x_1x_2 \\ \sum x_2y=a\sum x_2+b_1\sum x_1x_2+b_2\sum x_2^2 \end{cases}$$

下面我们以我国 1973—1983 年的人均货币收入、手表平均价格和手表销售量的实际资料（见表 10 - 14）为例，说明二元线性回归方程的用法。

在 20 世纪六七十年代，四大件，即“三转一响”，可是风头正劲的时兴名词。所谓四大件，指的是自行车、缝纫机、手表与收音机。别看手表物件不大，可在当时也是四大件之一。收音机，一般是指“红星”牌收音机；自行车，是指“凤凰”“永久”与“飞鸽”牌自行车；缝纫机，一般是指“蝴蝶”牌缝纫机；手表，是指“上海”牌手表。四大件是当时中国各个家庭都希望拥有的，是那个时代的高端物件，代表着高品质的生活水准。

表 10 - 14　我国 1973—1983 年人均货币收入、手表平均价格和手表销售量

年份（n=11）	手表销售量 y（万只）	人均货币收入 x_1（元）	手表平均价格 x_2（元/只）	x_1y	x_2y	x_1x_2
1973	650.4	102.1	134	66 405.84	87 153.6	13 681.4
1974	758.4	105.3	134	79 859.52	101 625.6	14 110.2

续表

年份 ($n=11$)	手表销售量 y（万只）	人均货币收入 x_1（元）	手表平均价格 x_2（元/只）	x_1y	x_2y	x_1x_2
1975	819.9	110.1	129	90 270.99	105 767.1	14 202.9
1976	1 051.7	113.9	131	119 788.63	137 772.7	14 920.9
1977	1 149.7	120.4	127	138 423.88	146 011.9	15 290.8
1978	1 388.1	131.0	125	181 841.10	173 512.5	16 375.0
1979	1 944.4	157.0	123	305 270.80	239 161.2	19 311.0
1980	2 534.0	193.5	123	490 329.00	311 682.0	23 800.5
1981	2 890.0	210.2	114	607 478.00	329 460.0	23 962.8
1982	3 576.0	228.7	89	817 831.20	318 264.0	20 354.3
1983	3 898.0	258.7	86	1 008 412.60	335 228.0	22 248.2
合计	20 660.6	1 730.9	1 315	3 905 911.56	2 285 638.6	198 258.0

将表 10－13 中数据代入上述三个规范方程：

$$\begin{cases} 20\ 660.6 = 11a + 1\ 730.9b_1 + 1\ 315b_2 \\ 3\ 905\ 911.56 = 1\ 730.9a + 303\ 769.55b_1 + 198\ 258b_2 \\ 2\ 285\ 638.6 = 1\ 315a + 198\ 258b_1 + 160\ 039b_2 \end{cases}$$

求解，得

$$\begin{cases} a = -94.064\ 1 \\ b_1 = 18.636\ 8 \\ b_2 = -8.032\ 8 \end{cases}$$

所以手表销售量与人均货币收入和手表平均价格之间的二元线性回归方程为

$$y_c = -94.064\ 1 + 18.636\ 8x_1 - 8.032\ 8x_2$$

我们来看这个二元线性回归方程，b_1 表明在手表平均价格固定时，人均货币收入每增加 1 元，手表销售量平均增长 18.636 8 万只；b_2 表明在人均货币收入固定时，手表平均价格每上升 1 元/只，手表销售量平均减少 8.032 8 万只。

（三）多元线性回归

多元线性回归又叫多重线性回归。多元线性回归的“多元”指的是有多个自变量。

1. 多元线性回归的基本模型

$$y = a + b_1x_1 + b_2x_2 + \cdots + b_nx_n + \varepsilon$$

这是多元线性回归的基本模型，其中：y 是因变量；x_1，x_2，…，x_n 是自变量。a 是截距或常数项，表示自变量全部取 0 时因变量 y 的取值。ε 是残差项，它是随机变量，代表了 y 的实测值与预测值之间的差值，是不能被自变量所表示的那部分信息。b_1，b_2，…，b_n 是 n 个偏回归系数，b_i 表示控制其他自变量不变而 x_i 变化 1 个单位时 y 的变化量。

2. 多元线性回归对数据类型的要求

在数据类型方面，要求 y 为连续变量，而 x_1，x_2，…，x_n 既可以是连续变量，也可以是分类变量，还可以混合连续变量与分类变量。在实际应用中，当要求简化模型时，因变量 y 也可以采用有序分类变量。比如，对某产品的满意度（从 1 分到 5 分）也可作为因变量。

3. 多元线性回归分析的一般步骤

（1）制作散点图，查看是否为直线形态或近似直线形态。通过图形进行初步诊断。如果有三个变量，则可以绘制三维散点图；如果因变量和自变量的总数超过三个，则绘制散点矩阵图。

（2）通过模型检验与系数检验进行多元线性回归分析。

（3）检验残差的正态性。

（4）分析残差是不是随机分布。

（5）诊断自变量多重共线性。

（四）二分类 logistic 回归

logistic 回归是一种广义的线性回归分析模型，常用于数据挖掘、市场预测等领域。logistic 回归的自变量既可以是连续变量，也可以是分类变量。例如在有客户流失风险的阶段，可以通过 logistic 回归分析，得到自变量的权重，从而大致了解到底哪些因素是导致客户流失风险的因素，建立客户流失的预警模型或者客户赢回模型，确认流失概率高的客户，制定流失防范措施，为赢回概率高的客户制定优惠的市场活动。

logistic 回归的因变量可以是二分类的，也可以是多分类的，实际中最为常用的是二分类 logistic 回归。

logistic 回归模型的适用条件为：

（1）因变量为二分类的分类变量或某事件的发生率，并且是数值型变量。但是需要注意，重复计数现象指标不适用于 logistic 回归。

（2）残差和因变量都要服从二项分布。二项分布对应的是分类变量，所以不是正态分布，进而不是用最小二乘估计法，而是用最大似然估计法来解决方程估计和检验问题。

（3）自变量和 logistic 概率是线性关系。

（4）各观测对象间相互独立。

四、谨慎得出回归结论

数据分析结论是需要从频率分析—列联表分析—显著性差异分析—相关分析—回归分析一步一步扎扎实实得出的。市场调研最核心的是关于形形色色各类消费者的调研，最后能够到达函数关系的回归分析并不容易。

回归分析是可以用数学公式表达的明确的函数关系，对数据的要求很高。在一定意义上，回归分析是一种“加强版”的相关分析，它既能描述变量之间的关联关系的方向和大小，也能精细刻画自变量变动一个单位时因变量的改变量。先确认变量间有高度相关关系以后，再进行回归分析。因为回归可以达到预测的目的，具有较高的商业价值，所以目前存在通过篡改数据、强行达到回归关系的问题。在实打实的实地调研中，要达到理想解释度的回归关系其实是很困难的。

本章小结

单变量数据分析主要是进行集中趋势与离散趋势的分析。表现数据集中趋势的主要形式有：平均数、众数和中位数。离散趋势的主要测量指标包括极差、平均差、标准差。进行双变量数据分析最常用的方法是使用列联表。独立样本 T 检验、方差分析、卡方检验是常用的三种显著性差异检验方法。相关分析是指研究现象之间是否存在某种依存关系，并针对具体有依存关系的现象探讨其相关方向以及相关程度。相关分析是回归分析的基础和前提，回归分析是相关分析的深入和继续。市场调研中常见的四种回归模型分别是一元线性回归、二元线性回归、多元线性回归与二分类 logistic 回归。

思考题

1. 独立样本 T 检验、方差分析、卡方检验的适用条件有什么不同？
2. 相关系数 r 的取值有什么意义？
3. 相关分析与回归分析之间的联系是什么？
4. 为什么要谨慎得出回归结论？

案例 10－1

电视节目《少女妈妈》对降低少女怀孕率影响的回归分析①

全国音乐电视台（MTV）的《少女妈妈》（Teen Mom）节目向来争议颇多，

① 麦克丹尼尔，盖茨．当代市场调研：第 10 版．李桂华，等译．北京：机械工业出版社，2017：396－397.

但不可否认，此节目已经成为保护未成年人身心健康的工具。美国国家统计局经济研究中心发布的一项研究报告称，MTV 的《少女妈妈》在降低少女怀孕率上起到了很好的作用。

研究显示，《少女妈妈》对未成年人的行为会有积极的影响。威尔里斯学院经济学家菲利普·莱文和马里兰州大学经济学家梅丽莎·卡尼共同撰写了报告，他们称该研究结果解释了一个统计难题。1991 年以来，全美青年怀孕率以每年 2.5%的速度在降低；2009 年前后，以 7.5%的速度在加速降低。莱文长期研究生殖健康经济学，他称："人们通常的解释是新的避孕方法的出现和性教育的深入开展导致该现象产生，经济变差也可能是其中一个因素。但是就止于此吗?"因此，他们对数据进行了处理，分析了尼尔森收视率和相关的节目推送及搜索。他们对此进行了回归分析，得到的结论是：虽然经济因素也起到了一定的影响，但少女怀孕率下降，《少女妈妈》节目因素能解释 5.7%。

每周二的《少女妈妈》首播在所有电视节目中最受 12～34 岁受众的关注。这就值得一问了：为什么该节目如此吸引人？节目的真实性和扣人心弦的内容是其中两个重要吸引点。莱文在开始该研究之前并没有看过《少女妈妈》，他原本以为该节目展现的是女孩们和男友之间坦诚相待以及理性地讨论避孕。结果恰恰相反，他说："大量的节目都与冲突有关——女孩和男友、前任、父母以及自己内心的冲突。"

艾安娜·普雷斯利是一名长期致力于提高波士顿学校性教育整体水平的波士顿州议员，她说："数据显示，能和信任的、无偏见的成年人讨论性爱的女孩通常会有更好的结果。"

案例思考：

1. 美国少女怀孕率下降，节目《少女妈妈》能解释 5.7%，从统计学理论上来说，这个解释度是较低的，那为什么"《少女妈妈》在降低少女怀孕率上起到了很好的作用"这一结果还是能够得到普遍认可?

2. 妈妈和女儿一同观看《少女妈妈》，并且就节目内容展开讨论，对降低少女怀孕率会有影响吗？如果我们要做这方面的研究，你觉得哪种调研方法会比较适合？为什么？

调研启示录

定量研究之困惑

多年的实地调研经验告诉教材编著者：在很多情况下，并没有办法使用定量研究来讨论和论证问题。例如，动画片对幼童语言认知的影响，媒体中出现的堕胎流产广告及涉性场面对儿童的影响。即便可以使用定量研究，$p<0.05$ 对每一个从事实证研究的人来说，都是非常希望看到的数字。但是，$p<0.05$ 在涉及消费者或受

众的调研中并不是一个容易得出的结论。

例如，我们在研究留守儿童偏好含有正义暴力的媒介内容与对正义暴力行为的认同之间的相关关系时，难以得到 $p<0.05$，这令我们陷入一个困局。

解困之法是回到 $p<0.05$ 的统计理论源泉。

皮尔逊，英国数学家，生物统计学家，为优生学做过重大贡献。费舍尔，英国统计学家，生物进化学家，遗传学家。他们从事的都是生物统计学调研，而不是社会调研。社会调研相对于生物统计学调研，$p<0.05$ 的得出要困难得多。

定量调研力量的有限性

人的认知、态度与行为构成极其复杂，受到的影响因素诸多，恐怕难以像遗传学与优生学那样频繁得出 $p<0.05$ 的结论。

在涉及消费者与受众的调研中，参与观察法、焦点小组访谈法、深度访谈法等质性研究方法是得出调研结论的重要支撑力量。

面对活生生的调研对象，我们会深切感到定量调研力量的有限性。

第十一章

市场调研报告的撰写

学习目标

1. 了解市场调研报告的作用
2. 理解市场调研报告的各项要求
3. 掌握市场调研报告撰写的基本结构

撰写市场调研报告是整个调研活动的最后阶段，也是相当重要的一个阶段。一项调研活动最后的成功与否和调研报告质量的高低直接相关。优质的调研报告能够为整体市场调研活动起到画龙点睛的作用；相反，问题频出的调研报告则能让好的市场调研变得黯然失色，甚至影响到调研结果在有关决策中的作用。

第一节　市场调研报告的作用

市场调研报告的主要作用有四点。

一、呈现调研内容与结果

在调研报告中，通过对调研背景、调研目的、调研方法、调研内容、调研结论的清晰呈现，能够对已经完成的调研项目做出完整而准确的描述和总结。

二、提出结论和建议

优秀的调研报告不是罗列大量的数据和图表，或者只对数据和图表做简单的描述，而是应该能从收集到的庞杂资料中得出相对明确、具有针对性的结论，并且提出对客户有实际参考价值的意见和建议。

三、成为重要参考文件

调研报告撰写完毕，并被分发给客户，它的使命才真正开始。调研报告是一个价值不凡的参考文件。大多数的调查研究都包括几个目标和一系列意义重大的信息，然而要让决策者在短暂的时间里完全记住这些内容几乎是不可能的，因此调查人员会发现，决策者以及其他一些开展二手资料调查研究的人员常常会拿出原始调研报告重新阅读，以便熟悉调查的基本内容，而且企业也会把调研报告作为其内部资料保存，作为以后决策的参考，或者与既往报告进行对比分析。

四、证明整个调研过程的可信度

市场调研报告可以让客户感受到调研人员对整个调查项目的重视程度和对调研质量的控制程度，使客户对整个调研过程有一个清晰的认知。客户对调研报告质量的评价是决定其是否采用调研结果的最基础因素。

若要提升一份市场调研报告的质量，那么市场调研人员应注意避免如下四方面的问题。

（一）篇幅冗长，信息庞杂

对市场调研报告，常见的一个错误观点是："报告越长，质量越高。"然而实践证明，篇幅不等于质量。在经历了对某一个调研项目数周乃至几个月的辛苦工作之后，调研人员从内心来讲是非常想通过调研报告来告诉读者他所知道的与此相关的一切信息的。因此，所有的证明、结论和上百页的打印材料都被纳入报告当中，从而导致了信息超载和过多冗余信息，于是对读者最有价值的信息反而淹没在了庞杂冗长的报告中。大多数的企业决策者一般是不会精读全部报告的，多是快速浏览。市场调研报告的价值不是用篇幅长度来衡量的，而是以是否简洁、优质、有效来度量的。

（二）只重定量，忽视定性

在一份市场调研报告中，调研人员常常为了分析数据资料而采用多种统计技术，但是有时过度地使用定量技术而完成报告会造成"以辞害意"。市场调研的对象是"人"，每一个人都处在错综复杂的社会关系中，其消费认知与行为受到多方面因素的影响，单纯定量分析往往难以揭示深层次的动机与动机背后的缘由。因此，参与式观察、深度访谈、焦点小组访谈的结果在调研报告中起着重要的支撑作用。

（三）图表单纯炫技

图表的使用能使冷硬的数据变得形象生动，但是有些调研报告的图表过于繁难，玄而又玄，反而使简单的事情变得晦涩难懂，这就脱离了使用图表的意义，单纯是为了炫技而生成图表了。

（四）建议脱离实际

调研人员要始终牢记：脱离实际的建议是应当杜绝的，否则即使在报告中为客户提出了数量可观的建议，也只能让对方感到纸上谈兵，书生气十足。任何建议的提出都应该从实际情况出发，设身处地站在客户的角度，提出确实具有操作性与可行性的建议。

第二节　市场调研报告的基本要求

一份合格的市场调研报告，需要具备以下几个条件。

一、表达明晰，数据准确

报告的目的是让阅读者能够在较短的时间里快速掌握调研项目的精要，获取所需要的各类信息，所以报告的语言要力求明晰，让读者一目了然。另外，在措辞上要尽量避免使用模棱两可和主观情绪化的语句。报告中的数据要仔细核对，务必做到准确无误，以免影响阅读者的判断。简练的语言和准确的数据是使调研报告具有说服力的关键。

二、用语平实，简明易懂

报告的阅读者大部分是没有经过专门市场调研知识学习的企业决策者，他们不可能像市场调查人员一样熟悉专业的市场调研术语，因此报告的语言应该尽量平实，不要故意为了显示专业而使用大量生涩的专业词语。为了做到简明易懂，要学会在报告中使用形象生动的各类图表配合说明，以达到化繁为简的功效。报告应深入浅出，语言具有表现力，准确、鲜明、生动、朴实。

三、结构严谨，层次清晰

《明史・志第四・五行一》提道："而传说则条分缕析，以某异为某事之应，更旁引曲证，以伸其说。"好的市场调研报告一定是逻辑分明的。在撰写报告的时候，各个部分的中心意思一定要突出，且各个部分之间的逻辑关系要强，尽量做到有条有理地细细分析，把要说的问题说清楚，避免简单地将调查到的大量资料堆积在报告中。

四、资料翔实，内容全面

在撰写调研报告时，应将调研过程中收集到的全部有关资料组织起来，既不能遗漏重要的资料，也不能将一些无关的资料统统写进报告里面。内容全面主要是指，调研报告应将一项调研的来龙去脉详细地加以介绍，能够让读者通过阅读报告对调研的全貌有一个清楚的认识，包括调研的结果和建议。

第三节　市场调研报告的基本结构

市场调研报告的格式不是固定不变的，其具体结构、格式、风格和体例都因调研目的、调研人员以及调研性质的不同而有所区别，但是大多数调研报告的基本结构大致相同。一份规范的调研报告一般应包括序言、摘要、引言、正文和附录五个组成部分。以下逐一介绍这几个部分的撰写内容及要求。

一、序言

调研报告的序言主要用来介绍调研项目的基本情况，序言部分通常包括封面、目录和索引。

（一）封面

封面一般只有一张纸，其内容包括：调研报告的标题、调研机构的名称、调研项目负责人的姓名及所属机构、日期。

标题是市场调研报告的题目，一般有两种构成形式：

（1）公文式标题，即由调研对象和内容、文种名称组成，例如《关于大学生睡眠情况与助眠产品使用情况的调研报告》。

（2）文章式标题，即用概括的语言形式直接交代调查的内容或主题。实践中，这类市场调研报告的标题多采用“戴帽式”的结构形式，更为引人注目，富有吸引力。例如《与老同行：银发人群消费趋势洞察报告》《红色传承：“Z世代”红色旅游消费偏好调查报告》。

调研机构的名称。如果调研是由单一调研机构执行的，那么写上该机构的名称即可；如果是由多家调研机构合作完成的，则应该将所有的机构名称根据在该调研中的贡献依次列出，同时也可以附上调研机构的联络方式。

调研项目负责人的姓名及所属机构，即写清楚该项目主要负责人的姓名及所在机构的名称。

日期，即报告的定稿日期。

（二）目录

目录是关于调研报告中各项内容的完整一览表，一般只需要列出二到三个层次的标题以及页码。

（三）索引

如果报告中的图表数量较多，那么为了方便阅读者查询，可以专门再列一张图表索引。索引的内容与目录相似，需列出图表号、名称以及所在报告中的页码。

二、摘要

摘要是对调研所获取的主要结果的概括性说明，是整个报告的精华。阅读调研报告的人可以通过摘要最快速地知道调研所得的主要结果与结论，以及他们如何根据调研结果进行下一步的活动。因此，摘要可以说是调研报告中极其重要的一个部分。由于这一部分如此重要，所以摘要应当清晰、概括性强，能简明扼要地说明调研的主要结论。关于论证性的详细资料，只需要在报告的正文中加以阐述即可。

摘要的篇幅一般较短，最多不超过报告内容的10%～20%。

三、引言

引言部分主要是对调研背景和调研目的的介绍。引言又称导语，是市场调研报告正文的前置部分，要写得精练概括。一般应交代出调研的背景与目的，然后用过渡句承上启下，引出主体部分。

（一）调研背景

调研背景是指对调研的来由或受委托进行该项调查的原因做出说明。说明时可能需要引用有关的背景资料作为依据，分析企业目前在经营、产品销售、广告活动等方面的基本情况。背景资料不仅可以作为调研目的的铺垫，还可以作为调研结论和建议的佐证，与调研结果相结合，从而更好地说明问题。所以背景资料的介绍只需与调研主题有关，无须面面俱到。

（二）调研目的

调研目的通常是针对调研背景分析所存在的问题提出来的。调研目的不应分散细碎，适宜列成简明扼要的条目。

四、正文

正文是一份调研报告的主干部分，这部分是市场调研报告的核心，也是撰写的重点和难点。它应能完整、准确、具体地说明调查的基本情况，进行科学合理的分析预测，并在此基础上提出有针对性的对策和建议。调研报告的正文必须包括调查研究的全部事实，从调研方法的确定直到调研结论的形成及其论证等一系列步骤都应该包括在正文部分。调研报告的正文之所以要包含全部必要的资料，主要是为了让阅读报告的人能全面了解所得调查结果是否客观、科学，另外也可以让阅读报告的人能够从调查结果中得出他们自己的结论，而不受调查人员解释的影响。报告正文的具体构成虽然可能因研究项目不同而有所差异，但基本上包括调研方法、调研结果、结论及建议三个部分。

（一）调研方法

对调研方法的介绍有助于读者相信调研结果的可靠性，描述时应当尽量简洁，把调研方法和采用原因说明清楚即可。在这一部分，需要加以叙述的内容包括：

（1）调研地区与范围。说明调研活动是在什么地区或区域进行的，以及选择这些地区或区域的理由。

（2）调研对象。说明从什么样的对象中抽取样本进行调查，通常是指产品的销售推广对象与潜在的目标消费人群。

（3）样本容量。说明抽取到多少调研对象作为样本，以及确定样本容量时考虑到了什么问题、哪些因素。

（4）样本结构。说明是根据什么样的抽样方法抽取样本的，抽取后的样本结构如何，以及样本是否具有代表性。

（5）数据采集。说明是线下问卷，如街头拦截访问、入户访问，还是线上平台投放问卷。如果是线上投放，则还需要说明具体是怎样投放的。说明参与式观察、焦点小组访谈与深度访谈的对象是如何招募的。如果还采用了实验法，则必须对实验设计专门做出说明。

（6）调研完成情况。说明发放了多少问卷、实际上回收的问卷的数量、有效问卷回收率、问卷无效的原因是什么、是否采取了补救措施等；焦点小组访谈组织的场数及参加人数；深度访谈的数量；在调研完成过程中有没有遇到什么问题，是如何解决的。

（7）访员介绍。由于访员的能力、素质、经验会对调研结果产生影响，所以需要对访员的资格、条件以及培训情况做简要的介绍。

（8）数据处理方法及工具。指出是用什么工具、什么方法对收集到的数据进行简化和统计处理的。

（二）调研结果

调研结果部分是全文的基础和主要内容，应用叙述和说明相结合的手法，将调研对象的历史和现实情况，包括市场占有情况、生产与消费的关系、产品、产量及价格情况等表述清楚。将调研所得的一手资料呈现出来，资料的描述形式通常是统计表格和统计图，再配合相关的文字说明。需要注意的是，仅用图表将调研结果呈现出来是远远不够的，调研人员还必须对图表中数据资料所隐含的趋势、关系或规律加以客观的描述和分析，这就要求调研人员对调研结果做出深度阐释。

调研结果部分的内容通常比较多，篇幅也较长，为了让阅读报告的人能够比较容易地把握整个调研结果，在调研结果部分，一般需要将所有内容分成若干个小部分依次呈现出来。每一个小部分可以分别标明一个小标题，使之与调研目的相对应，分别回答通过调研所要解决的问题。各个小标题间应做到围绕主题，层层进阶，环环相扣；用语应富于论断性和针对性，析理入微，言简意明，切忌脱离调研所获一手资料随意发挥。

（三）结论及建议

调研结论及建议是市场调研报告撰写目的和宗旨的体现，调研人员应在调研情况和分析预测的基础上，提出具体的建议和措施，供决策者参考。要注意建议的针对性和可行性，能够切实解决问题。

在这一部分，调研人员需要说明通过调研获得了哪些重要结论，根据调研结论又该采取哪些相应的措施。结论的提出方式可以是，用简洁、明晰的语言对调研前所提出的问题做明确的答复，同时简要地引用有关背景资料和调研结果加以解释、论证。结论有时可以与调研结果合并在一起，但要视调研课题的大小而定。一般而言，如果调研规模小、结果简单，则可以直接将结论与调研结果合并成一部分来写；如果调研规模较大、内容较多，则应该将二者分开来写。

建议是针对调研结论提出可以采取哪些措施、方案或具体行动步骤。比如：营销诉求应以什么为主；推广主题应是什么样的；媒体策略应如何改变；与竞争对手抗衡的办法；采取何种价格、包装或促销策略更佳；等等。大多数的建议应当是积极的，即说明应采取哪些具体措施以获得成功，或者要处理哪些已经存在的问题。如有必要，也可以采用否定的建议，如"建议减少该广告的刊播频率"。

五、附录

附录是指不用在调研报告正文中出现，但与正文有关，必须附加说明以备读者参考的相关资料。附录是为了论证、说明或者进一步阐述已经包含在正文中的资料，每个附录都应编号。附录中包含的技术性较强和细节性的材料，主要供那些关心调研技术方面内容的主管人员或专家阅读。

在附录中出现的资料通常包括：观察提纲、调查问卷、焦点小组访谈提纲、深度访谈提纲、抽样有关细节的补充说明、统计分析和计算的细节、技术问题的讨论方案、数据汇总表、原始资料背景材料以及参考文献等。

《 本章小结 》

市场调研报告是整个调研活动的成果凝结，通过对调研背景、调研目的、调研方法、调研内容、调研结论的清晰呈现，能够对已经完成的调研项目做完整而准确的描述和总结，提出切实有效的结论和建议。市场调研报告要求表达明晰，数据准确；用语平实，简明易懂；结构严谨，层次清晰；资料翔实，内容全面。市场调研报告的基本结构一般为序言、摘要、引言、正文和附录五个部分。撰写市场调研报告时，我们需要注意：报告的篇幅不等于质量；不能只重定量，不重定性；不能单纯为了炫技而使用特别繁难的图表；避免提出一些脱离实际的建议。

思考题

1. 在市场调研报告中，调研结果与调研结论的联系与区别是什么？

2. 为什么在市场调研报告中，要注重对定性调研结果的呈现？

3. 复杂高深的图表呈现，是不是一定意味着该调研团队技术水平高，为什么？

案例 11－1

2023 年中国电竞行业研究报告[①]

研究报告出品方：艾瑞数智

艾瑞数智是中国新经济、产业数字化研究咨询领域与智慧化运营领域的领导品牌。公司以数据、技术和产品工具为驱动，依托“研究咨询、数据治理、智能产品、精益运营”四大能力，助力客户在全业务流程中实现智能决策与智慧运营，致力于成为数智化全栈能力服务商。

摘　要

市场发展：2022 年中国电竞市场规模约为 1 579 亿元，同比下降 5.6%，电竞市场出现多年来首次回落。2022 年中国电竞用户规模约为 5.04 亿人，在杭州亚运会电竞项目即将开赛的行业背景下，电竞用户规模有望在 2023 年得到进一步增长。

行业动态：杭州亚运会的举办将推动电竞体育化发展进程加速，助力我国电竞产业标准体系建设及人才选拔规范化等。同时，国家级电竞产业研究院的成立、国家体育部门对电竞行业管理工作的推进，将促进我国电竞产业研究工作更加深入、产业发展更加健康有序。

用户特征：电竞用户对电竞有较高的忠实度与较强的黏性，74.3%的用户关注电竞已超过三年，49.6%的用户每天都会关注电竞内容。随着杭州亚运会的临近，电竞用户对亚运电竞项目的期待程度与日俱增，接近六成的电竞用户表示一定会观看亚运会电竞比赛。

发展趋势：电竞不仅是新兴的体育形态，在综合性体育运动会上以数字体育的比赛活动展现竞技精神；电竞也是文化传播的重要载体，中国优秀的传统文化通过电竞扬帆出海；电竞还是当代年轻人的一种生活方式，与他们的娱乐、社交、消费等日常生活息息相关。

前　言

建设数字中国是数字时代推进中国式现代化的重要引擎，是构筑国家竞争新优

① 艾瑞数智．2023 年中国电竞行业研究报告．[2023－06－16](2023－06－20)．https：//report.iresearch.cn/report/202306/4200．本案例略有删改。

势的有力支撑。加快数字中国建设，对全面建设社会主义现代化国家、全面推进中华民族伟大复兴具有重要意义和深远影响。

——中共中央、国务院《数字中国建设整体布局规划》

增强文化产业实力。实施重大文化产业项目带动战略，加快国家（杭州）短视频基地建设，高水平打造之江文化产业带、大运河文化产业带等文化平台。强化文化产业科技融入，持续做强动漫、游戏、影视、电竞、网络文学等文创产业。……聚焦亚运牵引，全力提升城市能级品质和开放水平。坚决扛起习近平总书记“相信杭州有能力举办一届成功的亚运会”的千钧重托，举全市之力“办好一个会、提升一座城”，确保亚运后的杭州发生质的飞跃。

——杭州市人民政府《2023年杭州市政府工作报告》

根据国家互联网信息办公室发布的《数字中国发展报告（2022年）》，2022年，我国数字经济规模达50.2万亿元，总量稳居世界第二，同比名义增长10.3%，占国内生产总值比重提升至41.5%。数字经济已成为我国经济高质量发展的新引擎。

电竞集体育、竞技、科技、娱乐、社交、文化于一体，是数字经济中最典型和最具代表性的产业形态之一。随着杭州亚运会的举办，电竞产业又将迎来新一轮蓬勃发展，未来电竞及相关产业有望成为我国数字经济发展的重要抓手。

一、中国电竞行业发展概况

自2018年起，中国电竞行业进入“爆发期”。在这一时期，电竞体育化持续推进，向社会传递正向价值。具体而言：

2018年，电竞作为表演赛进入雅加达亚运会，中国队夺金；

2019年，电子竞技员和电子竞技运营师成为官方发布新职业；

2020年，亚奥理事会宣布电竞成为杭州亚运会正式项目；

2021年，中国战队EDG夺得英雄联盟S11全球总决赛冠军；

2022年，国际奥委会宣布举办首届奥林匹克虚拟体育节；

2023年，电竞发展迈出新步伐，将作为亚运会正式项目登场。

（1）中国电竞行业发展背景——政策扶持。电竞产业成多地政府的重要扶持方向，电竞城市多地开花。

2022年以来，全国多地继续加码电竞产业扶持政策，致力于更好、更快地建设电竞城市。以杭州市为例，借助亚运会契机，杭州在新一轮动漫游戏产业支持政策中，首次纳入电竞产业，并提出到2025年，初步建成国际动漫之都、电竞名城。

（2）中国电竞行业发展背景——经济环境。全球体育产业复苏，体育竞赛表演产业有望爆发。

2018年12月11日，国务院办公厅印发《国务院办公厅关于加快发展体育竞赛表演产业的指导意见》，提出“到2025年，体育竞赛表演产业总规模达到2万亿元，基本形成产品丰富、结构合理、基础扎实、发展均衡的体育竞赛表演产业体系”。随着全球体育产业的复苏和回暖，大量职业联赛和国际性赛事恢复举办，体育竞赛表演活动作为体育竞赛表演产业的核心内容，也将迎来新机遇。《体育产业统计分类(2019)》已将电子竞技纳入职业体育竞赛表演活动之中，未来更多的电竞赛事也将助推体育产业提质升级，共同做大做强体育竞赛表演产业的市场蛋糕。

(3) 中国电竞行业发展背景——社会文化。移动网民规模已超 10.6 亿，移动游戏愈发全民化。

根据 CNNIC 发布的第 51 次《中国互联网络发展状况统计报告》，截至 2022 年 12 月，中国移动网民规模达 10.65 亿人，网民使用手机上网的比例为 99.8%，而使用台式电脑、笔记本电脑、平板电脑和电视上网的比例分别为 34.2%、32.8%、28.5%和 25.9%，手机已是中国网民最主要的上网方式，普及率几近 100%。艾瑞 UserTracker 多平台网民行为监测数据库显示，2022 年第四季度有 48.3%的移动设备每月都会使用手机玩游戏，随着国内经济加速回暖和消费复苏预期加强，移动游戏市场有望步入新一轮的上升期。

(4) 中国电竞市场规模。

2022 年中国电竞市场规模约为 1 579 亿元，同比下降 5.6%，电竞市场出现多年来首次回落。这主要出于以下两方面原因：一方面，受国内外宏观经济发展形势和游戏市场降温影响，电竞游戏、电竞直播等收入有所下滑；另一方面，在 2022 年前期，受疫情等因素影响，电竞赛事及相关线下活动的开展相对保守，电竞生态市场增长驱动力不足。国内社会生产生活的有序恢复和消费复苏步伐加快，以及杭州亚运会等综合性体育赛事的举办，均将驱动电竞市场的反弹及增长。

(5) 中国电竞产业图谱。

中国电竞产业图谱如图 11-1 所示。

图 11-1　2023 年中国电竞产业图谱

注：图谱未包含行业各环节所有企业，排名不分先后。

资料来源：艾瑞咨询研究院自主研究绘制。

二、行业现状及重点赛道分析

（1）中国电竞游戏产品发展分析：电竞游戏生命周期长，推陈出新打造优质 IP。

从市场上热门的电竞游戏产品来看，一方面，电竞游戏相对有着较长的生命周期，多款端游电竞游戏已有10年以上的寿命，移动电竞游戏中，已进入第8个年头的《王者荣耀》，目前仍是最受移动游戏玩家喜爱的产品之一；另一方面，游戏厂商也在持续推陈出新，打造新的爆款电竞产品，如《第五人格》《永劫无间》《暗区突围》等，在游戏玩法和竞技策略上均有创新之举。值得注意的是，与足球、篮球等传统体育项目不同，电竞游戏在很大程度上会受到游戏研发商或运营商的影响，比如杭州亚运会《炉石传说》项目的取消，这也是电竞向体育化发展过程中面临的问题。

（2）中国电竞体育化发展分析：亚运会推动电竞体育化、人才选拔规范化。

在杭州第19届亚运会上，电竞首次作为亚运会正式比赛项目亮相，亚洲各国代表队将争夺《王者荣耀》亚运版本、《和平精英》亚运版本、《英雄联盟》、《DOTA2》、《梦三国2》、《FIFA Online4》、《街霸5》这些电竞项目产生的7枚金牌。在亚运会的行业大背景下，我国电竞产业在赛事标准体系搭建、国际化赛事举办、电竞人才选拔等方面均取得了相应的进展：如亚奥理事会与亚洲电子体育联合会共同发起的官方洲际赛事“亚运征途”，覆盖杭州、爱知-名古屋、多哈等多个亚运周期，将迈出亚洲国家队赛事体系标准建设的新步伐。

（3）中国电竞行业重点赛道——赛事运营。更多企业自主举办电竞赛事，推动赛事运营商能力进一步升级。

随着电竞行业影响力的快速上升，越来越多的第三方企业对自主举办电竞赛事有着强烈的需求和意愿。一方面，这是由于头部电竞赛事的赞助竞争激烈且成本相对较高；另一方面，腾讯、网易等游戏厂商对赛事授权的开放化使得举办电竞赛事更加便捷，第三方企业可以通过举办电竞赛事搭建私域流量，实现更深层次的电竞用户转化。在第三方电竞赛事重新爆发发展的当下，更多类型企业的多元化办赛需求将要求赛事运营商进一步升级自身能力。

（4）中国电竞行业重点赛道——电竞俱乐部。

从国内电竞俱乐部的运营实践看，做好赛训、打出成绩仍是俱乐部商业模式的根基，赛事奖金的多少、品牌赞助的金额、电竞选手的身价等均和俱乐部成绩有着直接的联系。在电竞赛训的基础上，电竞俱乐部需要建立自身IP、打造品牌价值，并通过周边产品、泛娱乐内容等拓展盈利渠道。此外，在电竞地域化持续推进的行业趋势下，未来将有更多的电竞俱乐部拥有自己的主场，这将为俱乐部带来线下商业模式探索的空间。

三、中国电竞用户属性分析

(1) 从中国电竞用户性别及年龄分布看，年轻群体是电竞用户主力军。

电竞用户调研数据显示，2023 年中国电竞用户中，男性用户占比接近 7 成（见图 11-2）；25 岁以下的用户占比达到 44.7%，30 岁及以下的用户占比则达到 78.7%（见图 11-3），年轻化是电竞用户最主要的特征之一。

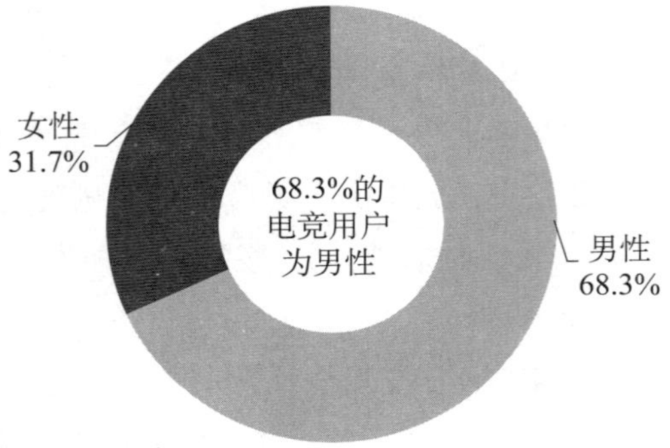

图 11-2　2023 年中国电竞用户性别情况

注：样本 N=1 500，于 2023 年 5 月通过艾瑞智研平台-消费洞察数据库调研获得。

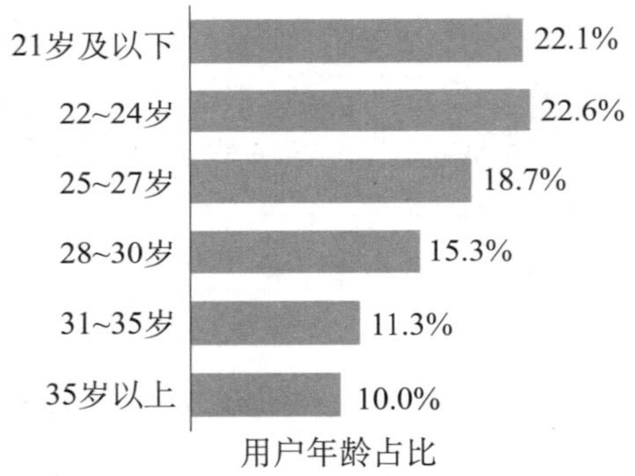

图 11-3　2023 年中国电竞用户年龄分布

注：样本 N=1 500，于 2023 年 5 月通过艾瑞智研平台-消费洞察数据库调研获得。

(2) 从中国电竞用户收入及消费水平分布看，电竞用户具备较好的收入水平和消费能力。

电竞用户调研数据显示，2023 年中国电竞用户（除学生、待业及退休等无收入人群）中，个人月收入水平在 6 001～8 000 元的占比最高，达到 31.9%（见图 11-4）；个人月消费水平则集中在 2 001～3 000 元和 3 001～5 000 元，占比分别为 26.9%和 26.5%（见图 11-5）。

(3) 从中国电竞用户喜好原因及关注时长看，电竞满足用户多元化需求，用户忠实度较高。

对电竞用户而言，电竞不仅是休闲、娱乐和放松方式，也是社交的手段，